KB245937

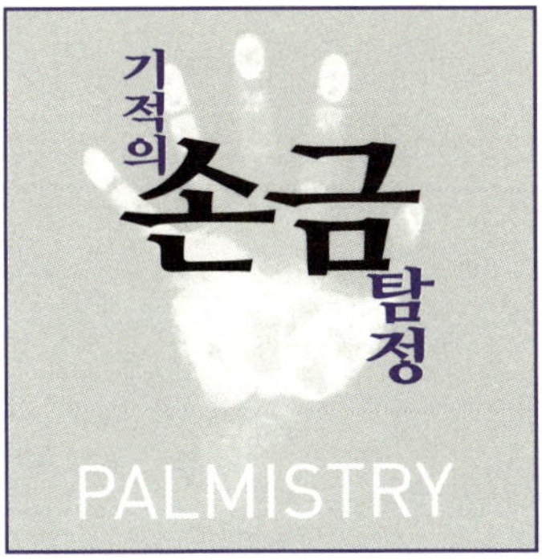
기적의
손금
탐정
PALMISTRY

초보에서 프로까지 **24**시간 내 완성

기적의 손금탐정

조니 핀챔 지음 | 이민열 옮김

PALMISTRY

祥元文化社

PALMISTRY
From Apprentice to Pro in Twenty–Four Hours
by Johnny Fincham

First published by 0 Books, 2007
O Books is an imprint of John Hunt Publishing Ltd.,
The Bothy, Deershot Lodge, Park Lane, Ropley, Hants, SO24 0BE, UK

Text copyright Johnny Fincham 2007
Design : Stuart Davies
Cover : Deluxe Design
ISBN · 13 : 978 1 846940477

All rights reserved.
Except for brief quotations in critical articles or reviews,
no part of this book may be reproduced
in any manner without prior written permission from the publishers.

The rights of Johnny Fincham as author have been
asserted in accordance with the Copyright, Designs and Patents Act 1988.

Korean Translation Copyright © 2013
by Sangwon Publishing Co.
Published by The Agreement for Translation Rights
arranged with John Hunt Publishing Ltd.

이 책의 한국어판 저작권은 저작권자인 John Hunt Publishing Ltd.와
독점 계약을 체결한 상원문화사에 있습니다.
신 저작권법에 의하여 보호를 받는 저작물이므로
무단 전재와 무단 복제를 금합니다.

감사의 글

이 책을 수년간 나의 스승 역할을 해준

많은 제자들과 고객들께 바칩니다.

아울러 편집에 심혈을 기울여 준 크리스토퍼 존스와

사랑스런 로라 아브로에게도 감사의 말씀을 전합니다.

추천사

나는 본래 외과의사인데 우연한 기회에 자연치료의학을 접하게 되어 그후 이 분야에 심취하게 되었다. 1980년대에 세계적으로 명성을 얻고 있던 일본의 와타나베, 고오다, 가씨오 박사 등으로부터 자연의학을 배운 일이 있는데, 이분들은 환자를 진찰할 때 한결같이 수상手相을 관찰하고 있었다. 당시 내 생각으로는 과학적인 의학을 한다는 유명한 의사들이 무슨 손금 따위를 보는가 하고 의아하게 여겨 여기에는 관심도 두지 않았었다.

그후 자연의학을 공부하면서 홍채학, 이침耳鍼, 발 반사요법, 복침腹鍼과 배꼽안복법, 두개선골요법, 수지침 등을 배우게 되었는데 이는 눈이나 귀, 발, 배꼽 주변, 척추, 손과 같은 신체의 국소부위를 통해서 인체 모든 장기의 상태를 진단하고 해당 상응점을 치료하면 전신의 병을 고칠 수 있다는 것을 알게 되었다. 이런 방법을 써서 극적인 치료 효과가 나타나는 경우를 본인도 여러 번 경험하였다.

손과 같은 사람 몸의 한 국소부위 창구窓口를 통해서 인체 전체의 정보와 해결책을 얻을 수 있다는 것이 참 신기한 일이지만 사실 지금의 의학은 이러한 것을 증명하는 쪽으로 점점 발전해 가고 있다고 할 수 있다. 사람 몸의 수십 조 개의 세포 하나하나에는 그 사람 전체에 관한 정보가 다 포함되어 있다는 것이 앞으로 밝혀질 것이라고 나는 굳게 믿고 있다.

한 티끌 작은 속에 세계를 머금었고, 모든 티끌마다 우주가 가득하네
一微塵中含十方, 一切塵中亦如是

이는 의상조사의 법성게로 이미 천년 전에 생명의 작은 단위에 생명의 전체가 내포되어 있다는 깊고도 오묘한 이치를 이렇게 표현하고 있다. 그리하여 나는 앞에 언급한 의사들이 확대경을 가지고 환자들의 손금을 그처럼 자세하게 관찰하던 이유를 이해할 수 있게 되었고, 앞으로 본인도 이 책으로 수상手相을 공부하여 나를 찾는 많은 분들께 도움을 주고 싶다.

이 책에는 많은 장점들이 들어 있는데, 특히 재미있는 것은 손금에 대해 단순히 운명을 점치는 점성술이나 미신 따위로 취급하던 종래의 편견이나 오해를 불식시키고 있다는 점이다. 과학적인 통계와 실증적인 사례를 실어 설득력이 있고, 누구라도 쉽게 익혀 일상적인 삶에 활용할 수 있도록 구성되어 있다는 점이 또한 재미있다.

본인은 산부인과 의사이자 유명한 심신의학자인 도꾸히사 박사의 저서 『마음과 몸과 운명』을 오래전부터 되풀이해서 읽으며 환자 치료에 응용하고 있는데, 그 요지는 마음을 변화시키면 몸과 운명도 따라서 변화시킬 수 있다는 것이다. 이것을 보면 마음을 바꿀 때 손금도 바뀌고 건강이나 운명도 바뀔 수 있다는 것을 쉽게 짐작할 수 있다.

금번 출간하게 된 이민열 박사의 번역서 『기적의 손금탐정』의 특징도 손금이란 고정불변의 것이 아니라, 우리의 마음과 삶의 태도가 변하면 손금도 변하고 그에 따라 운명도 바뀔 수 있다는 것이다. 이 점이 바로 매력적인 포인트이며, 내가 이 책을 추천하는 이유이다.

많은 독자들이 본서를 통하여 자신의 상태를 잘 탐사함으로써 문제점을 발견하고 해결의 지혜를 얻을 수 있다면 그것이야말로 큰 행운을 잡게 되는 것이라고 믿는다.

부디 많은 분들이 건강하고 행복한 삶, 성공적인 삶으로 인도하는 이 좋은 길잡이와 운명처럼 만나게 되기를 바란다.

2013년 5월

하나통합의원 원장

조선대학교 보건대학원 대체의학과 초빙교수

전 홍 준

손금은 인생의 내비게이션(Navigation)!

누구나 가끔씩은 갈 곳을 몰라 우왕좌왕하거나 어디로 가는지도 모르는 채 허둥대며 세월의 기나긴 늪을 헤쳐 나가리라 생각한다. 아마도 가장 답답하고 궁금한 것이 자신이 가는 길이 올바른 길인지, 앞으로 가게 될 길은 어떠할 것인지 등등 인생항로의 선택과 미련未練 사이에서 갈등하고 있는 것이리라. 깊은 산 속에서 길을 잃게 되면 태양의 위치를 보고 방향을 잡거나 지도를 보고 지형을 파악하여 광명의 세계로 탈출하게 된다.

우리는 현실의 질곡桎梏보다도 미래에 대한 불확실성에 더 불안해하는 경향이 있다. 그리하여 인류의 역사와 함께 미래를 예측하는 여러 가지의 방법들이 연구 개발되어 왔지만 딱히 '이것이다!' 라고 명쾌한 답을 얻는 것은 사실상 불가능하다. 아무리 만물의 영장靈長인 인간이라 하더라도 원대한 자연의 법칙을 뛰어넘을 수 없는 나약한 존재이기 때문이다. 하지만 깊은 산 속에도 길이 있고 넓은 바다에도 길이 있으며 높은 하늘에도 길이 있기 마련이다.

수상手相은 이러한 미래에 대한 불확실성을 현실로 끌어들여 인생항로에 대한 지침을 주는 역할을 한다. 즉, 우리가 가야 할 길을 알려주는 것이다. 마치 가는 길의 방향은 물론 거리와 시간까지 자세하게 안내해 주는 '내비게이션' 같다고나 할까?

손에는 마음의 지도가 펼쳐져 있어 손의 형태와 손에 나타나 있는 각종 선과 문양들을 보고 자신이 어떤 길을 걸어왔으며 어디로 가는 것이 좋은지 등에 대한 목표를 설정할 수 있게 해준다. 그리고 자신의 노력을 통하여 나쁜 길을 피해 갈 수 있고 새로운 길을 만들어 갈 수도 있도록 망망대해의 등대 같은 역할을 하는 것이다. 손 안에는 이렇게 엄청난 자기 인생의 정보가 들어 있다는 것을 깨달을 필요가 있다.

이 책의 특징

수상학手相學은 약 4,500년 전 인도에서 시작되었는데 당시에는 주로 개인의 성격과 질병을 진단하는 수단으로 사용되었으며, 그것이 고대 페니키아를 거쳐 유럽 전역으로 전파되었다. 특히 아리스토텔레스가 알렉산더 대왕의 명을 받아 손금을 연구하였다는 기록이 있을 정도로 수상학은 아주 오래전부터 사상가思想家들을 중심으로 연구되고 활용되면서 인류 문명과 궤를 같이 해 온 일종의 영혼을 꿰뚫어볼 수 있는 기술이라고 할 수 있다.

흔히들 손금을 보고 미래의 운명을 예측하는 것으로 착각하기 쉬운데 저자著者는 그것을 크나큰 오류라고 지적한다. 손금은 고정불변의 것이 아니라 계속하여 변하게 되는데, 그것은 곧 마음먹기에 따라 손금이 변하고 그에 따라 운로運路를 바꿀 수 있다는 것이다. 즉, 손금에 나타나 있는 표시들을 보고 과거를 추단하고 현재의 상황을 읽으며 미래를 대비하는 이정표로 삼으라는 것이다.

이 책의 저자 조니 핀챔Johnny Fincham은 과학적인 손금 분석의 방법을 정립한 영국의 대표적인 수상학자이다. 수천 명의 감정 사례를 통하여 서로가 일치하는 것들만을 타당한 이론으로 정립하였기 때문에 그 적중률이 거의 완벽에 가깝다고 할 수 있으며, 책을 읽고 나서 곧바로 손금을 읽을 수 있도록 이해하기 쉽게 체계적으로 정리하였다.

수상학에 관한 그동안의 책들이 거의 획일적으로 정형화되고 암기하여 활용하는데 어려움을 겪었다면 조니 핀챔의 본서는 완전히 다른 방식으로 접근하고 있다. 맞지도 않은 고리타분한 이론들은 과감하게 배제하였으며 수상학에 관한 용어들도 암기하기 쉽도록 연상적인 용어로 바꾸어 사용하였다. 그리고 손금을 감정하는데 있어 주요한 핵심사항들을 집중조명함으로써 누구든지 실제 생활에서 자신 있게 활용할 수 있도록 명쾌하게 정리하여 놓았다.

손에는 실로 여러 가지의 신상 정보가 들어 있다. 그 사람의 성격은 물론이고 적성과 삶의 환경, 그리고 건강상태 등을 읽을 수 있다. 따라서 손의 모양과 질감, 손금의 형태를 보고 자기에게 맞는 길을 찾고 불행의 예시가 나타나 있으면 그것을 피해 갈 수 있도록 노력을 하는 인생의 지침으로 삼도록 하는 것이 이 책의 주요 목적이다.

고전 냄새가 짙게 풍기는 기존의 수상학 이론서理論書에 비해 이 책은 곧 실용서實用書이며, 수상학이 발달해 있는 영국의 저명한 수상학자의 책을 국내에 소개함으로써 누구나 쉽고 재미있게 자신의 인생항로를 개척해 가는 데 도움이 될 수 있도록 이 책을 펴내게 되었다.

본서의 출간에 이르기까지 정신적인 등불 역할을 하여 주신 대한현공풍수지리학회 최명우 연구소장님과 불철주야 온갖 노고를 아끼지 않고 편집과 제작에 심혈을 기울여주신 상원문화사 문해성 사장 및 직원들께 마음속 깊이 감사드리며, 독자 제현들의 앞날에 영광이 깃들기를 바란다.

2013(癸巳)년 5월

옮긴이

이 민 열

기적의 손금 탐정

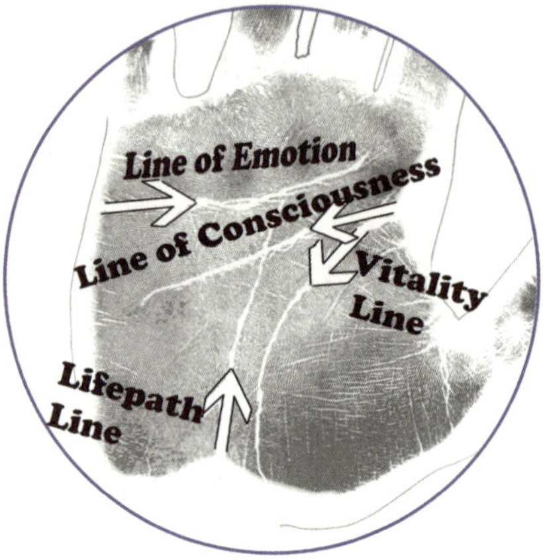

Contents

Contents

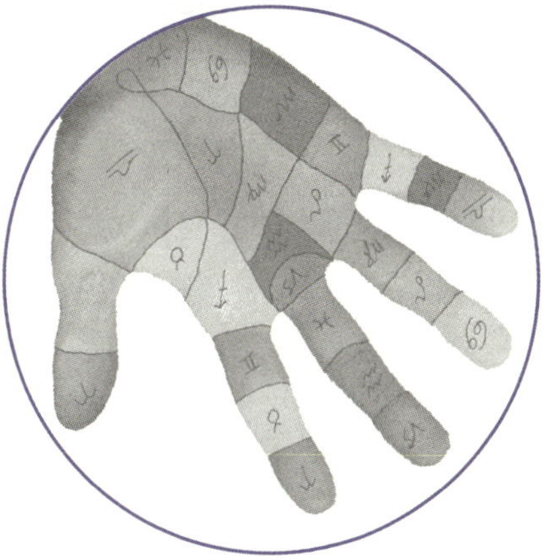

부록

기적의 손금 탐정

들어가는 말

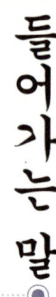

수상학手相學은 인류의 문명만큼이나 오래됐음에도 불구하고 세상의 그 어떤 것보다도 신화적이고 미신적이라는 이유로 잘 알려지지 않았다.

손금 보기(**손바닥에 있는 문양이나 타고난 표시를 보고 미래를 예측하는 방법**)에 대한 이런 부정적인 전통 인식으로 인해 자기개발의 아주 유용한 도구로 활용할 수 있는 수상학이 그 빛을 잃게 된 것이다. 사람의 운명은 타고난다는 것이 중세기中世紀 때의 인생관으로, 그러한 운명관은 사람들의 책임의식을 약화시키고 살아 갈 힘을 약하게 만들곤 한다.

오늘날의 수상학은 '수화법手話法'이란 것으로 알려져 있는데 그것은 그리스어의 '손의 연구'에서 유래된 것이다. 손의 연구는 예언적인 것이 아니라 심도 있게 손금을 분석하여 자기를 알게 되는 보다 진보적인 기술에 속한다. 이러한 면에서 오늘날 대부분의 손금 보는 사람들이 주도적인 역할을 갖게 되었으며 심지어는 냉소가冷笑家와 과학자 같은 사람들의 존경을 받게 되었다. 심리적인 기질, 유전적인 질병, 성적인 매력,

심지어는 스포츠에서의 성공 가능성 등이 손의 특성과 실제로 밀접한 관련이 있는지를 규명하는 손에 대한 연구 논문이 4,000건 이상이나 출간되었는데, 그 모든 것들이 손금의 원리와 상관관계가 있음이 밝혀졌다.

하나의 기술로써의 수상학은 아리스토텔레스, 플라톤, 율리우스 스피어, 칼 융과 같은 위대한 인물들에 의해 연구되었으며, 고대 중국인, 히브리인, 이집트인, 힌두교도, 티베트인, 바빌로니아 사람들을 위시하여 모든 문명인들이 수상학을 생활의 방편으로 받아들였다. 그러므로 수상학의 명맥이 장구하게 이어져 온 것은 지극히 당연한 일이다.

지난 20년 동안 아주 많은 사람들이 타로, 점성학, 숫자점 같은 통찰력술洞察力術에 매료되어 왔다. 이러한 아주 오래된 기술의 이해를 통하여 그들은 인생에 대한 심오한 의미와 새로운 관점을 찾으려는 것이다.

하지만 무엇보다도 가장 강력한 '통찰력술洞察力術'인 수상학을 실제로 활용하는 사람들은 비교적 드문 편이다. 왜냐하면 자고로 수상학은 통달하기가 무척 어려운 분야로 여겨져 왔기 때문이다. 가장 큰 장애요인은 대부분의 책이나 교육 과정이 너무 단순하거나 배우는 사람들에게 손의 언덕[丘]이나 표시, 손금의 형태를 설명해 놓은 것들이 기억하는 데 헷갈리도록 되어 있다는 것이다. 이에 더하여 오늘날에는 전혀 맞지도 않는 옛날 언어와 개념들로 이루어져 있으며 운명선, 토성의 고리, 신비의 십자가, 행운의 별 등이 상식적인 용어가 아닌 무슨 마법처럼 해석되어 있다. 예를 들어, 어떤 사람이 갖게 될 아이의 성별이 무엇이고 자식을 몇 명 둘 것인가를 추정하는 선線들에 대한 설명이 완전히 엉터리로 되어 있다. 요즘 나와 있는 많은 수상학 책들에서 행·불행의 운명을 표시하는 설명들이 중세시대 이후로 바뀐 것이 전혀 없는 실정이다.

이 책은 그 모든 것들을 바꿔놓을 것이다. 여러분은 이 책을 통하여 아주 대단하면서도 활용하기 쉬운 수상학을 익힐 수 있는 간단한 원칙들을 배우게 될 것이다. 각 손금 모양의 특성을 구체적으로 설명하는 수상학 용어인 운명, 별, 행운이란 용어들을 무시하고 "손의 언어"를 익히게 될 것이다. 다른 책들을 보고 혼란스러웠다면 걱정하지 마시라. 이 책은 그렇지가 않다. 전혀 사전 지식이 없어도 누구든지 배워서 손금을 볼 수가 있게 된다.

곧바로 몇 가지 사항들을 확인해 보자.

손금은 고정불변인 것이 아니다. 시간이 흐르면서 변한다. 잔금의 경우엔 아주 짧은 시간에도 변한다. 그러므로 손금을 보고 미래를 예측하는 것은 말할 필요도 없이 정확한 것이 되지 못한다. 아무도 손을 보고 당신의 미래를 맞출 수가 없다. 손에는 금金이 가득 찬 항아리가 있는 것도 아니고 키 크고 가무잡잡한 이방인 표시가 있는 것도 아니다.

또한 당신이 언제 죽을지 나이를 맞추는 것도 불가능하며, 당신이 어느 도시를 가게 될 것인지, 당신 할머니의 눈동자가 무슨 색깔인지를 맞추는 것도 불가능하다. 단언컨대, 이 모든 것들이 당신이 손금 보는 사람이라는 것이 알려지면 대답해 줘야 할 예상 질문들이다.

이러한 것들을 직감적으로 알 수 있을런지는 모른다. 그리고 손의 창문을 통하여 사람들의 속내를 들여다봄으로써 당신의 잠재적인 직관력을 키울 수 있다는 데는 의심할 여지가 없다. 그러나 여러분은 영적인 능력이 없어도, 처음부터 곧바로, 변화를 일으키는 통찰력과 발전적인 깨우침을 얻을 수가 있고 그러한 지혜를 습득하는 놀랄만한 기술을 빠르게 익힐 수 있을 것이다.

"사람의 성격이 운명을 결정한다"라고 헤라클레이토스(BC 500년 경)는 말했는데 참으로 우리네 인간은 우리 스스로 미래를 창조해 가는 존재이다. 하지만 그것은 우리 손금 보는 사람들이 사람들을 옭아매려고 하는 운명의 족쇄가 아니라, 우리가 제시하는 안내의 등불을 통하여 긍정적인 변화를 통한 새로운 미래를 자유롭게 창조하도록 도우려는 것이다.

여러분이 정해진 운명만을 믿고 자유 의지는 한낱 신화神話에 불과하다고 믿는다면 이 책은 여러분들을 실망시키게 될 것이다. 그러나 인간 정신의 깊이를 헤아린다면, 사람들의 깊은 심리적 기벽奇癖과 진퇴양난의 상황을 찾아내어 그로부터 구제해 준다면, 사람들의 잠재력을 새롭게 이해시켜 새 출발할 수 있는 기회를 만들어 준다면, 여러분을 영원히 매료시킬 인생의 의미와 연구에 대한 새로운 차원의 현대적 신비술神秘術로 활용한다면, 여러분은 이 책을 잘 선택한 것이다.

이 책을 최대한 활용하는 방법

이 책은 무엇이 맞고 무엇이 안 맞는지를 계속 다듬으면서 20년 동안 수상학을 가르친 경험을 토대로 쓰여졌다. 손에 있는 하나의 표시가 수많은 사례에서 동일하게 작용하는 것들만을 엄선하여 이 책에 실었다. 부정적이고, 헷갈리며, 순전히 맞지도 않는 옛날의 손금 해석들은 다 버려버렸다. 수상학에 있어서의 문양이나 특성 등에 대한 옛날식 명칭들도 모두 뜻을 명확하게 묘사해 주는 새로운 이름으로 바꾸었다(옛날식 명칭을 참고로 싣기는 했지만). 예를 들면, (자기반성에 관한 것인) 목성의 손가락〔木星指/검지〕은 '거울 손가락' 이라고 이름을 바꾸었다.

이 책을 보면 무엇이든 가능하다. 여러분은 배운 것을 써먹기만 하면 된다. 필자의 많은 제자들이 손금 전문가로 나섰다. 손금 보기가 여러분의 취향이 아니더라도 그것은 여러분 스스로나 여러분이 손금을 봐주는 누구든지 간에 놀라게 만드는 도구가 된다는 것을 알게 될 것이다.

그럼, 시작하기 전에 수상학에 대한 다섯 가지의 황금률黃金律에 대해 알아본다.

【원칙】

1 제 1원칙

천천히 진행하자. 마치 수사하는 것처럼 손금을 차근차근 보도록 하여라. 얼른 봐서 쉽게 이해할 수 없는 미세한 문양과 선들이 있는지를 찾아보고, 지문, 손금이 갈라진 형태, 피부의 형태 등 아주 미세한 부분까지 풍부한 정보를 가지고 범죄의 증거 현장을 탐정 수사하듯이 손금을 살펴보아야 한다. 그러니까 서둘러서는 안 된다.

2 제 2원칙

평범한 것들은 무시하자. 그러면 시간을 많이 절약할 수 있을 것이다. 아무도 자신이 다른 사람들과 얼마나 비슷한지를 알고 싶어 하지 않는다. 개인의 특성은 저마다 다르게 손금에 나타난다. 우리들은 제각각 특이한 형태로 각자의 독특성이 손에 나타나는데, 일란성 쌍둥이일지라도 똑같은 손은 하나도 없다. 여러분은 항상 사람마다의 고유한 특징을 찾아야 한다. 집게손가락의 고리형지문(나중에 알게 되겠지만 이것은 아주 흔한 표시임)을 보고 말하는 것은 그리 중요하지 않다.

3 제 3원칙

집에서 연습하자. 계속 연습하여라. 여러분이 배우게 되는 모든 과정에는 예가 주어질 것이다. 각 장마다 연습문제가 주어질 것인데, 다른 장으로 넘어가기 전에 완벽하게 숙지하면 훨씬 빨리 익히게 될 것이다.

4 제 4원칙

마음의 준비가 되어 있을 때만 손금을 읽어주자. 여러분이 배운 사항들을 반드시 친구와 친척들에게 시험해 보아라. 그들에게서 당신이 찾고자 하는 손 모양이 있는지를 점검해 보아라. 사람들은 당신이 손금을 봐줄 때 자신의 인생 문제를 해결해 주리라는 기대를 갖고 있는데 이것은 위험한 일이다. 너무 일찌감치 이런 압박을 받지 않도록 하여라. 여러분은 머잖아 아주 유용한 충고를 해주고 인생을 변화시키는 통찰력을 보여줄 수 있게 될 것이다. 그러나 처음에는 당신이 감정하는 게 맞는지 질문만 하여라. 예를 들면, '당신은 스스로 예민한 사람이라고 생각합니까?' 라는 식으로 접근하여라.

5 제 5원칙

손 전체를 읽자. 어느 한 부분도 단독으로 판단해서는 안 된다. 예를 들어, 감정선을 보고 고정관념에 사로잡혀 있던 것이 아주 뻣뻣한 엄지손가락을 많이 관찰하여 보게 되면 바뀔 수도 있는 것이다. 사람은 모순적이면서도 상호보완적인 관계로 이루어져 있으므로 고정관념에 치우치지 않도록 관찰한 것들을 서로 조합하여 완벽한 감정을 하도록 하여야 한다.

자, 기본원칙을 세웠으니 이제 시작해 보자. 그러나 잠깐만 기다려라! 제 1원칙과 제 3원칙을 상기하자. 서두르지 말고, 우선 집에서 연습하여라. 이 책에서는 1시간씩 24개의 과정을 통하여 여러분이 알아야 할 모든 것들을 쉽게 설명할 것이다. 그러나 필자는 하루에 한 과정씩을 완벽하게 습득하고 그 이상을 절대로 넘기지 말 것을 강력히 권고한다. 우리들 대부분은 한 번에 한 시간 이상을 공부하면 효율이 떨어진다. 하루 중 나머지 시간은 배운 것을 연습하고 숙달시켜라. 이것이 한 달 안에 진정한 수상가手相家가 될수 있는 길이다. 자, 시작해 보자!

첫번째 시간

■시작하기 전에 ... 손은 두뇌의 표상

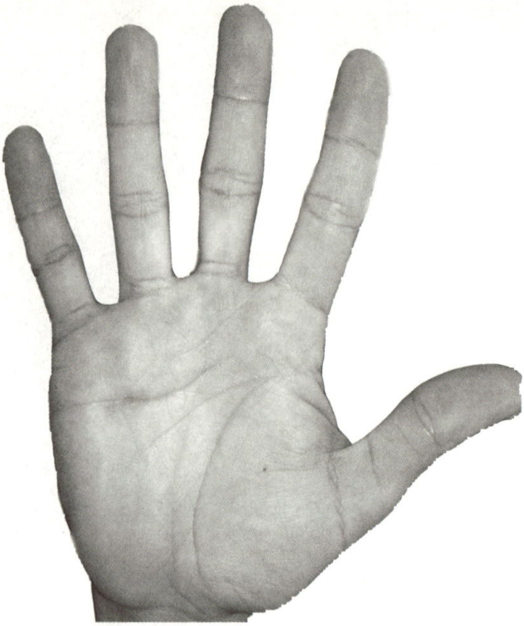

잠깐 손을 살펴보자. 다섯 손가락을 쫙 펴면 손금이 보인다.

아주 흥미롭지 않은가? 사람들은 옛날부터 손에 나타난 선들을 보고 신비스러워하였다. 뇌 속에 있는 엄청나게 많은 운동신경세포 조직들이 몸의 크기와는 균형이 맞지 않게 손에 배속되어 있다. 예를 들면, 뇌가 손과 손가락에 배속된 비율이 얼굴에 배속된 비율보다 14배나 크다. 만약 손이 신체의 다른 부분과 동률同率로 인간의 뇌를 나타나게 된다면 마치 비치파라솔만큼 커야 할 것이다.

그러므로 손을 '보이는 두뇌'라고 부르는 것은 당연한 일이다.

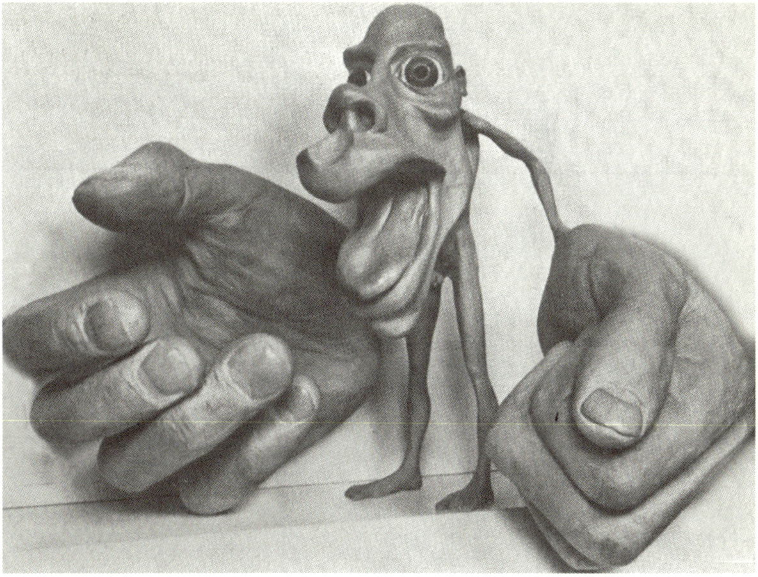

▲대뇌피질과 동률로 나타낸 몸

손금 채취
Palm Printing

오늘날 많은 독자들이 연습을 할 때 손바닥을 그냥 보는 것보다는 인쇄를 해서 보는데, 맨손으로 보는 것보다 인쇄물에 더 선명하게 나타나기 때문이다. 여러분도 이미 맨손과 인쇄물을 둘 다 사용하고 있을 것이다. 가능하면 손금이 변하는 모습을 여러 번 관찰하고 저장할 수 있도록 인쇄 채취를 하여 사용하는 것이 좋다. 또 하나는 손금을 읽어주는 부담감 없이 다른 사람의 손금을 채취하여 혼자서 공부할 수 있다는 이점이 있다. 이 책의 뒤편 부록에 있는 인쇄 채취 방법을 참조하여라.

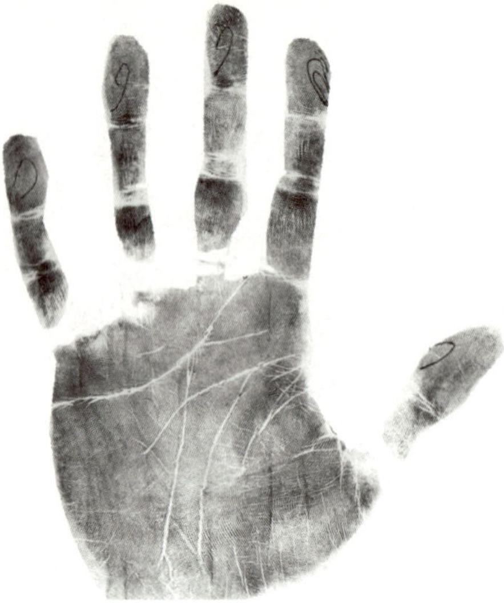

오른손인가, 왼손인가?
Right or left?

오른손과 왼손 중 어느 손을 보아야 하는가? 옛날의 많은 손금 책들에는 미래는 오른손(**오른손잡이의 경우**)에, 과거는 왼손에 표시되어 있다고 쓰여 있을 것이다.

사실은 그렇지가 않으며 그보다 더 복잡미묘하다. 활동적活動的인 손(**오른손잡이의 경우 오른손**)은 외형적인 성격을 나타낸다. 여러분은 이 책에서 표현하는 방법을 보고 당신이 어떤 사람인지를 스스로 알게 될 것이다. 대개 활동적인 손에 있는 손금이 더 선명하고 강하게 나타난다. 왜냐하면 우리는 가만히 있을 때보다 매일 매일 활동적인 일에 더 집중하는 경향이 있기 때문이다.

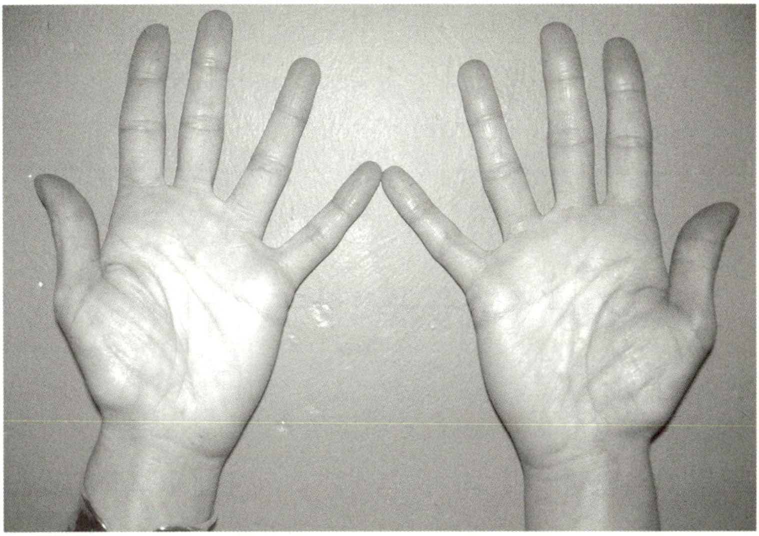

수동적受動的인 손은 잠재의식과 내면적이고 개인적인 속성을 나타낸다. 어렸을 때부터 받은 상처와 기쁨, 부모의 영향 등이 여기에 숨어 있다. 수동적인 손의 속성은 대개 숨겨져 있는데 그것들은 개인의 일상사를 통하여 표출될 뿐이다. 그러한 특성들은 수동적인 손에 반영되기 때문에 오직 배우자나 식구, 절친한 친구들만이 그 사람에 대해 알 수 있을 뿐이다.

21세 이상인 사람에게는 활동적인 손을 집중적으로 보고 그 이하인 사람에게는 수동적인 손을 집중적으로 보아야 한다. 그러나 항상 양손을 다 보고 지속적으로 비교해 보아야 한다. 양손의 차이가 크면 클수록 변화가 많고 발달이 큰 사람이다. 양손은 시간이 흐르면서 변한다.

양손잡이이거나 어느 손이 활동적인 손인지 판별하기가 애매한 사람이 오거든 엄지손가락의 강도를 비교해 보면 된다. 엄지손가락을 잡고 검지 쪽에서 손목 쪽으로 잡아당겼을 때 엄지손가락이 더 뻣뻣한 쪽이 활동적인 손이다.

손의 모양과 언덕은 무시한다
Ignore the shape, discount the mounts

수세기 동안 수상학자들은 손의 모양을 보고 사람들의 특성을 규정지으려고 하였다. 그들은 특정한 손의 형태를 보고 그것을 특정한 성격과 결부시켰다. 손바닥이 정사각형인지, 좁은지, 긴지, 짧은지에 따라 그 사람이 철학적인지, 원시적인지, 초능력적인지, 현실적인 사람인지 등으로 구분하였다.

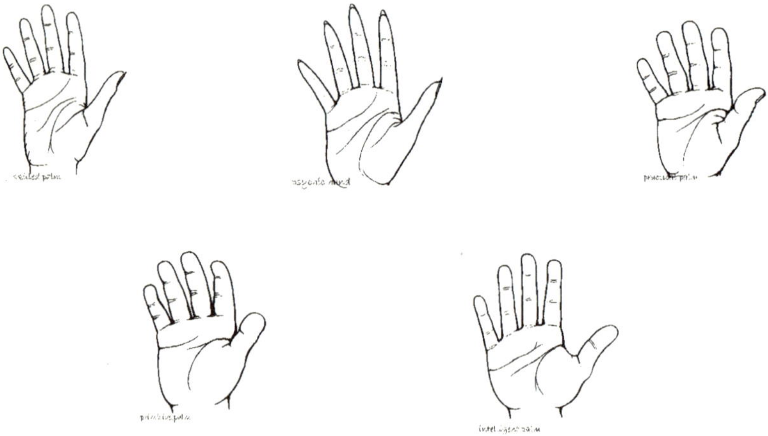

▲전통적인 손의 모양

불행하게도 이렇게 아주 간단하게 보는 방법은 정확하지가 않다. 사람은 아주 복잡하게 얽혀 있으며 손의 모양을 보고 성격을 판단하는 것은 아주 특별한 조건에서만 빼고는 맞지가 않는다. 손의 모양을 보고 알 수 있는 것은 몸의 형태와 관련하여 볼 때뿐이다. 손가락 부분〔지골指骨이라 함〕은 팔다리의 길이와 맞먹는다. 넓고 두툼한 손바닥에 손가락이 짧은 사람들은 체격이 다부지고 팔다리가 짧은 것을 보았을 것이다. 손가락이 긴데다 손바닥이 좁고 얇은 사람들은 대개 호리호리하면서 팔다리가 길다.

손의 모양을 보고 성격을 점치는 이러한 방법을 우리는 완전히 무시하기로 한다. 손바닥의 언덕도 무시한다. 역사적으로 수상학자들은 언덕의 특성을 엄청나게 강조하였으며 아직도 대부분의 수상학 책들이 이를 중요하게 다루고 있다.

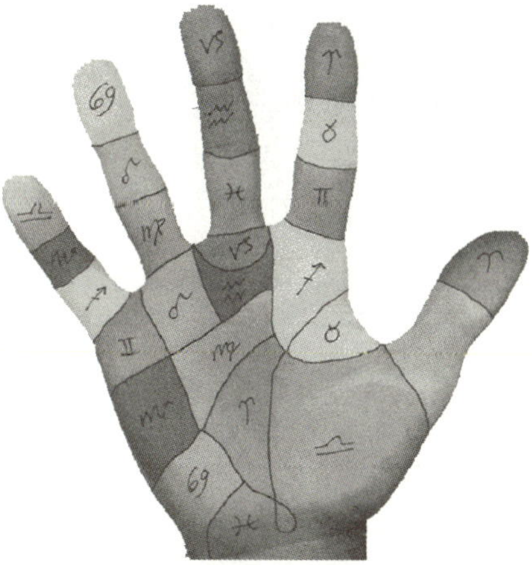

▲손바닥의 언덕

언덕을 보는 이론은 인간의 생활에 미치는 주요한 영향들을 점성학의 원리에 적용하는 데서 나온 것이다. 언덕은 여러 행성들의 지배를 받는데 이것을 개인의 성격 형성에 영향을 미치는 측정수단으로 사용한 것이다. 그러나 그러한 것들은 별로 중요하지 않은 것으로 판명되었으며 우리는 이런 것들에 시간을 허비하지 않기로 한다.

손바닥 눌러보기

Squeeze me, please me!

자, 그럼 수상학의 본론으로 들어가 보자. 지금부터 엄지손가락 밑에 있는 살집 부분의 촉감에 대해 알아본다. 이것을 보고 사람의 기초 에너지와 체력에 대해 많은 사실들을 알게 될 것이다.

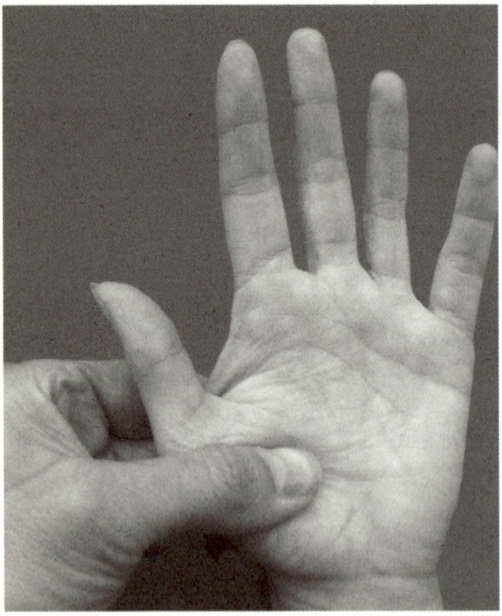

◀엄지구 눌러보기–부드럽고 쉽게 쭈그러든다

당신이 손금을 봐주려고 하는 사람의 손을 당신의 손 위에 올려놓는다. 손가락으로 상대의 손바닥 뒤를 꽉 잡고 엄지손가락 밑의 살집 부분을 당신의 엄지손가락으로 꾹 눌러보아라. 엄지손가락 주변의 반원 형태로 된 불룩한 살집 밑에는 여러 갈래의 미세 혈관으로 갈라지는 손의 주요한 동맥이 있다. 이 볼록한 부분의 크기, 온기, 견고함 등을 보고 그 사람의 근육 발달 상태, 혈액 순환, 삶에 대한 열정, 체력 등을 알 수 있다.

풍만하지만 무른 경우
Full but flabby

살집이 풍만하고 언덕이 높지만 살이 물러서 쉽게 쭈그러든다면 관능적이지만 근육 발달은 미약한 편이다. 여기에다 손바닥이 촉촉하기까지 하다면 확실히 그렇다. 그러한 손을 가진 사람들은 먹고 마시기를 즐기며 육체적인 향락 등 쾌락을 추구하는 사람들이다. 그들은 살을 빼는 것이 쉽지 않다는 것을 알고 격렬한 운동을 하는 경향이 있다. 이런 사람들에게는 그들이 좋아하는 일정한 형태의 운동(예를 들면, 수영이나 춤)을 찾아서 하라고 권하는 것이 좋다.

풍만하면서 견고한 경우
Full and firm

이곳의 살집이 풍만하고 견고하며 따뜻하고 탄력적이라면 열정적이고 활기차며 에너지와 몸의 훈기가 풍부함을 뜻한다.

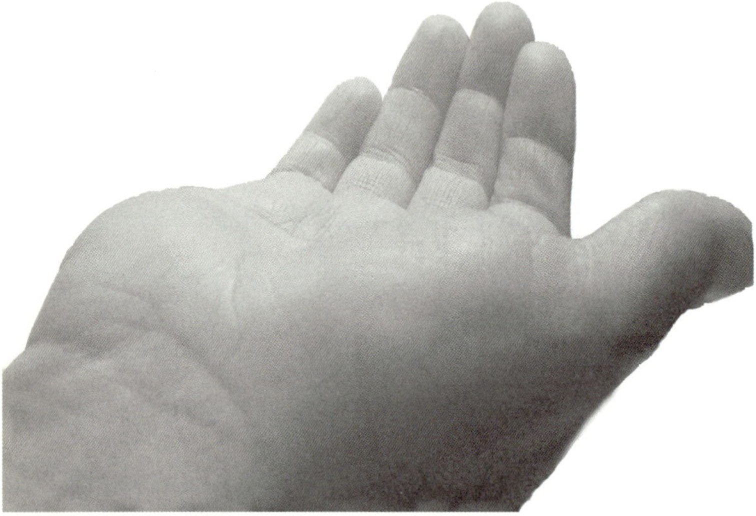

▲풍만하면서 견고한 엄지구

견고하고 풍만하며 딱딱한 경우
Firm, full and hard

살집이 풍만하지만 거칠면(나무로 된 것처럼) 몸이 단단한 사람이다. 그런 사람들은 아주 강인하며, 감정이 억눌려 있고, 심리적으로 엄격한 편이다. 그들에게는 규칙적인 마사지 치료를 받으라고 권고해 주는 것이 좋다. 그러면 신체적으로 굳은 근육이 이완되어 심리적으로도 편안해진다.

납작하면서 차가운 경우

Flat and cold

살집이 납작하고 차가우면 무기력하고, 감정이 냉랭하며, 활력이 부족하지만 좀처럼 회복하기가 힘들다. 그런 사람들한테는 혈액순환을 촉진시키고 활력을 높여주는 유산소 운동을 하라고 권하는 것이 좋다.

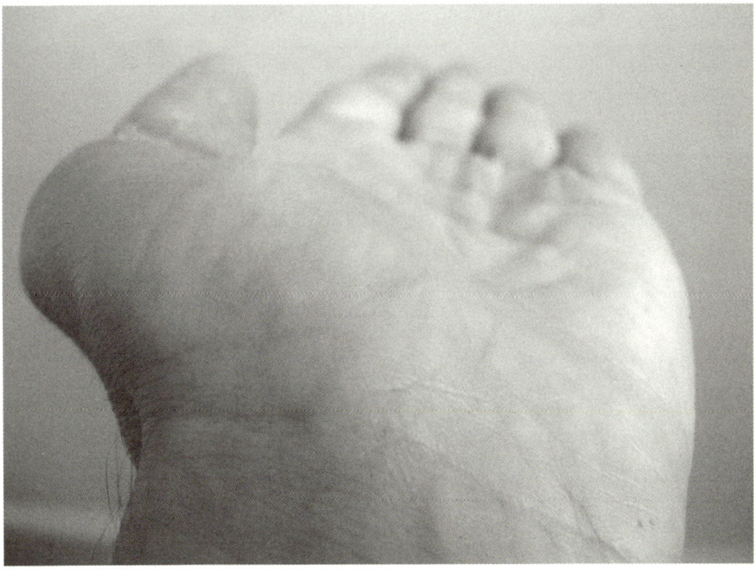

▲납작한 엄지구

특별한 것 없이 평범한 경우
The unremarkable average

살집이 적당히 있고 단단한 정도가 보통이라면 평범한 축에 속한다. 평범한 것은 무시하자는 황금률에 따라 이렇게 평범한 활력의 정도를 나타내는 기색은 무시하기로 한다.

Secret palmist assignment

남모르게 하는 수상학자의 숙제
Secret palmist assignment

여러분이 수상학을 배우면서 충분한 경험을 쌓기 전에는 남들이 모르게 하여라. 당신이 손금 보는 사람이라는 것을 알면 사람들이 몰려와서 당신 얼굴에다 마구 손을 들이댈 것이다. 그러면 겁을 먹게 될 터이니 신분을 숨기면서 차분하게 자신감을 얻도록 하여야 한다. 처음에는 믿을만한 친구와 친척들만 '실험대상'으로 삼아라.

사람들이 눈치 채지 않게 손금 보는 습관을 길러라. 사람들의 손가락 길이와 팔다리의 길이를 비교해 보는 것처럼 멀리서 사람들의 손을 관찰하여라. 사람들 손에 있는 엄지구의 크기를 살펴보고, 악수를 하게 되면 이 부분의 촉감을 느껴보도록 하여라. 그곳이 풍만하고 견고하면 얼마나 활력적인 사람인지, 그곳이 납작하면 얼마나 무기력한 사람인지를 확인해 보아라.

Brain bashing quiz

반짝 퀴즈

주어진 시간 : 10분

1 손에는 대뇌피질의 신경이 신체의 다른 부분과 동률로 나타나는가?

2 '수화법手話法' 이란 말의 의미는 무엇인가?

3 수동적인 손은 당신의 전생을 나타내는 것인가?

4 양손잡이의 경우는 활동적인 손을 어떻게 알 수 있는가?

5 손의 모양을 보고 무엇을 말할 수 있는가? 이 점은 신중해야 한다.

6 손바닥의 언덕을 보고 무엇을 측정할 수 있는가? 답하기 전에 생각해 보아라!

7 풍만하지만 연약하고 쉽게 쭈그러드는 엄지구는 무엇을 의미하는가?

8 풍만하면서 견고한 엄지구는 무엇을 의미하는가? 무척 쉬운 질문이다.

9 거칠고 딱딱한 엄지구를 가진 사람에게는 뭐라고 조언해 줄 것인가?

Answer

정답

1 사람의 대뇌피질에서 공급하는 손의 신경과 운동신경은 몸의 크기와 비례하지 않는다. 몸에 비례한다면 손이 비치파라솔만해야 할 것이다.

2 '수화법手話法' 은 '손의 연구' 라는 뜻의 그리스어에서 나온 말이다.

3 아니다. 수동적인 손은 내면의 잠재의식과 개인적인 성격을 나타낸다.

4 활동적인 손은 엄지손가락의 강도로 알 수 있는데, 엄지손가락이 뻣뻣한 쪽이 활동적인 손이다.

5 손의 모양을 보고 사람의 성격을 알아내는 것은 아니고, 손의 모양은 손가락 길이와 팔다리 길이와의 관계를 나타낸다.

6 손바닥의 언덕으로 판단하는 것은 쓸데없는 일이다.

7 운동선수의 엄지구는 눌러도 쉽게 쭈그러들지 않는다. 그러한 손을 가진 사람은 관능적이며 쾌락을 추구하는 사람이다.

8 풍만하면서 견고한 엄지구의 소유자는 활력이 강한 사람이다.

9 거칠고 딱딱한 엄지구의 소유자는 규칙적인 마사지를 받는 게 좋다.

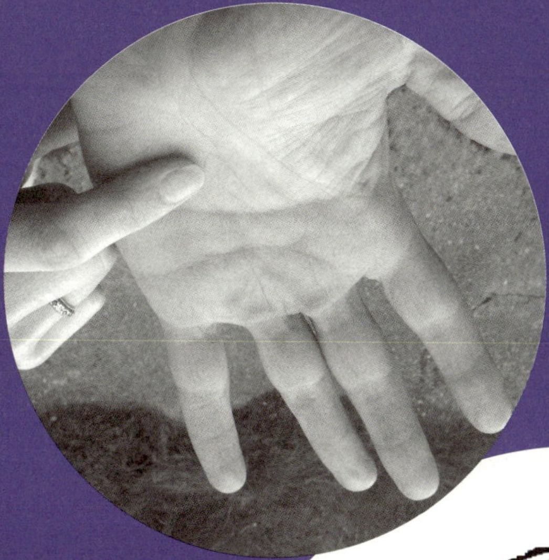

두번째 시간

■살결이 중요하다

만져 보고 느껴 보자!
Touch me Feel me!

이제 피부의 질감에 대해 알아보자. 이것은 손금 보는 사람이 알아야 할 아주 중요한 부분이다.

손바닥의 안쪽 피부에는 육안으로 간신히 볼 수 있는 수많은 미세 줄무늬가 있다. 줄무늬 안에는 뜨거움, 촉촉함, 온도, 통증 등을 감지하는 수많은 신경들이 들어 있다. 피부가 고울수록 줄무늬가 많으며 신경종말神經終末도 많다.

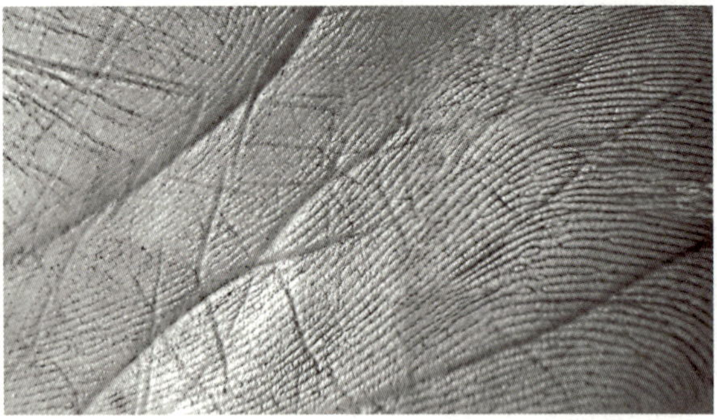

▲손바닥의 줄무늬

손바닥의 피부는 중추신경계가 얼마나 정교한지, 자극을 받아들이는 성향이 어떠한지 등 사람이 자연스럽게 반응하는 정도를 나타낸다. 손바닥이 여린 사람들은 오랫동안 조원造園작업이나 육체노동을 하고 나면 자연스레 굳은살이 박일지 모르지만, 이러한 작업이 끝나면 곧 피부가 원상태로 회복된다. 피부의 상태는 환경에 따라 좌우되는데 그것은 오랫동안 정상 상태를 이탈하지 않고 제자리로 돌아오는 경향이 있다.

축축한 피부
Clammy skin

손바닥이 축축한 피부는 자극에 극히 민감하고, 불안해하며, 신경과민한 사람임을 나타낸다. 일시적으로 축축할 수도 있지만 그런 사람들은 자기 손금을 보는데도 신경을 곤두세우고 뭔가에 자극을 쉽게 받는다. 손바닥의 피부가 항상 축축한 사람은 감정의 영향을 강하게 받는 사람이다. 그렇다고 반드시 예민하다는 것은 아니다.

손바닥의 질감
Skin quality

손바닥의 질감이 어떠한지를 알아보려면 활동적인 손의 집게손가락 끝(가장 민감한 손끝임)으로 손바닥의 가운데 부분을 쓰다듬어 보면 된다.

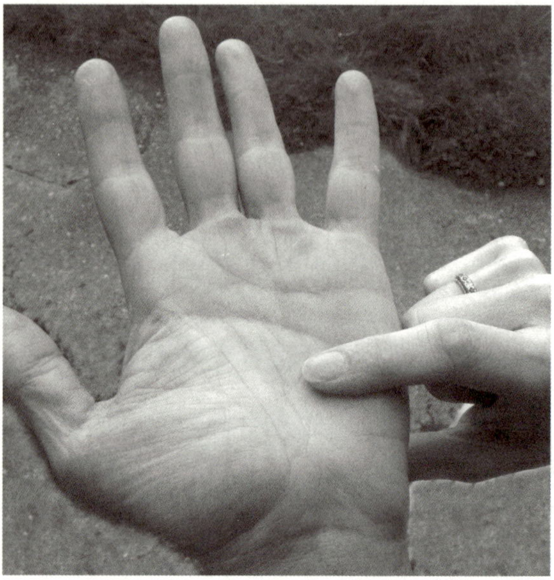

▲피부의 유형 파악하기

손바닥 피부는 다음의 네 가지 질감으로 분류된다.

- 비단결
- 종이질
- 나뭇결
- 꺼끌꺼끌함

여기서 중요한 것은, 손바닥에 있는 모든 것은 긍정적인 면과 부정적인 면 둘 다를 갖고 있다는 사실을 명심해야 한다. 손바닥에 나타나는 모든 선, 문양, 특징 등은 손의 주인공이 그것들을 얼마나 잘 이해하느냐에 따라 장점요인이 될 수도 있고 장애요인이 될 수도 있다. 당신은 사람들의 손금을 봐줄 때 모든 특징들에 대해 좋은 점과 나쁜 점을 지적해 주면서 최대한 많은 정보를 말해 주어야 한다. 친절하고 긍정적으로 대하되 진실되게 설명해 주어야 한다.

비단결 손바닥
Silk skin

손바닥이 여리고 비단처럼 부드러우며 얇다면 당신은 가장 질 좋은 피부 유형인 비단결 피부의 손바닥을 갖고 있는 것이다. 정말로 비단을 손끝으로 문지르는 것 같은 느낌이 들며 손바닥에 줄무늬가 있는지도 느끼지 못할 정도로 미세하고 부드럽다. 아주 세련된 피부라는 것을 금방 느낄 수 있다.

비단결 손바닥은 민감도가 가장 강하며 인구의 1/5 정도에서 나타나고 있다. 남성보다는 여성에게 주로 많다.

비단결 손바닥을 가진 사람들은 수용성受容性이 강하고 초능력적인 경우가 많다. '낌새'와 분위기를 잘 간파하며, 와인에 들어있는 아주 미량의 탄닌까지도 감지할 수 있고, 방금 들어간 방에서 옛날에 싸웠던 흔적을 느낄 수도 있다. 그들은 대개 햇볕을 싫어하여 피부가 창백하다.

비단결 손바닥의 사람들은 섬세하며, 시끄럽고 환히 보이는 것을 싫어한다. 그들은 옷 입는 것과 개인 위생에도 까탈스러운데 지저분하거나 방房이 어수선하면 스트레스를 받는다. 그들은 피부병, 소화불량, 신경질환, 알러지, 공포증에 걸리기 쉬우며, 술에도 약하여 근무 후 칵테일이나 맥주를 조금만 마셔도 쓰러지곤 한다.

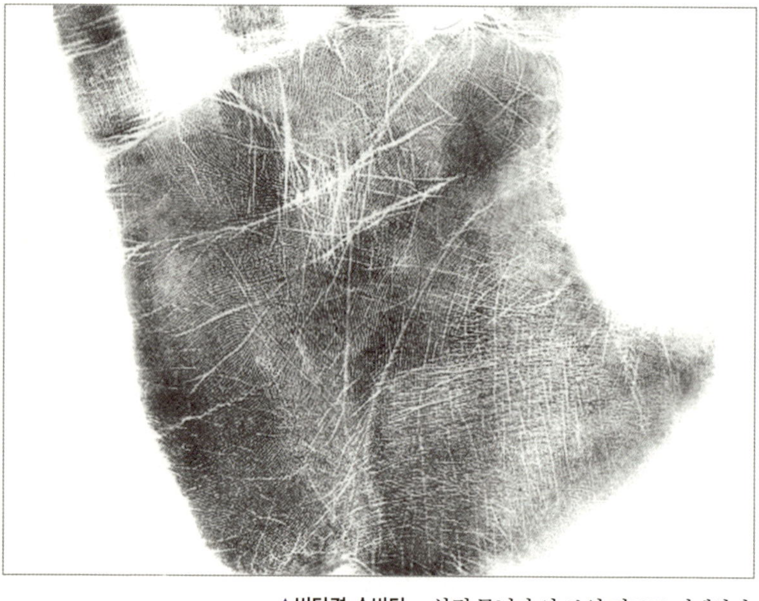

▲**비단결 손바닥** – 살결 무늬가 안 보일 정도로 미세하다

이러한 피부 유형을 가진 사람들의 엄지구는 쉽게 쭈그러드는데(**활력이 약함을 뜻함**), 그런 사람들은 평안하고 조화로운 환경에

있는 것이 좋다. 대체의학 치료사, 아동교사, 간병인, 심령 치유자, 예술가, 정신적 지도자, 전문 종교인 등에게서 많이 발견되는 유형이다.

비단결 손바닥을 가진 사람들이 자기에게 적합하지 않은 환경에서 몸부림치며 일하는 경우가 흔히 있다는 사실이 놀랍다. 그들은 이중 유리창을 팔거나 채권 추심과 같이 공격적인 환경에서 스트레스를 받아 가며 일하는 것을 전혀 즐거워하지 않는다. 비단결 손바닥을 가진 사람들을 볼 때마다 독소毒素가 강한 물질과 거친 환경을 피하고 자신의 감수성에 맞는 일을 하라고 조언해 주어야 한다.

종이질 손바닥
Paper skin

피부가 섬세하면서 건조하고 약간 노르스름하면 종이질 손바닥이다. 손바닥의 줄무늬를 손끝으로 약간 감지할 수 있을 정도이다. 이것은 가장 일반적인 줄무늬 형대로 오늘날 도시에 사는 사람들의 절반가량에서 발견되고 있다. 남녀의 비율은 비슷하다.

이러한 유형은 분명히 감각은 발달되어 있지만 직관력은 그리 강하지 않다. 종이질 손바닥을 가진 사람들은 직접 눈으로 보거나 말로 확인하려 든다. 아이디어를 교환하는 모임 같은 것을 좋아한다.

이러한 손바닥을 가진 사람들은 의사소통을 중요시하며 소리, 이미지, 말〔대화〕, 그림 등에 소질이 있으며 관심이 많다. 첫 만남에서는 감정을 숨긴 채 약간 '냉담하게' 보이려는 경향이 있다. 이런 손바닥의 유형은 엄지구가 약간 납작하다(냉정함을 뜻함).

대개는 종이질 손바닥이 일반적인데 대화, 이미지, 신문, 전화, 컴퓨터 등이 있는 곳이면 어디든지 이런 사람들이 있다고 보면 된다. 즉 변호사, 선생, 영업사원, 웹디자이너, 사무직원, 학생, 작가 및 매체 관련의 모든 사람들에게 해당된다.

나뭇결 손바닥
Grainy skin

다음은 나뭇결 피부를 가진 손바닥이다. 이는 줄무늬가 선명하게 보이고 만져보면 쉽게 감지된다. 피부는 약간 거칠며 선이 뚜렷하다.

이러한 손바닥 유형은 여자들보다 남자들에게 흔한데, 특별히 감각이 예민하지 않은 사람임을 나타낸다. 이런 유형은 활동적이고 자극적인 일에 적합하다. 반응이 신속하고, 쉽게 싫증을 내며 늘 활동적인 것을 좋아하는 사람들이다. 순발력이 뛰어나며, 타이밍 감각이 좋고, 스포츠에도 재능이 있다.

대개 이러한 손바닥 유형을 가진 사람들은 열심히 일하고 열심히 놀며 인생을 진지하게 살아간다. 이런 손바닥은 대개 엄지구가 잘 발달되어 있다(열정이 풍부함을 뜻함).

이러한 성격의 사람들은 활동적인 일이 필요하지 오랫동안 노래 부르기, 명상 같은 수동적인 활동에는 질색이다. 감정을 분출해 내지를 못한다. 가만히 있지를 못하고, 대개는 스키와 같은 활동적인 레저 활동을 통하여 기분 푸는 것을 좋아한다.

나뭇결 손바닥의 사람들은 늘상 바쁜 나날을 보낸다. 사업가가 많고 일에 매달려 성과를 내는 것을 좋아한다. 그들은 스스로 활동적이고 자극을 받으며 삶을 시끌벅적하게 살아갈 수 있는 스포츠와 취미를 갖는 것이 좋다.

거친 손바닥

Coarse skin

'거친 손바닥'은 쉽게 구분할 수 있다. 피부가 두껍고 딱딱하며 촉감이 거의 연마재研磨財처럼 꺼끌꺼끌하다.

주로 신체적인 활동을 하는 사람들에게서 나타나는데, 그들은 야외활동에 적합하며 오랫동안 실내에 치박혀 있는 것을 싫어한다. 이러한 손바닥 유형은 자연과의 접촉을 좋아하며 물질세계를 추구한다. 손재주가 많고 추위에 강하며, 통증과 온도에는 둔감하다.

줄무늬가 넓고 골진 것 같이 되어 있어 피부가 거칠고 두껍다. 그들은 손끝이 벽돌처럼 층이 져서 무감각하며, 직원들 파티에

타이를 똑바로 매고 오지 않아 사람들 얼굴을 찡그리게 하기도 한다. 그런 사람들은 형식에 얽매이지 않는다.

엄지구는 대개 납작하고 딱딱하다. 손금이 거의 없는데 거의가 남자들에게만 나타나는 유형이다.

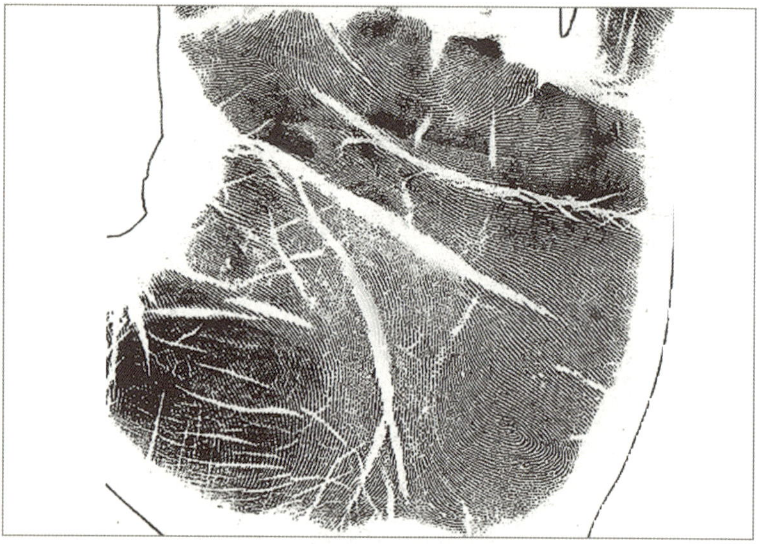

▲**거친 손바닥** – 피부 줄무늬가 잘 보인다

거친 손바닥은 주로 농부, 어부, 건축업자, 수공업자, 목수, 도공, 기계공, 창문 닦는 사람들에게 일반적이다. 그들은 지나친 형식을 혐오하며 감정을 억제하는 편이다. 거친 손바닥을 가진 사람들에겐 스스로 대화하라고 조언해 주는 것이 중요하다.

Secret palmist assignment

남모르게 하는 수상학자의 숙제
Secret palmist assignment

여러분들이 손바닥의 각 유형을 직접 체험해 보아야 빨리 숙지할 수 있다.

먼저 친구나 친척의 손바닥부터 살펴보아라. 감각이 예민하고 수용적인 사람일수록 손바닥의 피부가 더 여리고 세밀하다는 것을 알 수 있을 것이다.

될 수 있으면 많은 사람들과 악수해 보아라. 사람들의 손바닥 피부와 성격과의 관계를 따져보아라. 현장 노동자들에게서는 거친 손바닥이, 활동적인 유형에서는 나뭇결 손바닥이, 컴퓨터 프로그래머에게서는 종이질 손바닥이, 심령 치유자에게서는 비단결 손바닥이 나타난다는 것을 알게 될 것이다.

Brain bashing quiz

반짝 퀴즈

주어진 시간 : 10분

1 사람들의 손바닥 피부 조직을 보고 무엇을 알 수 있는가?

2 거친 손바닥을 가진 사람은 주위 환경에 민감하게 반응하는 사람인가?

3 나뭇결 손바닥은 비단결 손바닥 보다 감각이 더 민감한가?

4 비단결 손바닥의 사람은 나이트클럽 기도로 적합한가?

5 종이질 손바닥의 사람은 현장 노동자로 적합한가?

6 어떠한 유형의 손바닥이 실내에서 일하는 데 가장 적합한가?

7 운동선수는 어떤 유형의 손바닥을 가졌을까?

8 통증에 가장 무딘 손바닥 유형은 무엇일까?

9 독성물질에 가장 민감한 손바닥 유형은 무엇일까?

Answer

정답

1 손바닥의 피부 질감을 보고 피부 줄무늬의 밀도를 알 수 있는데, 그것으로 사람들의 환경에 대한 반응도와 중추신경계의 민감성을 알 수 있다.

2 아니다. 거친 손바닥은 가장 덜 민감하다.

3 아니다. 비단결 손바닥이 가장 민감한 신경을 가지고 있다.

4 아니다. 비단결 손바닥의 사람은 이러한 일에 너무 연약하다.

5 아니다. 종이질 손바닥의 사람은 보고 말하고 정보를 주고받는 일에 가장 적합하다.

6 종이질 손바닥의 사람들이 사무직으로 가장 적합하다.

7 나뭇결 손바닥의 사람들은 순발력이 빠르며 스포츠 선수로 적합하다.

8 거친 손바닥의 사람들이 통증에 가장 무디다.

9 비단결 손바닥의 사람들이 독성물질에 가장 민감하다.

세번째 시간

■엄지손가락 ... 성격의 방향타(方向舵)

엄지손가락의 힘
The rule of thumb

엄지손가락은 포유동물 중에서 인간에게만 유일하게 발달되어 있어 인간이 환경을 지배할 수 있게 해준다〔**유인원**類人猿**들의 엄지손가락은 조그맣고 발육이 부진하다**〕. 엄지손가락은 다른 손가락들과 반대로 작용하며 움켜쥘 수 있도록 해준다. 이것이 인간에게 도구를 만들고 세상을 만들도록 부여한 진화의 열쇠이다.

엄지손가락은 인생을 꽉 '움켜잡는' 가늠자이다. 엄지손가락이 크고 뻣뻣할수록 자신을 움켜잡고 스스로를 통제할 수 있는 능력이 강하다. 엄지손가락이 약한 사람은 자기 통제가 잘 안 되고 잡은 기회도 놓치는 경우가 많다.

엄지손가락은 성격의 방향타方向舵로써 당신이 설정해 놓은 길로 당신을 인도한다. 크고 단단한 엄지손가락은 사람을 특정한 목표나 야망 – 즉 산을 오르는 것이든, 다이어트를 하는 것이든, 프랑스어를 배우는 것이든 – 의 길에 도달하도록 조종해 주는 커다란 고정 방향타와 같다. 엄지손가락이 작고 잘 휘어지면 현실과 인생의 풍파에 강한 영향을 받고 다른 사람들로 인해 궤도를 쉽게 이탈하게 된다.

엄지손가락을 살펴보면 개인의 의지력이나 자신에 대한 통제력 그리고 그 사람의 환경에 대한 통제력을 파악할 수 있다.

엄지손가락을 살피는 것은 상대적으로 쉽다-길이와 강도만 확인하면 된다. 엄지손가락은 대개 길이가 비슷해 보이는데 특별히 길거나 짧은 것은 쉽게 가늠할 수 있다.

엄지손가락 길이 확인하기
Checking thumb length

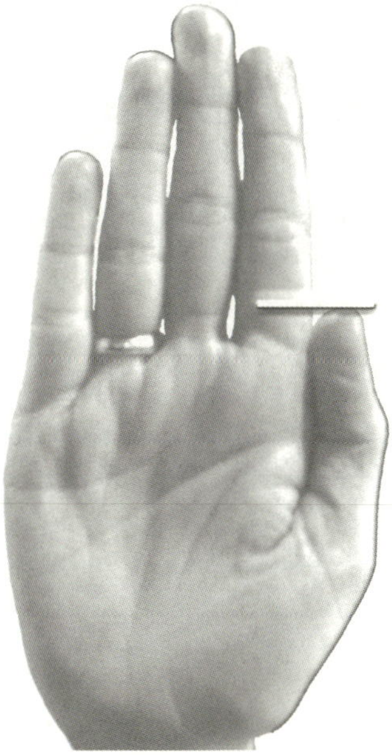

엄지손가락의 길이를 측정하려면 손바닥을 쫙 펴고 엄지손가락을 집게손가락 옆에 똑바로 댄다.

엄지손가락 측정하기
Measuring the thumb

엄지손가락이 집게손가락의 하단 첫째 마디 1/4~1/2까지 닿으면 평균 길이이다. 여기에 미치지 못하면(집게손가락 하단 주름선 쯤)

▲빌 게이츠의 긴 엄지손가락

짧은 것이고, 첫째 마디의 중간보다 위로 올라가면 긴 것이다.

엄지손가락이 길면 자기수양 능력, 불굴의 힘, 자제력이 강하고, 엄지손가락이 짧으면 힘든 일이 닥쳤을 때 불굴의 힘과 '인내력'이 약하다.

뻣뻣한가, 유연한가?
Stiff or floppy?

그다음에 확인해야 할 점은 엄지손가락의 강도强度이다. 여러 면에서 강도 측정은 엄지손가락을 보는 가장 중요한 부분인데 그

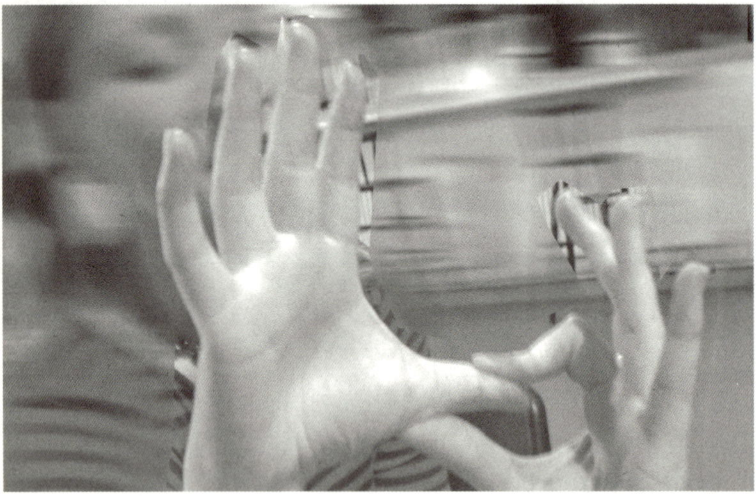

▲엄지손가락의 강도 측정하기

것을 보고 사람들이 자신의 의지를 얼마나 강력하게 활용할 수 있는지를 알 수 있기 때문이다. 엄지손가락이 아무리 길어도 관절 부위가 유연하다면 자신의 의지를 활용하지 못한다.

당신의 엄지손가락을 상대방의 엄지손가락 맨 하단 관절에 대고 엄지손가락을 뒤로 젖혀서(손목 쪽으로) 그 강도를 확인해 보아라.

엄지손가락이 뻣뻣하면 잡아당겼을 때 뒤로 잘 젖혀지지 않으며, 엄지손가락이 유연하면 거의 손목까지도 당겨질 수 있다. 1인치나 2인치 정도만 젖혀지는 것이 평균이다.

뻣뻣한 엄지손가락을 가진 사람들은 자신의 충동을 엄격하게 통제한다. 그들은 지배하려는 성격을 갖고 있으며 순전한 노력을 통해서 자기가 원하는 것을 쟁취한다. 또한 자신을 엄격하게 통제하며 노력하고 자기억제가 부족한 사람들에겐 참지를 못한다.

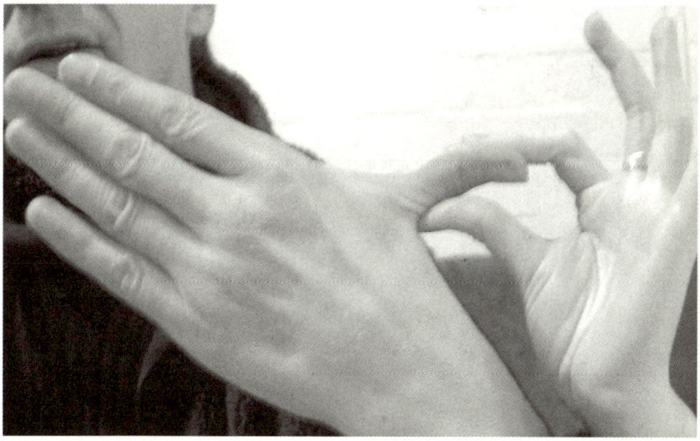

▲잘 젖혀지는 엄지손가락

엄지손가락이 쉽게 젖혀지는 사람들은 즉흥적이고, 산만하며, 쉽게 지루함을 느낀다. 스스로가 '남이 시키는 대로 하는' 사람이라는 걸 잘 안다. 예를 들어 엄격한 다이어트를 할 때도 엄지손가락이 유연한 사람들은 아이스크림의 유혹을 물리치기가 힘들다.

하지만 그들은 뻣뻣한 엄지손가락의 사람들보다 더 개방적이면서 친절하고 자발적이며 목표를 이루어가는 데도 변통성이 있다. 그들은 사람들의 환심을 산다.

엄지손가락이 작거나 유연한 사람들에게는 목표를 달성하기 위해 조직의 협조를 받으라고 조언해 주는 것이 좋다. 엄지손가락이 뻣뻣한 사람들은 고삐를 약간 누그러뜨리고 자신을 좀 풀어주어야 한다.

투박하면 좋다
It's crude, dude

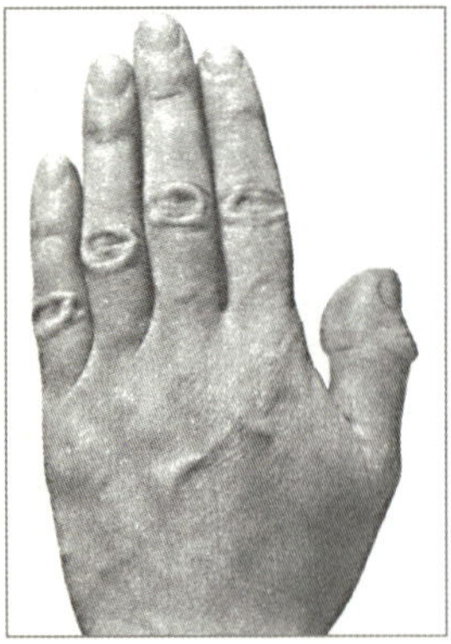
▲넓적하고 뭉툭한 엄지손가락

약간 왜소하고 뭉툭하며 투박해 보이면서 끝이 넓적하고 쭈그러진 엄지손가락을 보게 되는 경우도 있을 것이다. 이러한 경우는 원초적인 에너지가 강한 사람이다. 대개는 놀랄만한 힘이 있으며 열정을 발산할 육체적인 분출구가 필요한 사람이다.

Secret palmist assignment

남모르게 하는 수상학자의 숙제

Secret palmist assignment

여러분이 알고 있는 열 사람의 엄지손가락을 살펴보아라. 그들 중에서 특별히 유연하거나 뻣뻣한 엄지손가락이 있는지를 찾아보아라. 그들이 목표를 이루어 가는데 있어 엄지손가락의 특성과 얼마나 관련이 있는지를 알아보도록 하여라. 사람들의 엄지손가락 크기도 주의 깊게 살펴보아라. 엄지손가락이 크면 성공률도 높다는 것을 알게 될 것이다.

Brain bashing quiz

반짝 퀴즈

주어진 시간 : 10분

1 왜 엄지손가락이 중요한가?

2 엄지손가락이 큰 사람들은 힘에 대한 열등감이 있는가?

3 엄지손가락이 유연한 사람과 뻣뻣한 사람과는 어떠한 성격 차이가 있는가?

4 엄지손가락이 뻣뻣한 사람은 즉흥적인가?

5 엄지손가락이 유연한 사람은 엄격한 사람인가?

6 평균 길이의 엄지손가락은 얼마이며 그것을 어떻게 재는가?

7 엄지손가락이 유연한 사람이 다이어트를 하려고 하면 뭐라고 조언해 줘야 하는가?

8 엄지손가락이 유연하다는 것은 나쁘다는 것인가?

9 엄지손가락이 뭉툭하고 넓어서 투박해 보이는 것은 무엇을 의미하는가?

Answer

정답

1 엄지손가락은 사람의 의지력과 자기통제력을 나타낸다.

2 아니다. 그들은 자기수양, 불굴의 힘, 자제력이 강하다.

3 엄지손가락이 유연한 사람들은 일에 정진하지 않으며, 엄지손가락이 뻣뻣한 사람들은 일에 정진한다.

4 그렇지 않다. 엄지손가락이 뻣뻣한 사람은 통제력이 강하다.

5 그렇지 않다. 엄지손가락이 유연한 사람은 느슨하고 쉽게 가려 한다.

6 엄지손가락의 길이는 집게손가락 옆에 붙여서 잰다. 집게손가락의 하단 지골指骨 1/4~1/2 사이에 오면 평균 길이이다.

7 동기부여가 많이 된 집단에 들어가는 것이 좋다.

8 아니다. 엄지손가락이 유연한 사람은 개방적이고, 친절하며, 자발적이고, 변통성이 있다.

9 엄지손가락이 투박한 사람들에게는 원초적인 힘이 있다. 그들에겐 육제적인 열정을 발산할 분출구가 필요하다.

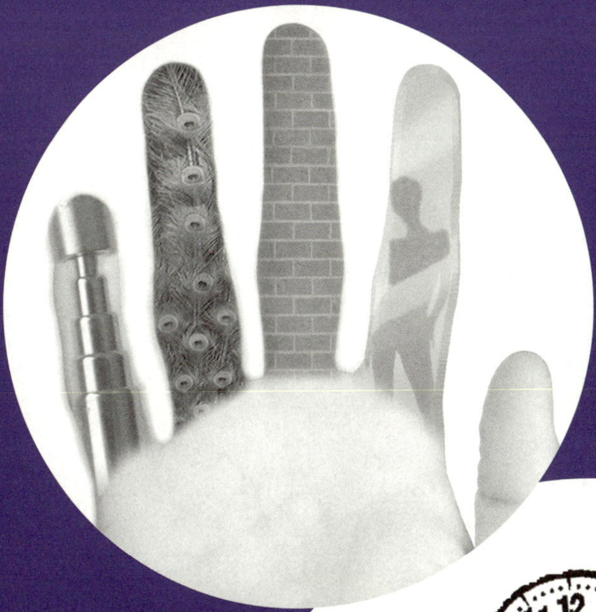

네번째 시간

■매력적인 손가락

두뇌 개발과 손가락 개발

Brain development and finger development

여러분은 손가락을 통해서 그 사람의 심리적 동기를 굉장히 많이 파악할 수 있다.

손가락은 두뇌의 발달 정도, 즉 자아의식(검지), 사회 적응력(중지), 자기표현 능력(약지), 의사소통 능력(소지)을 나타낸다. 손가락이 어떻게 조화를 이루고 있는가에 따라 그 사람의 능력 발달 정도를 알 수 있는 것이다.

손금을 볼 때 어느 손가락이 특별히 길거나 짧은지를 본다. 손가락의 상대적 길이는 초기의 발달 경험과 태아로 전달되는 여러 화학적 메시지의 노출 정도에 따라 결정된다. 이러한 주요 경험들이 아주 흥미로운 사실을 드러내는 손가락의 길이에 영향을 미치는 것이다.

손가락의 길고 짧음

The long and the short of it

손가락을 따로따로 살펴보기 전에 손가락에 대해 몇 가지 사항을 확인하고 넘어가자.

우선, 손가락의 길이를 보자. 손가락이 거의 손바닥 길이만큼 긴 사람이 있는가 하면, 손바닥 길이의 3/4 정도도 안 될 만큼 뭉툭하며 짧은 손가락을 가진 사람이 있다.

절반가량의 사람들이 보통 길이의 손가락을 갖고 있는데 이들은 당연히 평범하며 특별한 것이 없는 편이다.

▲밥 딜란 – 손가락이 참 길다

손가락이 길수록 추상적이며 형이상학적인 사람이다. 예를 들면, 철학박사의 손가락은 길 확률이 높다.

손가락이 긴 사람일수록 매사를 오래도록 골똘히 생각한다. 그들은 손가락이 짧은 사람들보다 생각을 더 고상하게 한다. 그들은 보다 비판적이며 내성적이다. 손가락이 긴 사람들은 상세한 것을 좋아하며 어떤 특정한 것을 전문으로 하고 싶어 한다.

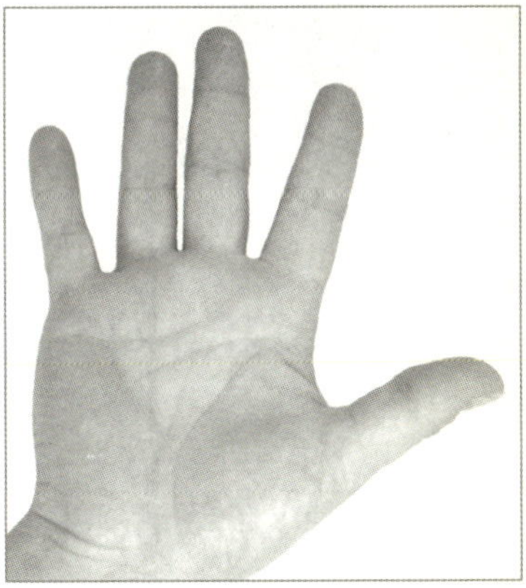

▲짧은 손가락

반대로 손가락이 짧은 사람들은 생각이 '짧다'. 그렇다고 손가락이 짧은 사람들은 우둔하다는 뜻이 아니라, 성격이 급하고 포괄적이며 직관적이다.

손가락이 짧은 사람들은 전체를 보되 세부적으로 보는 눈은 없다. 손가락이 짧을수록 육체적인 일에 더 잘 맞는 사람이다. 예를 들어, 자동차 정비공은 손가락이 짧다.

마디진 손가락
A knotty issue

드물긴 하지만 손가락의 관절이 부풀어올라 북채처럼 생긴 마디진 손가락이 있다. 마디진 손가락(관절염으로 생긴 마디가 아니라면)의 경우엔 이리저리 생각을 '굴리는' 사고思考 처리장치 같은 행동을 한다. 그런 사람들은 분석적이고, 철두철미하며, 따지기를 좋아하고, 빈틈이 없다.

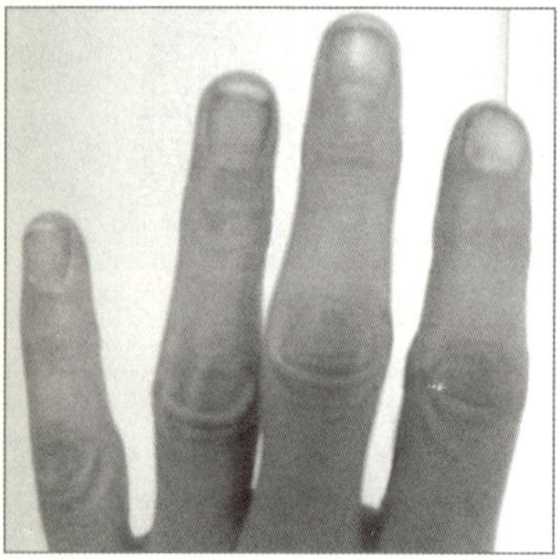
▲마디진 손가락

융통성이 있는가, 완고한가?
Flexible or rigid minded?

다음으로 점검해야 될 사항은 손가락의 유연성이다. 네 손가락을 한 번에 손목 쪽으로 젖혀서 손가락의 강도를 확인할 수 있다.

손가락의 강도를 보고 심리작용이 얼마나 '유연한가'를 알 수 있다. 손가락이 잘 안 젖혀지고 뻣뻣하면 완고한 성격의 사람이다(대개는 신체의 주요 관절도 뻣뻣하다). 손가락이 수직으로 1인치 이상 젖혀지지 않는 사람은 새로운 사상을 잘 수용하려 들지 않는다. 그들은 완고하며 충동적이지 않다.

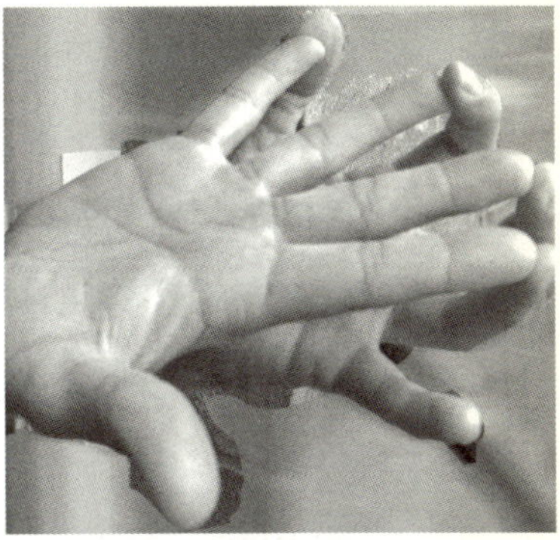

▲손가락 강도 측정하기 - 아주 뻣뻣한 경우

손가락이 뻣뻣한 사람들은 다른 사람들의 의견을 완전히 물리치고 일 추진을 강행할 수 있는 완고한 성격의 소유자이다.

손가락이 유연(손가락이 4인치 이상 젖혀짐)하면 감수성이 예민하며 수용적受容的인 사람이다. 그들은 매우 충동적이며, 한 가지 일에 집중하지 못하고 이 일 저 일로 옮겨다닌다.

손가락이 아주 유연하면 항상 신축적이고, 변덕이 심하며, 즉흥적인 마음을 갖고 있는 사람임을 뜻한다.

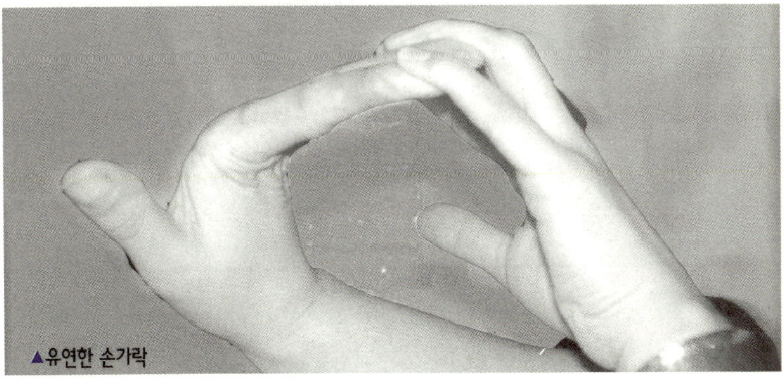

▲유연한 손가락

손가락 길이 측정하기
Getting the measure of the digits

이번에는 길고 짧은 손가락 사이에는 어떠한 관계가 있는지를 알아본다. 유난히 길거나 짧은 손가락에 대해서는 다음 장에서 중요하게 다루고자 한다.

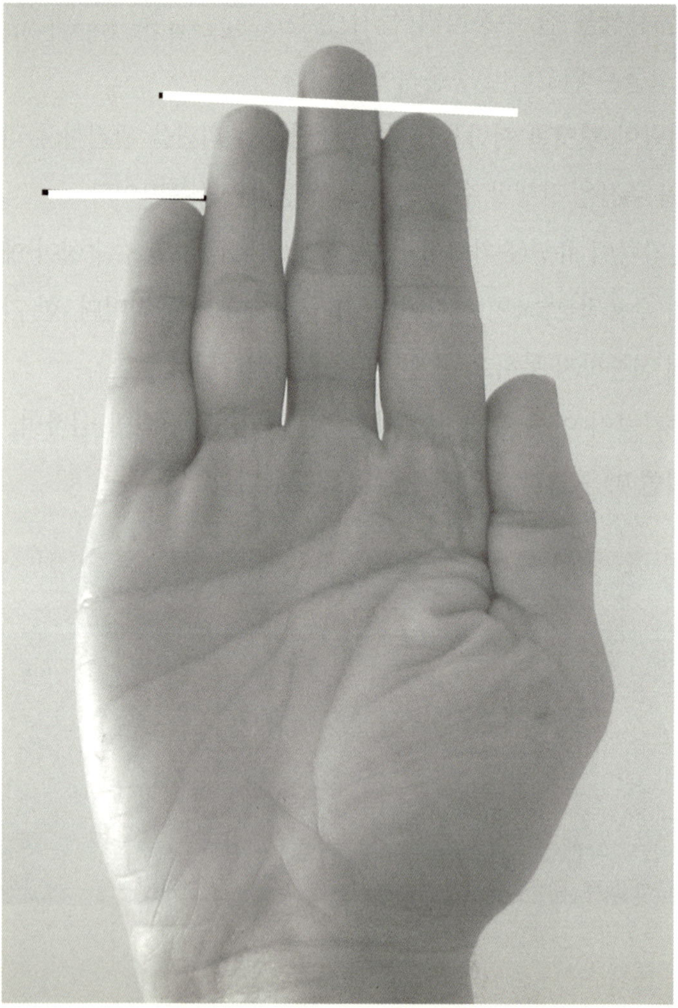

▲손바닥을 쫙 폈을 때의 손가락 평균 길이 비교

우선 손가락을 똑바로 세우되 비스듬히 하면 안 된다. 어느 한 손가락이 굽었다면 짧게 보이겠지만 곧게 뻗은 것처럼 생각하고 잰다.

처음에는 검지와 약지의 길이를 비교해 본다. 중지를 뒤로 젖히고 곧은 자를 두 손가락의 끝에 대어 보면 된다. 어느 한 끝이 비스듬히 기울어지면 두 손가락의 길이가 다른 것이다. 기울기가 크면 클수록 길이 차이가 큰 것이다. 어느 손가락이 얼마큼 긴지를 알아야 하는데, 검지의 길이가 약지보다 1mm라도 더 길면 검지가 길다고 판단한다. 그러니까 검지 쪽으로 약간만 위로 올라가도 검지가 긴 것이다. 약지가 더 길게 보일 때는, 검지보다 0.5cm 정도 길다면 평균으로 계산한다. 이것보다 더 길어야 약지가 긴 것이다.

다음에는 중지의 길이를 확인한다. 가운데 손가락의 맨 윗마디 중간이 양쪽 손가락 끝을 연결하는 가상선보다 위에 있어야 한다. 가운데 손가락의 상단 지골 돌출부가 이 선보다 위에 있으면 긴 것이고 아래에 있으면 짧은 것이다.

새끼손가락의 길이는 옆에 있는 약지의 맨 윗마디 주름선을 기준으로 측정한다.

수상手相을 볼 때 처음에는 손가락의 길이를 재어보면서 주의 깊게 살펴보게 되겠지만, 곧 어느 손가락이 길고 짧은지를 한눈에 알아볼 수 있게 될 것이다.

전통적으로(모든 수상학의 특성과 함께) 손가락은 행성行星의 지배자로 간주되었는데 검지는 목성木星, 중지는 토성土星, 약지는 아폴로, 소지는 수성水星에 배속되었다. 여러분이 점성가나 은유적 우주론자가 아니라면 이러한 표식은 아무런 의미가 없다. 다음의 몇몇 장章에서는 더 적당한 은유법인 '거울〔검지〕', '벽〔중지〕', '공작〔약지〕', '안테나〔소지〕' 로 바꾸어 사용할 것이다. 그러면 여러분이 그 중요성을 이해하는 데 엄청난 도움이 될 것이다.

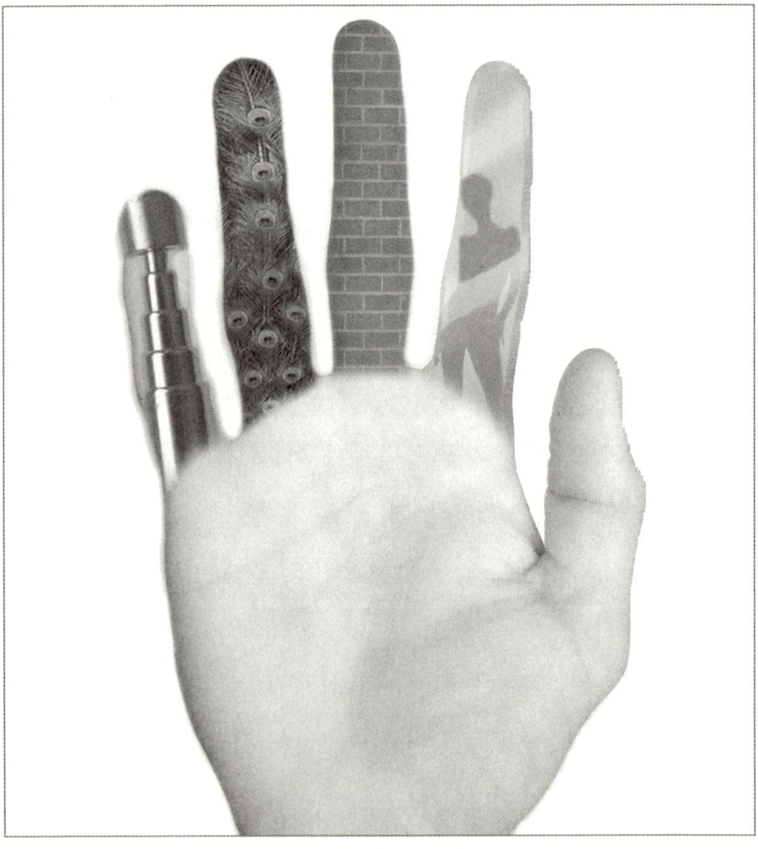

▲손가락의 은유적 이미지

Secret palmist assignment

남모르게 하는 수상학자의 숙제

Secret palmist assignment

손가락의 길이를 정확하게 측정하는 방법을 터득하기 위해서는 적어도 열 사람의 손을 검토해 봐야 한다.

친구나 친척들의 손을 측정해 보되 손금을 읽어주어야 한다는 생각은 아직 하지 마라.

손가락의 길고 짧음, 유연성 등을 살펴보고, 마디진 손가락이 있는지도 찾아보아라.

Brain bashing quiz

반짝 퀴즈

주어진 시간 : 10분

1 손가락이 짧은 사람은 비교문학에 소질 있는 학생일까?

2 건축업자의 손가락은 긴 편일까?

3 손가락이 짧은 사람은 세부적인 것을 보는 안목이 있을까?

4 마디진 손가락을 가진 사람은 성급하게 결론을 내리는가?

5 손가락이 뻣뻣한 사람은 느긋하고 열린 마음을 가졌는가?

6 손가락이 유연한 사람은 심술궂은 사람인가?

7 약지손가락은 어떻게 재는가?

8 새끼손가락은 어떻게 재는가?

9 검지가 약지보다 약간 길다면 보통 길이로 판단하는가?

Answer

정답

1 아니다. 손가락이 짧은 사람은 추상적이기보다 전체적인 지식을 추구한다.

2 아니다. 건축업자는 짧은 손가락을 갖고 있는 편이다.

3 아니다. 손가락이 짧은 사람은 세부적인 것을 보는 안목이 부족하다.

4 아니다. 손가락이 마디진 사람들은 철두철미하고 현학적인 경향이 있다.

5 손가락이 뻣뻣한 사람들은 신체적으로 경직되어 있고 마음이 엄격하다.

6 아니다. 손가락이 유연한 사람들은 마음이 열려 있고 느긋하다.

7 약지의 길이는 검지와 비교하여 측정한다.

8 새끼손가락 끝이 옆에 있는 약지의 맨 윗마디 주름선까지 닿아야 한다.

9 아니다. 이런 경우는 검지가 긴 것으로 판단한다.

다섯번째 시간

■자신을 비춰보기 ... 집게손가락(검지)

손위의 거울...

Mirror, mirror on the hand...

집게손가락은 수상학자들이 네 손가락 중에서 가장 중요하게

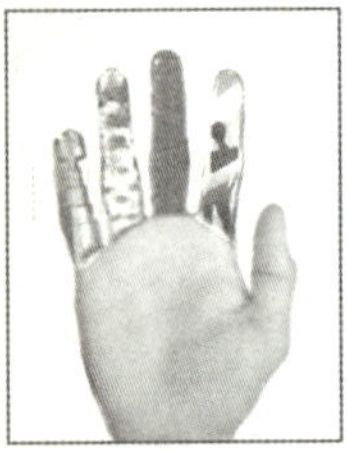

여기는 손가락이다. 이것을 거울손가락이라고 하는데 사람의 자기성찰 정도를 나타내기 때문이다. 이 손가락이 약지보다 약간 더 긴 사람은 자기성찰에 많은 시간을 할애하고 자신을 지나치게 중요시하는 경향이 있다. 이 손가락이 짧은(**약지보다 0.5cm 이상 짧은 경우**) 사람은 자존심이 낮고 왜소한 자아상自我象을 가진 사람이다.

이 손가락이 약지보다 0.5cm 이하로 짧은 경우를 일반적인 크기로 보는데, 손가락을 쫙 폈을 때 검지 쪽으로 약간 기울어지는 상태를 말한다.

과도한 자기성찰

Reflecting too much

검지가 긴 사람들은 자신을 진지하게 생각한다. 그들은 선천적으로 우두머리 기질이 있으며 자아인식이 강하다. 긴 집게손가락은 남자에게서보다 여자에게 더 일반적이다. 연구결과에 따르면, 이 손가락이 잘 발달되어 있으면 모성애 기질이 발휘되어(의식적으로나 무의식적으로나) 자립심이 조기 발달하는 것으로 나타났다. 그들은 자궁에서 에스트로겐이 더 많이 분비되었다.

▲힐러리 클린턴의 긴 집게손가락

검지가 긴 아이들은 가정에서 양심적이고, 분별력이 있으며, 책임감 있는 아이로 자란다. 그들은 대개 어렸을 때부터 어른 역할을 한다. 그들은 강하고 존경받는 어머니상으로 책임감이 막중한데, 그렇지 않으면 책임감이 결여된 사람이 된다고 생각한다.

그들은 모든 면에서 최고가 되어야 하며 스스로 설정해 놓은 최고수준에 도달하려고 애쓰는 이상주의자들이다.

집게손가락이 긴 사람들은 짧은 사람들보다 일기를 잘 쓴다. 그들은 자기성찰을 추구하는 일들, 즉 심리학, 카운슬링, 자기개발, 점성학 등 자신을(나아가 남들까지도) 성찰하는 기술과 관련된 것들에 몰입한다.

집게손가락이 긴 사람들은 꽁무니로 숨길 줄을 모르며, 가식을 싫어하고 정직하며 진실하다. 겉보기에 호화롭고 과시하는 것을 싫어하는 성격이다.

그들은 주변에서 자신의 존재를 느끼게 하는 일들, 즉 자영업, 사람 관리, 자기개발, 가르치고 보살피는 어머니 역할 같이 자신을 강하게 부여하는 일들을 찾는다. 그들은 일을 함에 있어 항상 최고수준, 질, 이상적인 것들을 강조하며, 자신을 믿기 때문에 높은 보상과 감사의 표시를 기대한다.

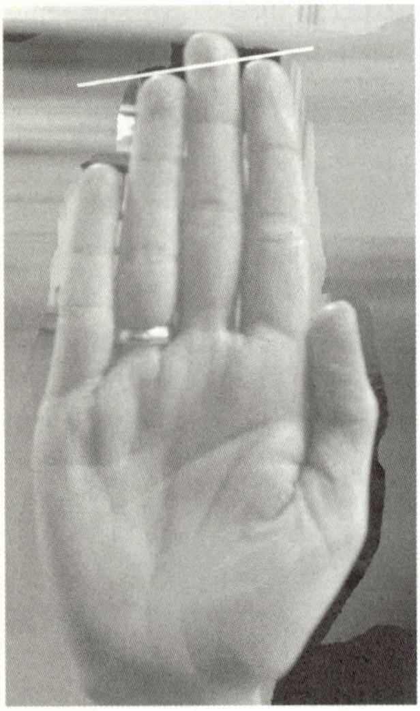
▲긴 집게손가락

대체로 집게손가락이 긴 사람들은 일을 너무 많이 떠안으면서 다른 사람에게 위임하지 못하는 경향이 있다. 집게손가락이 길면 자아의식이 과하고 자신의 결점을 확대 해석한다. 그리하여 자아비판, 완벽주의가 많고 끊임없이 노력하는 경향이 있다.

소심한 자아 이미지
Shrinking self-image

집게손가락이 짧으면(약지보다 0.5cm 이상 짧아서 손끝이 가파르게 떨어짐) 자아 이미지가 약한 사람이다. 그러한 경우에는 조기 발달과정에서 자아인식과 책임감이 눈에 띄게 부족한 것으로 나타났다. 이것은 대개 나쁜 행동이나 관심을 구하려는 행동에도 칭찬을 해주는 부주의한 육아법으로 인해 형성되거나, 아이들에게 자신의 실체나 욕구, 책임감 등을 생각해 볼 수 있는 기회(의식적으로나 무의식적으로나)가 주어지지 않는 경우 형성된다.

검지가 짧은 사람들은 대개 자신들의 나약한 자아의식을 약지(검지가 짧으면 분명히 약지가 상대적으로 길다)가 나타내는 특성을 내세워 보상하려 한다.

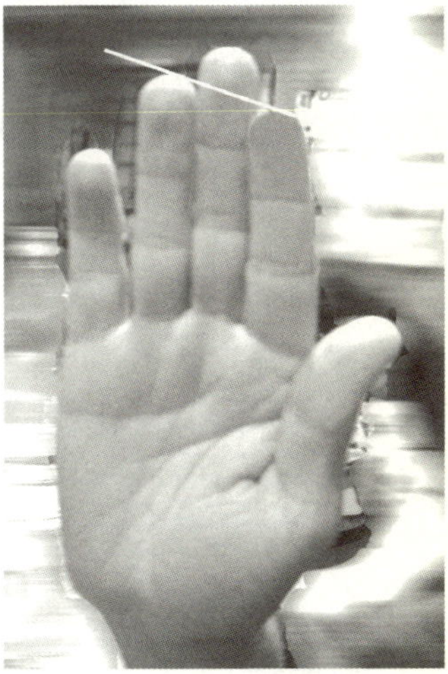
▲짧은 집게손가락

무슨 뜻이냐면, 그들은 흔히 시끄럽고 쾌활하며 공개적인 사람으로 행동한다. 하지만 자기 자신은 나약한 존재이다. 검지가 짧은 사람은 흡연과다, 비만증, 알코올중독 같은 스스로를 비하하는 모든 질병에 시달리기 쉽다. 그들은 자부심이 결여되어 있다. 이런 사람들은 자신을 진지하게 생각하지 않으며 책임을 회피하고 삶이 부여하는 어떠한 포상(있다면)에도 전혀 가치를 느끼지 못한다.

여러분이 검지가 짧은 사람을 보거든 자신을 믿고 자신의 진정한 욕구를 더욱 자유롭게 표현하도록 늘 북돋아주어라.

굽은 손가락 재기 및 비교하기
Bending, measuring and comparing

검지(또는 어느 손가락이든)가 굽어 있으면 손가락이 약하고 짧아 보인다. 항상 굽은 손가락도 곧게 펴진 것처럼 여기고 재어야 한다.

항상 양손의 검지를 비교해 보아라. 거의가 성숙한 인간으로 성장시키는 강력한 자아인식과 내면의 자신감이 나타나는 활동적인 손 쪽의 검지가 약간 더 긴 편이다.

Secret palmist assignment

남모르게 하는 수상학자의 숙제

Secret palmist assignment

집게손가락이 긴 사람과 짧은 사람을 찾아보아라.

여러분은 확연히 길고 짧은 것을 쉽사리 구분할 수 있어야 한다.

검지가 유난히 길거나 짧은 사람을 대화에 끌어들여보아라.

그들에게 개인의 배경, 어머니 관계, 내면의 자신감 등에 대해 물어보아라.

Brain bashing quiz

번짝 퀴즈

주어진 시간 : 10분

1 검지가 긴 사람과 짧은 사람 중 누가 더 많은 시간을 자기성찰에 할애하는가?

2 검지가 짧은 사람은 자신에 대한 믿음이 있는가?

3 검지가 짧은 사람은 완벽주의자인가?

4 검지가 긴 사람은 어떤 어머니상인가?

5 검지가 긴 사람은 심리학에 관심이 있는가?

6 검지가 굽은 사람은 개인주의자인가?

7 검지가 긴 사람은 자기 비하를 하기 쉬운 사람인가?

8 검지가 긴 사람은 어린애처럼 관심 끄는 것을 좋아하는가?

9 검지가 짧은 사람은 어렸을 때 집안에서 조숙하고 책임감 있는 사람으로 자랐는가?

Answer

정답

1 검지가 긴 사람이 자기성찰에 더 많은 시간을 할애한다.

2 아니다. 검지가 짧은 사람은 자신 스스로와 자신의 능력에 대해 회의적이다.

3 아니다. 검지가 긴 사람이 더 완벽주의자이다.

4 강하고 존경받는 어머니상으로 책임감이 막중하다. 그렇지 않으면 책임감이 결여된 사람이라고 생각한다.

5 그렇다. 검지가 긴 사람은 자기성찰이라면 무엇이든지 관심 있다.

6 아니다. 손가락이 굽으면 짧아지는데 똑바로 펴진 것처럼 여기고 잰다.

7 아니다. 이것은 검지가 짧은 사람에게 해당된다.

8 아니다. 이것도 검지가 짧은 사람에게 해당된다.

9 아니다. 그들은 책임을 회피하고 자기 강화 의식이 결여되어 있다.

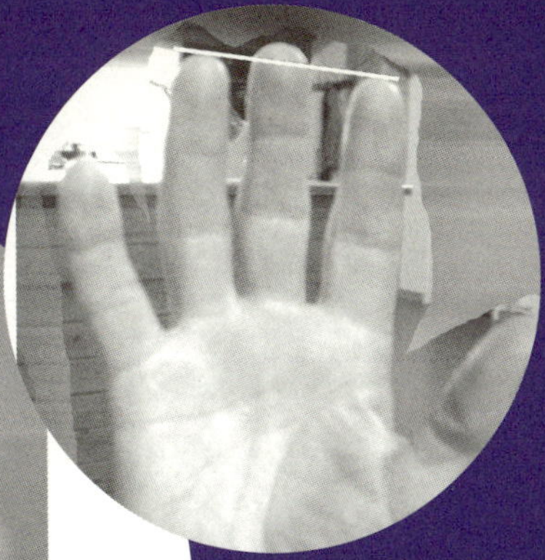

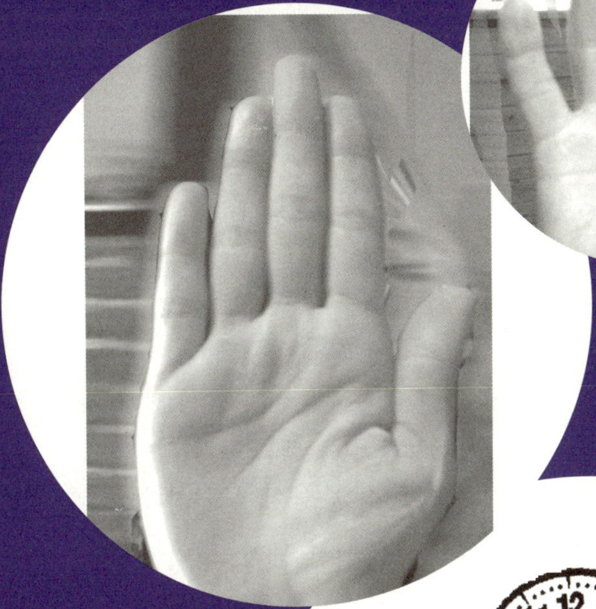

여섯번째 시간

■벽, 경계, 관습 …가운데손가락(중지)

담 넘어가기
Going over the wall

가장 긴 손가락인 중지中指는 관습, 조직, 순응성, 도덕성과 같

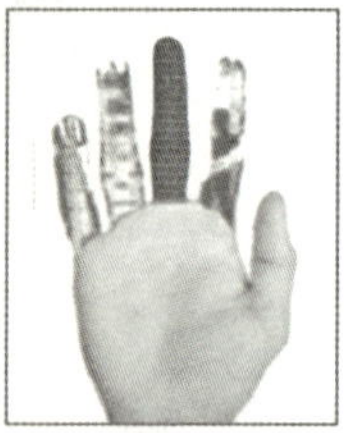

은 정신적인 인식능력을 나타낸다. 벽의 손가락이라고도 하는데 그것은 정신적인 경계와 권위에 대한 태도를 나타내기 때문이다. 가운데 손가락은 직업, 종교, 사회의식, 그리고 소위 정상상태라고 하는 것들에 대해 우리가 얼마나 성실하고 편협한지를 나타내주는 가늠자이다.

높은 벽...
High walls...

가운데 손가락의 맨 윗마디 중간선이 검지와 약지의 손끝을 가로지르는 선보다 위에 있으면 손가락이 긴 것이다. 그럴 경우는

인생, 일, 관습에 대해 진지하게 생각하는 경향이 있다. 그런 사람은 법과 규칙을 잘 지키고 올바른 일을 한다.

중지가 긴 사람은 의식이 진지하며 자신의 인생에 대한 의무와 책임감을 느끼는데 교회, 도시수립, 학계, 세무서 같은 큰 관료조직 내에서 주로 발견된다. 이런 사람은 약간 미련스럽다고 말하는 게 타당하다.

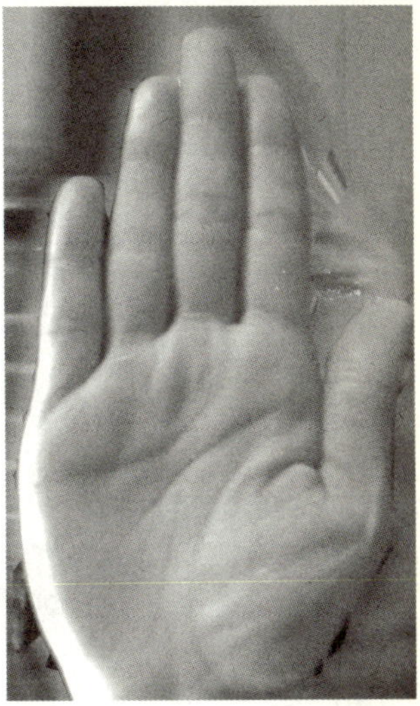

▲긴 중지

...짧은 손가락

...And short ones

중지가 짧은 사람은 관습에 얽매이는 것을 싫어하며 제멋대로 가려든다. 그들은 억지로 규칙을 따르지도 않으며 '정상'대로 하는 것을 싫어한다.

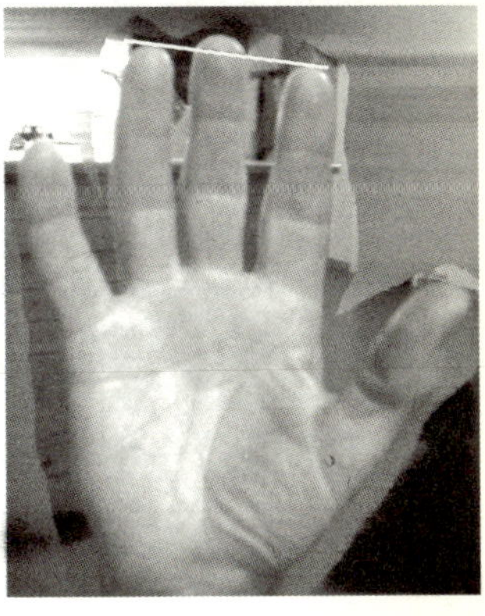

▲짧은 중지

짧은 중지

A short wall digit

중지가 짧은 사람은 정신적으로 불안정하며 관습을 어디까지 지켜야 하는지에 대한 의식이나 무엇을 해야 '올바른' 일인지에 대한 감각이 부족하다. 그들은 체계적이지 못하고 스트레스와 우울증에 취약하며, 화려함이나 신나는 게 없는 일(특히 직업에 있어)에는 끈기가 부족하다. 그들은 대부분이 변칙적이며 규칙을 깨는 편이다.

▲실각한 엔론의 지도자 켄 레이의 손 – 중지가 짧다

중지가 짧은 사람들은 비정상적인 인생길을 가는 경향이 많은데 음모론자, 전통 파괴주의자, 동물애호가, 외국 문물을 잘 수용하는 사람들의 손을 보면 알 수 있다.

중지가 짧으면 창의적인 표현력이 강하여 독특한 발명품을 개발할 수 있는 괴짜 같은 사고방식을 갖게 된다.

합쳐서 비교해 보기
Mix and match

수동적인 손과 활동적인 손의 중지 길이를 비교해 보자.

수동적인 손의 중지가 활동적인 손의 중지보다 긴 사람은 업무에 있어는 반권위주의적이지만 가정의 의무에는 깊이 관여한다. 활동적인 손의 중지가 긴 사람은 어렸을 때 불우하게 살아온 경험이 있을 확률이 많다. 하지만 직업적으로 책임의식이나 관습의 존중, 체제순응 등에는 무리가 없다.

Secret palmist assignment

남모르게 하는 수상학자의 숙제

Secret palmist assignment

중지가 길고 짧은 몇몇 사례들을 찾아보자.

특히 국외자, 중퇴자, 반항자 등의 손은 중지가 짧고, 원칙을 준수하는 사람들, 즉 세무 조사관, 정부 관료 등의 손은 중지가 길다.

Brain bashing quiz

반짝 퀴즈

주어진 시간 : 10분

1 중지를 왜 벽의 손가락이라고 부르는가?

2 중지가 긴 사람과 짧은 사람 중 누가 더 반항적이기 쉬운가?

3 중지기 짧은 사람은 세무조사관으로 적합할까?

4 중지가 짧은 사람은 대안 종교를 잘 믿을까?

5 중지가 긴 사람은 괴짜 같은 사람일까?

6 중지가 긴 사람은 일을 잘 떠맡고 가정사를 잘 챙길까?

7 어떤 중지를 가진 사람이 관료가 될까?

8 중지가 짧으면 어떤 이점이 있을까?

9 수동적인 손의 중지는 긴데 활동적인 손의 중지가 짧다면 무엇을 의미하는가?

Answer

정답

1 중지는 관습, 조직, 순응성 등에 대한 우리의 정신적 인식능력을 나타내기 때문에 벽의 손가락이라고 부른다. 우리가 직업, 종교, 사회의식, 정상상태 등에 대해 얼마나 성실하고 편협한지를 나타낸다.

2 중지가 짧은 사람이 더 반항적이기 쉽다.

3 아니다. 중지가 짧으면 규칙과 규정을 준수하는 능력이 떨어진다.

4 그렇다. 어떠한 대안代案의 길도 잘 따른다.

5 아니다. 중지가 긴 사람은 지극히 평범한 사람이다.

6 그렇다. 이러한 일들은 중지가 긴 사람들에게 아주 중요한 가치이다.

7 관료들의 중지는 거의 확실하게 중지가 길다.

8 중지가 짧은 사람들은 괴짜 같은 발명품을 만드는 능력이 있고 관습을 무시한다.

9 이러한 사람은 밖에서는 반권위주의적이지만, 가정에서는 평범하고 가정의 전통을 잘 준수한다.

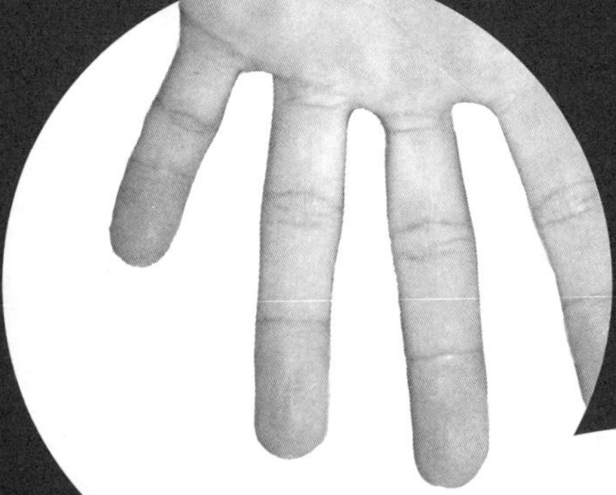

일곱번째 시간

■개성의 공작(孔雀) … 넷째손가락(약지)

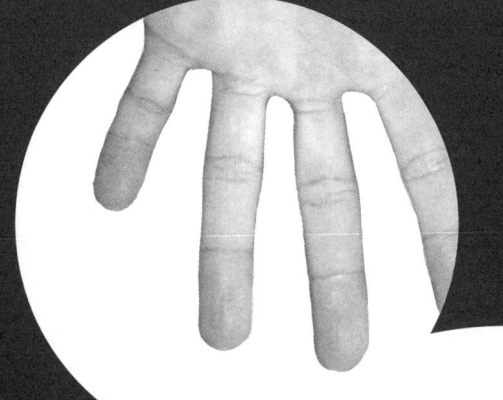

재능 뽐내기
Strutting your stuff

넷째손가락인 약지를 공작 손가락이라고 부른다. 이 손가락은 자고로 태양의 신인 아폴로와 관련되어져 있다. 아폴로는 예술의 신인데 특히 연극과 관련되어 있다. 이는 수상학자들이 습관적으로 예술가라고 하면 약지가 긴 사람으로 간주하기 때문이다.

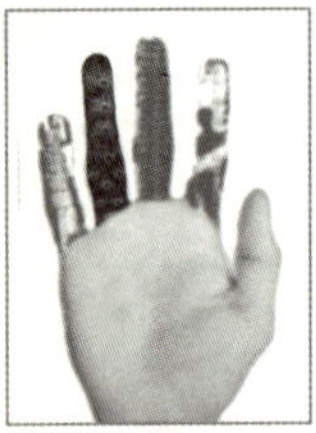

공작 손가락(약지)을 짧다고 판단하는 경우는 결코 없다. 길이는 집게손가락과 비교하여 측정한다. 네 번째 시간에 두 손가락의 차이를 정확하게 재는 방법을 배웠는데 기억하는가? 둘 중에서 집게손가락이 더 길면 집게손가락의 자기성찰 능력에만 집중하고 공작 손가락은 무시하여도 좋다.

최근 몇몇 연구논문에 의하면 공작 손가락이 길면 남성호르몬인 테스토스테론이 더 많이 분비되는 것으로 밝혀졌다. 이 손가락이 길면 스포츠 기량이 좋고, 관심을 받고 싶은 욕구, 추파던지기,

강한 정력, 위험을 감수하려는 경향, 공간인식 능력 등이 높다.

뽐내며 치근덕거리기
Strutting and rutting

이 연구는 공작 손가락이 우리 스스로를 잘 보이려고 하는 유전적인 성향을 나타낸다는 것을 확실히 입증해 준다. 이것은 남성이 여성을 차지하기 위해 경쟁을 벌였던 원시시대부터 이어져온 유물이다. 또한 우리가 내밀고 다니는 얼굴에 표출되는 개성을 나타내기도 한다. 그래서 공작 손가락이라고 이름을 붙인 것이다. 그것은 과시하고 싶어 하고, 치근덕거리고, 자기가 가지고 있는 기술이나 재능이면 무엇이든지 남들에게 보여주고 싶게 만든다. 긴 공작 손가락은 남성에게 더 일반적이다.

여성들에겐 공작 손가락이 길고 테스토스테론이 강해 보이는 사람에게 이끌리는 잠재의식이 있는 것 같다. 한 번의 실험에서, 열 명의 남자 실험대상자들 중 네 명이 긴 공작 손가락을 갖고 있었다. 한 여성 그룹이 커튼으로 가린 채 남자들의 손을 돌아가며

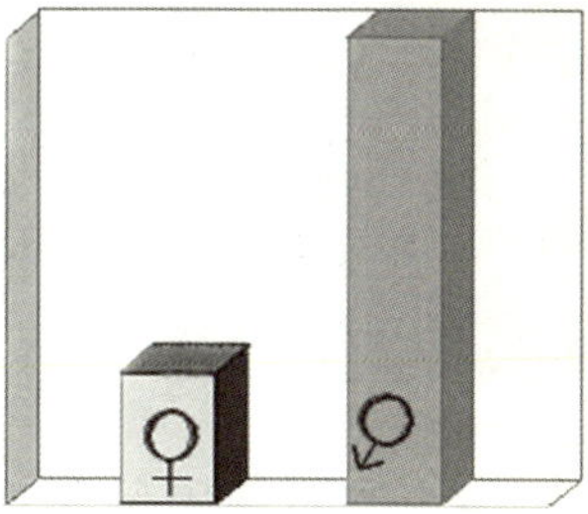

▲공작 손가락(약지)이 긴 남성과 여성 10,000명의 손을 비교한 그래프. 왼쪽 기둥이 여성의 손을 나타낸다

잡아보고 그들의 성적 매력을 비교해 보라는 실험을 하였는데, 세 번의 실험에서 공작 손가락이 긴 네 명의 남성이 1등을 하였다.

남성적인 기질
The masculine principle

여러모로 이 손가락은 남성들의 행동 패턴을 나타낸다. 내면의 욕구와 속 깊은 감정을 숨기고, 떠벌리고 관심 끌기를 좋아하며, 위험하면서 짜릿한 사랑을 좋아한다.

공작 손가락이 긴 사람은 늘 허풍을 떤다. 그들은 발표 실력이 뛰어나며 자신이 신화적인 유명인사라는 의식을 강하게 갖고 있는 편이다.

▲톰 크루즈
– 공작 손가락이 길다!

실제로 모든 연예인들, 스포츠 선수들, 예술가, 예능인들은 공작 손가락이 지나치게 길다. 이 손가락이 지나치게 길면 이성을 유혹하는 아주 강한 매력이 있어 보인다. 그러나 그러한 사람들이 무한한 대중의 신뢰를 받고 있다고 하더라도 개인적인 자존심(상대적으로 검지가 짧은 경우에서 보았듯이)은 부족하다는 사실을 명심하여라.

단지 이 손가락이 길다고 해서 (전통 수상학자들 생각처럼) 예술가, 배우, 운동선수, 재능이 많은 사람이 된다고는 생각하지 마시라. 그것은 개인이 갖고 있는 재능을 충분히 발휘할 수 있도록 해주는 추진체일 뿐이다. 또한 긴 공작 손가락을 남성들의 손에서만 볼 수 있을 거라는 생각도 하지 마시라.

말한 것처럼 공작 손가락이 길면 번쩍번쩍하는 자동차나 멋진 정원 그리고 몸에 덕지덕지 문신을 그려 넣거나 단순히 위험을 감수하려는 모험성향 등을 보이는 것으로 자신을 나타낼 수 있다. 도박 중독자, 바람둥이 난봉꾼, 과속 운전자가 될 수도 있다.

거의 모든 경우에 있어 활동적인 손의 공작 손가락이 약간 짧은데 이는 자라면서 관심을 끌 필요가 줄어들기 때문이다.

Secret palmist assignment

남모르게 하는 수상학자의 숙제
Secret palmist assignment

TV나 영화를 볼 때 당신이 좋아하는 주연배우들의 손을 힐끗 쳐다보아라. 잔악스럽고, 모험적이고, 괴짜 같은 연기자일수록 그들의 공작 손가락이 길다는 것을 금방 알게 될 것이다.

당신이 알고 있는 공작 손가락이 긴 사람들의 손금을 채취할 수 있는지 알아보아라. 그들의 자기 표현 욕구에 대해 조심스럽게 알아보고 그들이 가면假面 뒤에 철저히 숨기고 있는 것이 있는지를 물어보아라. 요령 있게 해야 한다!

Brain bashing quiz

반짝 퀴즈

주어진 시간 : 10분

1 공작 손가락(약지)이 긴 사람은 가면 뒤에 숨기는 경향이 있는가?

2 공작 손가락이 긴 사람은 위험을 감수하려는 경향이 있는가?

3 연예인들의 손은 어느 손가락이 긴가? 이 문제를 푸는 데 전혀 문제가 없어야 한다.

4 공작 손가락이 길면 예술적 재능이 있다는 뜻인가?

5 긴 공작 손가락은 여성들에게 더 일반적인가?

6 공작 손가락이 짧은 사람들은 어떠한 성향인가?

7 공작 손가락이 길면 에스트로겐이 더 많이 분비되는가?

8 공작 손가락의 길이는 생존을 위한 원초적 본능의 표시인가?

9 약지가 검지보다 0.5cm 길면 아주 긴 것인가?

Answer

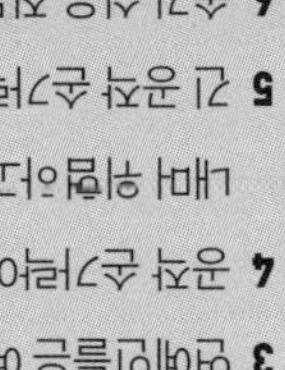

정답

1 공작 손가락(약지)이 긴 사람들은 자신의 가면 뒤에 숨어서 그들이 갖고 있는 재능을 내보이려 한다. 집게손가락이 긴 사람들만이 있는 모습 그대로를 나타낸다.

2 공작 손가락이 긴 사람들이 확실히 위험을 감수하려는 경향이 있다. 이는 과학적인 연구에서도 증명되었다.

3 연예인들은 예외 없이 공작 손가락이 길다.

4 공작 손가락이 길면 예술적 재능이 있다는 뜻이다. 그것은 과시하려는 욕구를 나타내며 위험하고 무모한 행동에 빠져들 수도 있다.

5 긴 공작 손가락은 여성들 보다 남성들에게 더 일반적이다.

6 속기 쉬운 질문이다. 공작 손가락이 짧다고 판단하는 경우는 결코 없다. 집게손가락이 더 긴지를 살펴보고 이 손가락은 무시하면 된다.

7 아니다. 공작 손가락은 테스토스테론의 분비량을 나타낸다.

8 아니다. 공작 손가락의 길이는 과시하고 싶은 본능을 나타내며 짝을 유인하기 위한 기술을 나타낸다.

9 아니다. 보통이다.

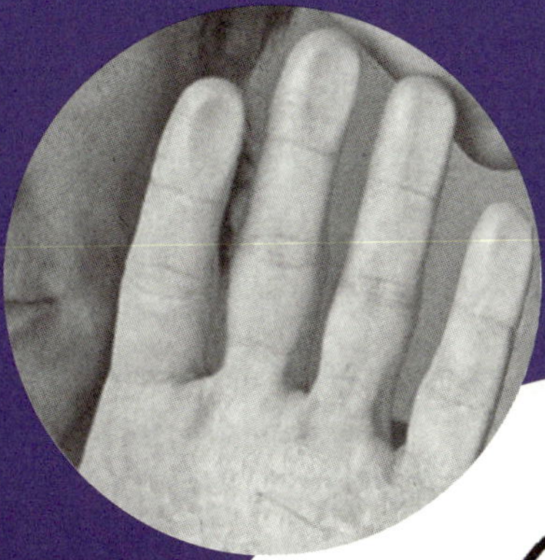

여덟번째 시간

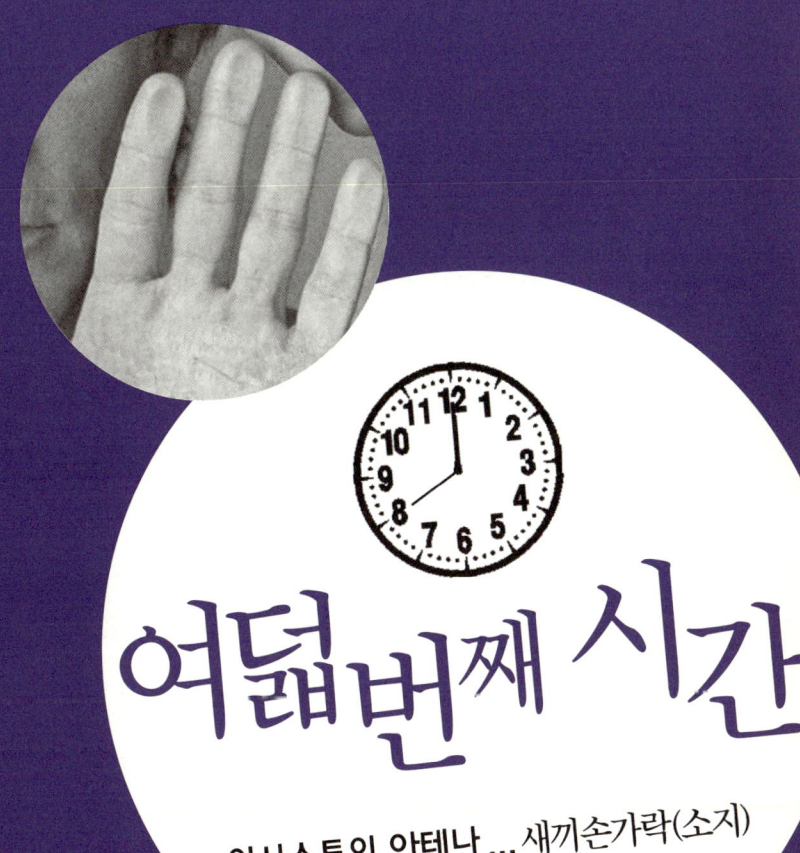

■ 의사소통의 안테나 … 새끼손가락(소지)

신호 감지
Picking up the signals

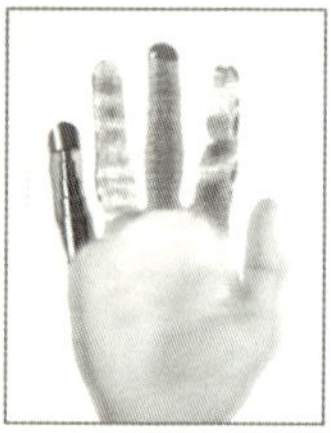

안테나 손가락은 잠재적인 의사소통 능력을 측정한다. 어떤 사람이 말재주가 좋고 어휘력이 풍부하며 달변가라면 이 손가락이 발달했기 때문이다. 이 손가락은 또한 이재理財 능력과 성적인 능력을 나타낸다.

이 손가락의 평균 길이는 손끝이 옆 손가락의 맨 위 지골指骨 주름선에 닿는 정도인데, 이 손가락이 그 밑에 있다면 측정하기가 까다롭다. 여성의 1/3과 남성의 1/10에서 이 손가락이 손바닥 쪽으로 쭉 내려가 짧아 보이는데 실은 정상 길이인 것이다.

안테나 손가락(소지)의 첫 번째 지절指節:손바닥 쪽 관절 주름선을 보고 길이를 재는데 그 선이 공작 손가락(약지)의 밑동 주름선(손바닥과 맞닿는 선)보다 위에 있어야 한다. 새끼손가락이 아래로 쭉 내려가 있다면 거기에다 0.5cm를 더해 주어야 정확한 길이를 판단할 수 있다.

긴 안테나
Long antenna

긴 안테나처럼 이 손가락이 길면 언어를 효과적으로 수용하고 전달한다. 손가락의 길이는 언어감각, 타고난 웅변술, 어휘력 등을 나타낸다. 흔히 새끼손가락이 긴 사람들은 돈에 대한 수완이 좋고 약삭빠른 경향이 있다. 주로 정치가, 코미디언, 금융투기자, 작가, 교사, 영업사원, 법률가 등에서 긴 손가락을 볼 수 있다.

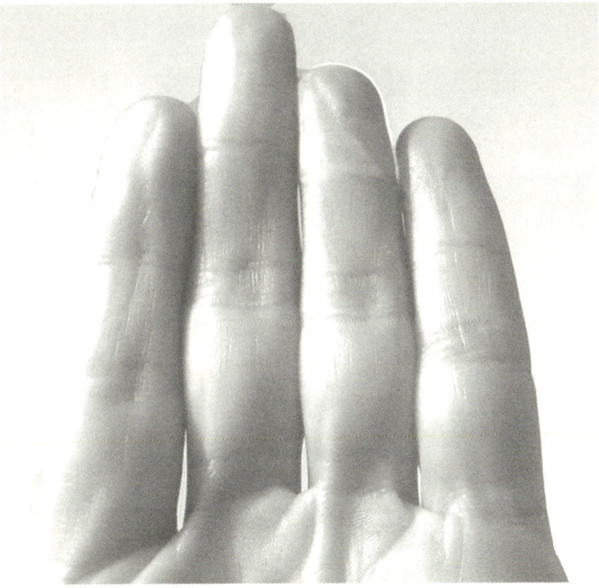

▲새끼손가락이 긴 대학 교수의 손

짧은 안테나
Short antenna

손가락이 짧으면 왜소한 안테나는 신호를 놓치고 쉽게 과부하가 걸린다. 사람이 생각하는 것을 정확하게 표현하기 어렵고 자기가 하는 말이 무슨 말인지도 이해하기가 힘들다. 물론 이러한 기술은 배우면 되지만, 새끼손가락이 짧은 사람이라면 누구든지 어휘력을 키우도록 노력하여야 한다. 손가락이 짧은 사람들은 단어를 구사하는데 자신이 없고, 농담도 잘 받아들이지 못하며, 절대적으로 필요하지 않으면 외국어를 읽고 배우는 데 시간을 허비하지 않는다. 그들은 대개 개인적인 돈 관리도 불안정하다.

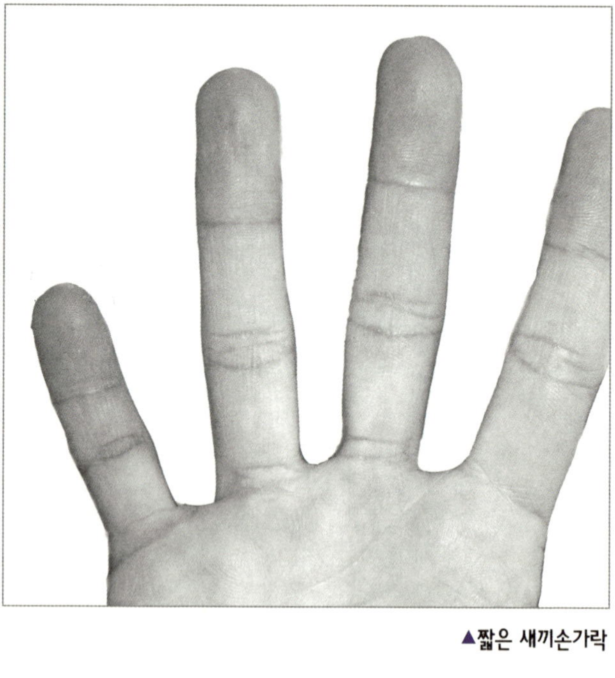

▲짧은 새끼손가락

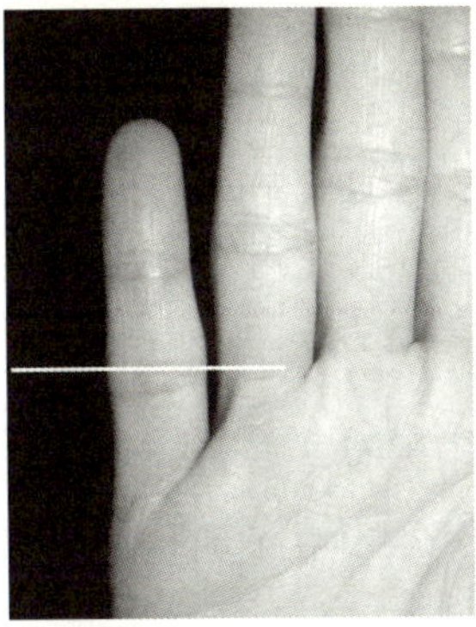

▲짧은 새끼손가락

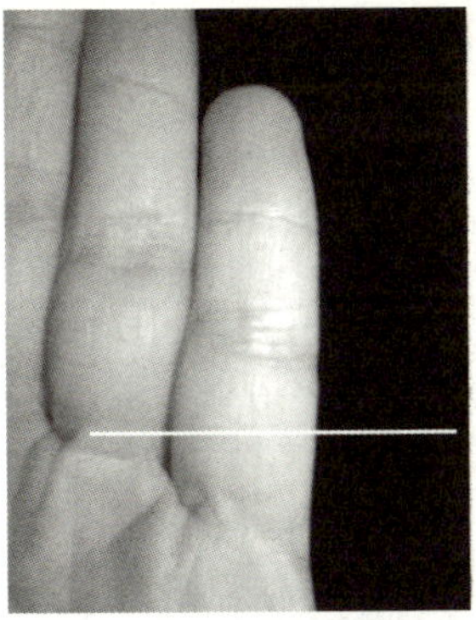

▲정상 새끼손가락

밑으로 처진 손가락
Low set

이 손가락이 처져 있으면 어린 시절에 정서적으로나 육체적으로 아버지상이 없었거나 유난히 가깝고 흠모하는 대상이 있었다는 표시이다. 남성보다는 여성에게서 7배 많이 나타나는데 성적性的 표현도 발달되어 있지 않고 성적으로 미숙함을 나타낸다. 이러한 특성을 이해하지 못하면 성적 욕구와 정서적 욕구 사이를 혼동할 수 있으며 인간관계에 있어 '아버지 같은 존재(남성들에게는 어머니 같은 존재)'를 찾는 이유를 알지 못한다. 종종 이런 손을 가진 남성과 여성들은 연상이거나 지배적인, 아니면 단순히 부적절한 파트너를 찾는다.

▲크리스티나 아길레라
– 새끼손가락이 처져 있다

굽은 손가락
Bending words

이 손가락이 약지 쪽으로 살짝 굽어 있으면 자연스러운 매력과 유혹하는 힘이 있는데, 손가락이 길기까지 하다면 더욱 그러한 경향이 강하다. 이런 사람들은 설득력 있게 말을 잘 구슬리는 능력이 있다고 보아도 좋다. 또한 거짓말쟁이나 허풍쟁이일 수도 있다.

▲짐 커레이의 긴 소지와 약지

손가락이 돌출되어 있으면 독립심이 강하고 기이한 행동을 하는 사람이며 수동적인 손의 손가락이 그렇다면 성적 파트너를 감시하는 사람도 있다.

소지와 약지 두 손가락이 길면 재치와 유머감각은 확실히 뛰어나다.

Secret palmist assignment

남모르게 하는 수상학자의 숙제
Secret palmist assignment

여러분이 만나는 사람이 말을 잘하고 재치가 있으면 그 사람의 새끼 손가락 길이를 살펴보아라. 모두가 길 것이다.

특히 의사소통에 관련된 직업을 갖고 있는 사람을 보면 거의가 새끼 손가락이 길다.

Brain bashing quiz

반짝 퀴즈

주어진 시간 : 10분

1 작가는 대개 새끼손가락이 길까, 짧을까?

2 새끼손가락이 짧은 사람은 비아냥거리는 농담을 좋아하는가?

3 인간관계에 있어 '아버지 같은 존재'를 찾는 여자의 손은 어떻게 되어 있을까?

4 새끼손가락이 짧은 사람들은 이재에 밝을까?

5 코미디언은 새끼손가락이 짧을까?

6 새끼손가락이 짧은 사람한테는 뭐라고 조언을 해주어야 하는가?

7 새끼손가락이 밑으로 처져 있는지 아닌지를 어떻게 말할 수 있는가?

8 새끼손가락이 밑으로 처진 경우는 남성들에게 더 일반적인가?

9 새끼손가락이 굽어 있다면 무엇을 의미하는가?

Answer

정답

1 작가의 새끼손가락은 대개가 길다.

2 새끼손가락이 짧은 사람들은 비아냥거리는 농담을 못 받아들인다.

3 이러한 사람들은 새끼손가락이 밑으로 처져 있다.

4 새끼손가락이 짧은 사람들은 이재에 밝지 못하다.

5 아니다. 코미디언들의 새끼손가락은 예외 없이 길다.

6 더욱 더 효과적으로 의사소통하는 능력을 키우라고 충고해 주어라.

7 새끼손가락의 첫 번째 지절指節 주름선이 공작 손가락(약지)의 밑동 선과 같은 수준이면 밑으로 처진 경우이다.

8 아니다. 밑으로 처진 새끼손가락은 여성들에게 더 일반적이다.

9 새끼손가락이 굽어 있으면 매력이 있고 언어를 잘 구사하는 능력이 있다.

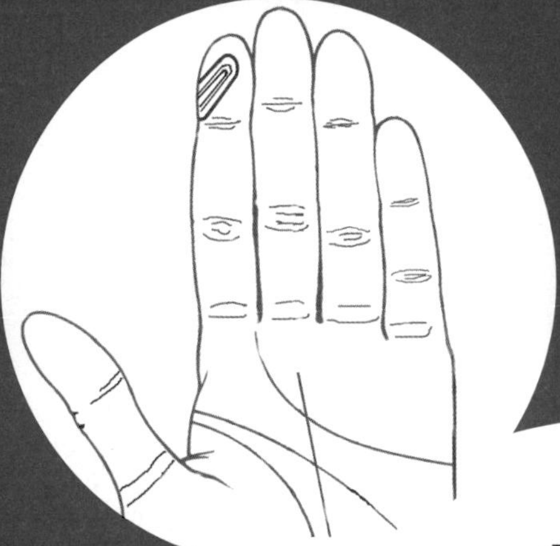

아홉번째 시간

■탐정 놀이하기 ... 지문 점검

악마가 숨어 있다
The devil is in the detail

여러분은 지금까지 수상학자는 그야말로 하나하나 자세하게 살펴보아야 한다는 것을 알았을 것이다. 집게손가락이 짧거나 엄지손가락이 뻣뻣한 사람처럼 일반적이지 않은 사람들을 보고 여러분은 그 사람의 성격을 알아맞히게 된다. 천천히 각 특성들을 주의 깊게 관찰하면 어렵지가 않다. 여러분이 지금까지 공부하여 마지막 장 연습문제까지 풀었다면 수상학자가 되는 길로 잘 가고 있는 것이다.

손금을 읽는 과정은 아주 자세한 부분까지 수많은 표시들을 보아야 하는 일종의 탐정과 같은 일이다.

그럼, 여러분이 손바닥을 보고 그 사람이 어떤 사람인지를 말할 수 있다면 대단하지 않을까? 지문을 읽을 수 있으면 그것이 가능해진다. 지문을 읽으려면 셜록 홈즈〔**명탐정**〕 스타일의 아주 좋은 돋보기가 필요한데 지문은 육안으로 보기가 힘들기 때문이다.

지문의 위력
The power of the print patterns

지문(손가락과 손바닥에 있는)은 지난 50여 년에 걸쳐 수상학에서 아주 중요하게 여겨져 왔다. 지문을 읽음으로써 수상학자들은 사람 개개인의 사고과정이 어떠한지를 더욱 잘 파악할 수 있게 된다. 개성의 유전인자 및 특정 질병에 대한 소인素因을 규명하는 수단으로써의 손가락과 지문에 관한 논문이 수천만 건이나 출간되었다.

지문의 특정한 유형을 보면 사람 개개인이 정보를 처리하는 과정에서 유전적으로 물려받은 행동방식을 알 수 있다. 지문은 사람이 무슨 생각을 하고 있는지가 아니라 어떤 방식으로 생각하는지를 말해 준다.

이번 장에서는 여러 가지 지문 형태의 의미에 대해 살펴보고, 다음 장에서는 손가락에 어떤 주목할 만한 지문이 있는지를 알아볼 것이다.

지문은 수많은 피부의 줄무늬로 이루어져 있다(우리는 두 번째 시간에서 손바닥 줄무늬를 살펴보았다). 지문에 대한 과학적 명명은 다소 무시무시하고 장황해 보이는 '피문학皮紋學' 이란 단어인데 이는 그리스어의 '피부 조각물彫刻物'에서 유래한 것이다.

피문皮紋은 뇌파를 대변하여 형성된 것이라고 생각하면 이해하기가 가장 쉽다. 지문의 모양과 유형은 특정한 심리영역에서 정신 분야의 모양과 유형을 나타낸다. 지문은 우리가 특정한 습관대로 생각하게 만드는 뇌의 시냅스(신경접합부)를 배열해 놓은 것과 같다. 지문은 결코 바뀌는 일이 없이 영구적으로 사람들이 정보를 처리하는 방식을 나타낸다. 고리 모양, 소용돌이 모양, 동그라미 모양, V자 모양 등 여러 가지 모양은 개인이 갖고 있는 정신적 파장을 나타난다.

여러분은 지문을 손의 해당 부위와 관련시켜 보아야 한다. 예를 들면, 집게손가락의 지문은 사람이 자신에 대한 생각을 처리하는 방식에 대한 것이고, 새끼손가락의 지문은 의사소통에 있어 정신적 파장에 대한 것을 나타낸다. 헷갈리는가? 지문에 대해 좀 더 자세하게 다루고 나면 그렇지 않을 것이다.

7가지 지문 유형
The seven print patterns

사람들마다 지문이 다 틀리게 보이겠지만 모든 지문은 7가지의 기본 유형에서 벗어나지 않는다. 가장 일반적인 유형부터 시작하여 가장 드문 유형까지 차례로 살펴볼 것이다.

일반 고리 모양
Common loops

가장 광범위한 지문 유형은 단연코 일반 고리 모양이다. 일반 고리는 대양을 가로지르는 물결의 횡단면처럼 보인다.

물마루가 엄지손가락 쪽으로 흐르며 물결친다. 고리 모양은 사회적 물결에 휩쓸리고 싶어 하는 사람처럼 자연스런 흐름에 맡기려는 경향을 나타낸다.

고리 모양은 이 분위기 저 분위기, 이 사람 저 사람, 이곳 저곳을 쉽게 옮겨다니며 두루두루 관심을 보이는 기질의 사람이다. 고리 모양은 사회성, 관계성, 시류에 편승하는 정신 유형을 나타내며 딱 들어맞는 것, 나아가 정상적인 것을 추구한다. 고리 모양은 아주 일반적이어서 평범한 것으로 여기는데 손가락에 이런 유형을 보게 되거든 그냥 평범한 것으로 무시해도 좋다.

다만 예외가 있다면 방사상放射狀 고리 모양이 나올 때인데, 이것은 아주 드문 고리 모양으로서 고리가 엄지손가락 쪽에서 소지 쪽으로 퍼져 있다.

고리 모양 지문

방사상放射狀 고리
Radial loop

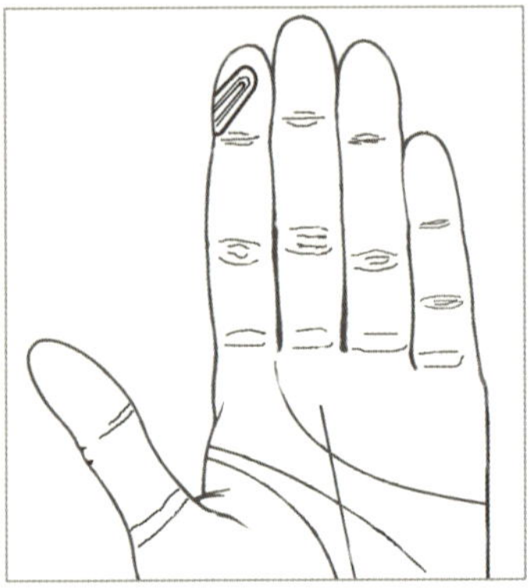
▲방사상 고리

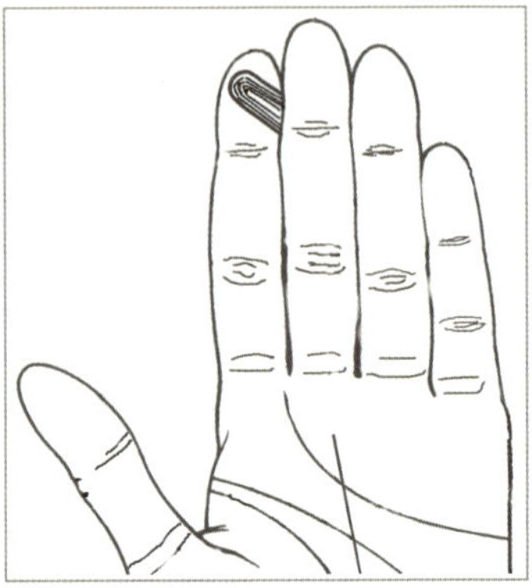
▲일반 고리

손가락에 방사상 고리 문양이 있으면 특별히 주목해 볼 만한 지문으로 이것은 개인의 의식에 강력한 영향을 끼친다. 방사상 고리 지문을 가진 사람은 다른 사람들에게 너무 솔직하여 정작 자신이 원하는 것을 잃는 경향이 있다. 자신에게 보다 다른 사람들이 원하는 것에 우선순위를 두는 경향이 강하며, 불안정하고 과민반응을 보이는 성격을 갖고 있다.

단순 아치형
Simple Arch

아치형의 V자 선들은 짓눌리고, 파묻히고, 굳어버린 지층地層처럼 생겼다. 단순 아치형 지문을 가진 사람은 현실적이고, 신중하며, 자기 억제력이 강하고, 변함이 없으며, 물질주의적이고, 육체적이며, 완고하고, 충실하며, 낡은 사고방식을 갖고 있다. 대개 이러한 유형의 사람들은 신체기능이 뛰어나고 손으로 일하는 것을 좋아한다.

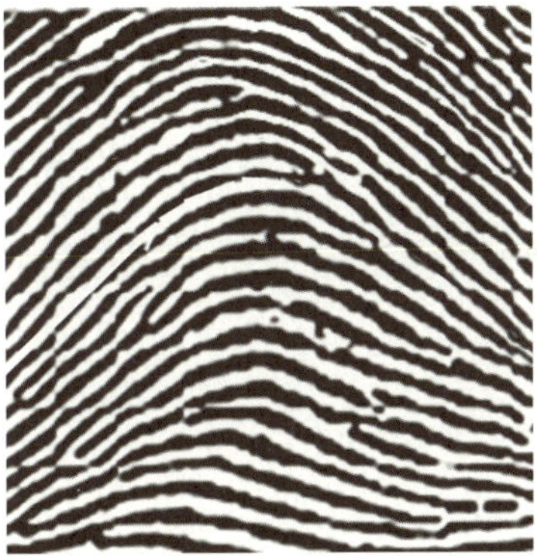

▲단순 아치형

8개 이상의 손가락에서 이런 유형의 지문이 나오는 아주 드문 경우가 있는데, 그러한 사람은 자기 억제력이 강하고 현대세계에 적응하지 못한다.

단순 아치형은 행동양식에서 벗어나지 못하고 구식舊式 가치관을 숭상하는 모든 사람들에게서 나타난다. 한두 개의 손가락에 단순 아치형 지문이 있는 사람은 신중하고 안정의 욕구를 추구하지만, 네 개 이상으로 많이 있는 사람은 겉만 번지르르하게 보이고 불건전해 보이는 현대문물에 대해 정말로 거부감을 갖는다.

소용돌이 유형
Whorl

소용돌이 유형은 가운데를 중심으로 동심원이 그려져 있는 과녁처럼 생겼다. 마찬가지로 소용돌이 유형을 가진 사람은 목표의식이 아주 높으며, 세상과 단절하고 어느 특정한 주제나 생각에만 집중할 수 있는 사람이다. 소용돌이 유형은 주로 기술이나 전문성의 발달을 의미하는데 네 개 이상의 손가락에서 나타나면 특히나 그렇다. 또한 개성을 나타내는 지표이기도 하며 자유로움을 추구하기도 한다. 소용돌이 유형의 사람은 자기 주변에 많은 공간을 꾸미는 것을 좋아한다. 손가락에 소용돌이 지문이 많은 사람은 집중력이 강하고 창의적이며 다소 강박관념에 사로잡히기 쉽다.

소용돌이 지문을 가진 사람들은 비밀스럽고, 독창적이며, 대개 동기부여가 잘 되어 있다. 지문에 소용돌이 무늬가 많은 사람들일수록 별나고, 혼자 있는 걸 좋아하며, 재능이 발달되어 있고, 공간욕구가 강하다.

▲소용돌이 무늬

공작의 눈
Peacock's eye

소용돌이무늬가 변형된 것이 공작의 눈인데, 소용돌이가 고리 안에 들어가 있어 약간 불분명해 보인다. 무늬에 원이나 나선형 세트가 있으면 소용돌이 유형으로 분류하는 것이 원칙이다.

▲공작의 눈

혼합형
Composite

다음은 혼합형 무늬이다. 그것은 두 고리가 반대방향으로 되어 있다. 예상할 수 있다시피, 혼합형은 서로 상반된 두 가지 관점을 형성하는 사고방식을 나타낸다. 혼합형은 열정과 실망 사이를 왔다 갔다 하는 심리적 순환을 일으켜 인생의 더 큰 문제에 대해 절대로 완벽하게 결정할 수가 없다. 그들은 변화무쌍한 사고방식으로 인하여 사물을 제대로 보기가 힘들다.

혼합형의 유형은 상담전문가들에서 흔히 볼 수 있는데, 이 유형의 사람들은 다른 사람의 관점에서 사물을 보는 능력이 탁월하기 때문이다. 그들은 어느 한 가지를 절대로 신뢰하지 않고 여러 가지 방안을 찾으며 한곳에 빠지지 않고 보편적인 견해를 추구하는 사고방식을 갖고 있다.

▲혼합형 지문

텐트형 아치
Tented Arches

이제 대수롭지 않은 지문 유형을 보겠는데, 이것은 흔치 않은 유형이다. 텐트형 아치는 손가락에서 1%도 채 안 나온다. 그것은 아치의 꼭대기가 더 높은 것을 빼고는 단순 아치형과 약간 비슷하다.

텐트형 아치는 못처럼 위로 날카롭게 솟아 있다. 심전도 측정기의 꼭대기를 생각하면 쉽게 이해가 갈 것이다. 흥분을 잘하며 광적이고 극단으로 치닫는 경향이 강하다. 텐트형 아치는 지나치게 열광적이며 흥분을 잘한다.

▲텐트형 아치

내면 훑어보기
Unlocking the inner person

여러분은 특이한 지문을 갖고 있는 사람에게 설명을 잘 해줌으로써 자신과 자신의 내면을 이해시켜 줄 수가 있다. 지문이 나타내는 사항들을 깊이 이해하면 경이롭고 삶의 질을 높여주며 속이 확 뚫리는 경험이 될 수가 있다. 여러분이 사람들의 지문을 설명해줄 때에는 항상 적극적으로 임하여라.

지문을 아주 쉽게 이해하기 위한 다음 단계는 각 손가락에 있는 특징적인 문양을 살펴보는 것이다. 다음 장에서는 그 부분을 다룰 것이다. 그런 다음 손바닥에 있는 문양들을 살펴볼 것이다.

Secret palmist assignment

남모르게 하는 수상학자의 숙제
Secret palmist assignment

여러분이 여러 가지 형태의 지문을 충분히 이해하기 위해서는 다시 한 번 본 장章을 훑어보아라. 예를 들어, 단순 아치형은 어떻게 생겼고 그게 무엇을 뜻하는지를 확실히 알아야 한다.

당신의 지문에 일반 고리형이 아닌 다른 형태가 있는지 살펴보아라. 당장 손바닥을 채취해서 보면 부담 없이 혼자서 연구할 수 있을 것이다. 열 사람의 손바닥을 채취해서 소용돌이 무늬가 많은 사람과 단순 아치형이 많은 사람이 있는지를 찾아보아라. 그리하여 여러분이 그 사람에 대해 알고 있는 것과 지문에 대해 알고 있던 것이 일치하는지를 살펴보아라.

Brain bashing quiz

반짝 퀴즈

주어진 시간 : 10분

1 일반 고리형은 얼마나 중요한가?

2 방사상 고리는 강한 성격을 형성하는가?

3 소용돌이 지문이 많은 사람은 사회성이 높고 개방적인 사람인가?

4 재능이 발달될 가능성이 높은 지문은 어떤 형태인가?

5 어떤 지문이 완고함을 나타내는가?

6 손 기술이 좋을 가능성이 높은 지문은 어떤 형태인가?

7 혼합형인 사람은 결단력이 강할까?

8 텐트형 아치는 조용하고 쉽게 흥분하지 않을까?

9 공작의 눈은 고리형에 속하는가?

Answer

정답

1 일반 고리형은 분석할 때 그리 중요하지 않아 무시해도 된다.

2 방사상 고리는 스스로 불안정하고 다른 사람들에게 과민반응을 보인다.

3 소용돌이 지문이 많은 사람은 개인주의적이고, 자유분방하며, 집중력이 강하다. 그들은 사람들과 가장 어울리지 못하는 유형이다.

4 소용돌이 지문이 많은 사람들이 한 가지 주제에 집중하는 것은 대개 재능이 많다는 의미이다.

5 단순 아치형이면 완고함을 나다낸다.

6 단순 아치형이 주로 손재주가 좋다.

7 혼합형 지문은 결단력이 약하다.

8 텐트형 아치는 흥분을 잘하고 격렬하다.

9 공작의 눈은 소용돌이 지문의 일종이다.

열번째 시간

■성격 훑어보기 ... 손가락 지문

지문 분석하기
Fingering the prints

이제 사람들의 손가락에서 볼 수 있는 재미있는 지문 유형을 살펴보기 위해 엄지와 네 손가락으로 다시 돌아가 보자. 다소 방대해 보일 수도 있지만 전장에서 배운 기본사항들을 기억한다면 그리 어렵지 않다. 다양한 정신세계(**손가락에 나타남**)에 대한 개인의 정신적 파장(**지문에 나타남**)에 대해 우리가 알고 있는 것들을 적용할 것이다.

대부분의 손가락에는 일반 고리형 지문이 제일 많아 보인다. 그렇다면 무시해 버려라. 여러분이 찾아야 할 것은 예외적인 지문이다. 일반 고리형이 아닌 지문을 보면 항상 중요하게 여겨야 한다.

가장 중요한 지문은 집게손가락에 있는 것인데, 그것이 자기성찰에 대한 개인의 사고방식을 나타내기 때문이다. 개인의 사고방식이 성격에 얼마나 강력한 영향을 미치는지 먼저 검지부터 짚어보기로 하겠다.

검지의 지문 유형

Mirror finger's print pattern

소용돌이형

검지에 소용돌이 무늬가 있는 사람은 개인적인 자아의식이 강하고 은밀한 성격이며 외골수이고 공간 욕구가 강하다.

그들은 남의 지휘를 받는 것을 싫어하고 사람들을 버릇없이 내치는 경향이 있다. 이런 유형의 사람들은 주로 아무 방해를 받지 않고 일할 수 있는 곳에서 취미나 전문성을 찾으며, 혼자 일하거나 간섭받지 않고 일하는 것을 좋아한다.

단순 아치형

검지에 단순 아치형이 있으면 신중하고 완고한 사고방식을 나타낸다. 그들은 가식이 없고, 겸손하며, 믿음직스럽고 의리가 강하다. 이런 유형의 사람은 대개 손재주가 좋다.

그들은 자기 감정을 억제하고 보수적이며 새로운 것에는 다소 회의적이다. 직설적으로 말하는 것을 좋아하며 반복적인 행동에 쉽게 빠진다.

방사상 고리형

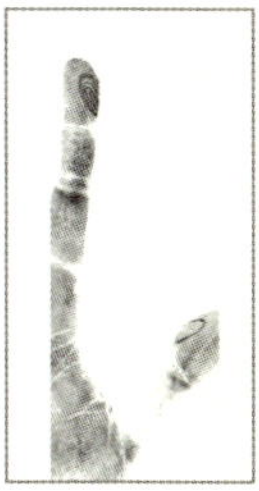

이것은 수용성이 강한 성격을 나타낸다. 자아의식이 약하고 불안정하며 쉽게 포기한다. 그들은 가끔 다른 사람이 원하는 것을 자기 것으로 인식한다. 더욱이 검지가 짧다면 이런 성향이 더욱 강해진다. 손가락이 길면서 이런 유형이면 피해망상적인 사람이 된다.

이러한 유형은 간병인이나 지극히 친절한 사람들에게서 나타난다. 그들은 남들에게 싫은 소리를 못하고 '아니오' 라고 말하지도 못한다. 긍정적인 면이 있다면, 방사상 고리의 검지를 가진 사람은 다른 사람들의 분위기를 '잘 맞추는' 능력이 있다. 그들은 천성적으로 활달하고 세심하여 유난히 인기가 많고 사람들이 좋아하는 타입이다.

이들에게는 혼자 있는 시간을 더 많이 갖고 '아니오' 라고 말하는 걸 배우라고 충고해 주는 것이 좋다.

혼합형

이런 유형은 어떤 사람인지 분간하기가 애매모호하다. 인생의 중요한 결정을 자기가 진정으로 원하는 것에 의해서가 아니라 상황에 따라서 결정하거나 부모나 배우자에 의해 좌우된다. 이러한 유형을 가진 사람은 자신이 원하는 것을 결정하지 못한다. 그들은 대개 고정된 역할보다는 이중적인 생활을 하는 것을 더 좋아한다. 그들은 한쪽으로 치우치지 않는 성품이며 사교능력이 강하다.

텐트형 아치

검지에 텐트형 아치가 있으면 강력한 성격을 나타내며 모든 것을 다소 멀리한다. 이것은 세상과 자신을 강력하게 변화시키려는

'지나친' 성격의 전형이다. 이러한 유형은 남들을 즐겁게 하고 가르치거나 동기를 부여하는 사람들에게서 볼 수 있다. 이런 지문을 가진 사람들은 느긋해져야 하며 자신의 에너지를 도전하고 인생을 변화시키는 활동에 쏟을 필요가 있다.

엄지의 지문 유형
The thumb's print pattern

다음으로 중요한 것은 일을 추진하는 데 있어 마음가짐을 나타내는 엄지의 지문이다. 여러분은 단연코 가장 중요한 엄지와 검지의 지문만 읽으면 된다. 그러나 이 두 손가락에는 관심을 끌만한 것이 없을 수도 있으니 나머지 손가락도 살펴보아야 할 것이다. 엄지와 나머지 손가락들에는 검지보다 지문이 다양하지가 않다. 나머지 손가락에서 쉽게 찾을 수 있는 지문 유형은 다음과 같다.

소용돌이형

이 유형은 자유롭게 할 수 있는 일이나 관심거리에 전념하는 사람으로 독자적인 행동을 하는 것을 좋아한다. 소용돌이 지문의 엄지를 가진 사람들은 독자적으로 행동하는데 아무런 문제가 없으며 개인적인 자유를 즐긴다. 그들은 독립심을 발휘하는 기질을 가지고 태어났으며 일을 하는 데 있어 새로운 길을 찾는 경향이 있다.

단순 아치형

이것은 가족이나 재물을 위해서 아주 실용적으로 행동하는 사람으로, 인생의 목표를 달성해 가는 데 완고하며 현실적인 길을 가는 사람임을 나타낸다. 그들은 철두철미하고 완고하며 끈질긴 모습을 보인다.

혼합형

엄지에 양방향의 혼합형 지문이 있으면 일관성이 없고 우유부

단한 행동을 하는 양방향의 사고방식을 형성한다. 그들은 전반적인 인생 계획에 대해 결정을 잘 내리지 못하며 목표의식이 확실하지 않고 자기가 무엇을 원하는지도 모른다. 그들은 열정을 보이다가도 의심을 한다. 그들은 결정력은 약하지만 다른 사람들의 의견에 항상 동정심을 보이는 사려 깊고 다양한 관점을 보여준다.

혼합형 엄지손가락을 가진 사람들은 무슨 일이든 60%만 확신을 갖고 추진하면 충분하다는 것을 알아야 한다.

중지의 지문 유형
The wall finger' s print pattern

이 손가락의 지문은 가치, 생활방식, 직업에 대한 우리의 사고방식을 나타낸다.

소용돌이형

규칙을 무시하며 아주 독창적인 가치를 지닌다. 그들은 특이한 믿음과 생활방식을 갖기 쉽고 세속적인 성공과는 거리가 멀다. 항상 특이한 직업 아니면 특이한 취미를 갖고 비전통적인 사고방식을 추종한다.

단순 아치형

아치형 지문은 일이나 신념체계에 대해 단순하고, 실용적이며, 낡은 사고방식을 보여준다. 그들은 사명감이 투철하며 그들이 추종하는 가치가 질서 있고, 체계적이며, 공정하길 원한다. 정의를 아주 중요시 여기는데, 안전하고 돈을 많이 버는 직업을 택하고 안정적인 생활방식을 추구한다.

방사상 고리형

문화적 정체성과 가치관이 불안정하다. 이런 지문을 가진 사람은 다른 생활방식이나 직업 그리고 다른 문화에 쉽게 적응할 수 있다. 그들은 지나친 순응주의자이거나 선택주의자이며 둘 사이를 왔다 갔다 할 수도 있다. 그들은 가족과 권위에 대한 의무감이 아주 강하다.

혼합형

혼합형 지문의 사람은 정신적인 것, 가치관, 직업을 선택하는

데 있어서 의구심을 품는다. 그들은 제대로 된 직업이나 종교 또는 신념체계를 찾는데 여전히 마음을 정하지 못하며 모든 가능성을 열어두고 있다.

공작 손가락의 지문 유형
The peacock finger's print pattern

공작 손가락에 이런 유형의 지문이 있으면 자기표현을 하는 사고방식을 나타낸다.

소용돌이형

이것은 창조성, 복장, 음악, 예술에 대한 개인적인 취향을 나타낸다. 공간 인식 능력이 발달되어 있고 디자인에 대한 재능이 뛰어남을 나타낸다. 이 유형은 항상 선, 형태, 색감에 대한 '안목'이 깊고 자기표현에 대한 독창성도 발달되어 있다.

단순 아치형

이것은 자기표현을 주로 몸짓으로 하는 사람임을 나타낸다. 이런 지문 유형을 가진 사람은 종종 자기표현을 몸으로 하는 연습이 필요하다. 고풍적인 기술을 좋아하고 얼룩진 유리창 만들기 같은 전통예술을 좋아한다. 단순 아치형에서는 텐트형 아치, 혼합형, 방사상 고리형이 아주 드물다.

새끼손가락의 지문 유형
The antenna finger's print pattern

이곳의 지문은 사람들의 의사소통과 관련된 정신적 파장을 나타내준다.

소용돌이형

이는 아주 드문 유형으로 특정 영역에서의 '내적인' 지식과 언어 능력을 나타낸다. 이런 지문을 가진 사람들은 점성학, 고대 그리스 예술, 또는 개념 예술 같은 신비스런 일에 빠져든다.

단순 아치형

이것도 보기 드문 유형인데, 말할 때 조심스럽고 신중한 사람임을 나타낸다. 그들은 언어 치료나 어원학語源學에서처럼 말을 토막토막 쪼개어 설명하는 것을 좋아한다. 그들에겐 인간적인 친밀감이 거의 없다.

마음 읽기
Mind reading

여러분은 각 지문 유형의 기본 의미는 똑같다고 볼 수 있겠지만 그것이 어디에 있는가에 따라 약간씩 다르다. 지문 유형을 파악하여 그것들이 각 손가락에서 나타내는 의미를 알아야 한다.

지문은 복잡한 인간의 본성을 나타낸다. 예를 들어, 엄지(확실한 행동을 못하고 삶의 주요 현안에 대해 미적거림)에는 혼합형이 있고 검지(독립, 독창성)에는 소용돌이 지문이 있는 사람이라면 독자적으로 결정하는 사람일지는 몰라도 목표달성을 위한 최적의 길을 결정하지는 못하는 사람이다. 특이한 지문을 많이 가진 사람일수록 그들의 성격도 더욱 특이하다.

지문을 관찰할 때 서두르지 마라. 수동적인 손과 활동적인 손을 비교해 보도록 하여라. 때로는 엄청나게 차이난다는 것을 알게 될 것이다. 예를 들면, 수동적인 손의 검지에는 방사상 고리가 있고 활동적인 손의 검지에는 소용돌이 형이 있을 수 있다. 이는 어렸을 때도 그랬고 가족과 친지가 있는 집안에서도 수동적인 것을 의미하는데 이런 사람은 불안정하고, 기뻐할 줄을 모르며, 과민반응을 일으킨다. 하지만 커서 사회생활을 할 때에는 외향적인 성격이 되어 독립심이 강하고, 인습에 얽매이지 않고 독창적으로 행동할 수 있는 사람이다.

피문학皮紋學을 터득하기에 좋은 지문은 바로 이런 특성을 많이 가진 유형들이다.

Secret palmist assignment

남모르게 하는 수상학자의 숙제
Secret palmist assignment

대여섯 명의 지문을 채취하여 그것들을 혼자서 연구해 보아라.

손가락에 있는 특별한 지문의 의미를 적어놓고 지문 채취자들에게 설명해 주어라.

Brain bashing quiz

반짝 퀴즈

주어진 시간 : 10분

1 방사상 고리형의 검지를 가진 사람은 자기주장이 강한가?

2 중지에 소용돌이 지문이 있는 사람은 순응을 잘하는 사람인가?

3 엄지에 단순 아치형 지문이 있으면 무엇을 의미하는가?

4 약지에 어떤 유형의 지문이 있어야 예술가로 가장 적합한가?

5 검지에 단순 아치형 지문이 있는 사람은 생활에 '고착' 되기 쉬운가?

6 검지에 텐트형 아치가 있는 사람은 주로 무슨 일을 하는가?

7 중지에 혼합형 지문이 있는 사람은 자기의 업무, 정신성, 가치관에 대해 분명한 생각을 갖고 있는가?

8 고대 예술이나 전통 기술을 좋아하는 사람들의 약지에는 어떤 유형의 지문이 가장 흔할까?

9 새끼손가락에 소용돌이 지문이 있는 사람은 관습에 얽매이지 않고 자유로운 관계 형성을 잘하는가?

Answer

정답

1 아니다. 방사상 고리형의 사람은 불안정하고 다른 사람들에게 과민반응을 보인다.

2 아니다. 소용돌이형의 사람은 특이한 철학과 생활방식을 따르기 쉽다.

3 단순 아치형의 지문은 완고하며 인생의 목표에 현실적으로 접근한다.

4 소용돌이형이다. 소용돌이형은 공간 지각 능력이 뛰어나고 선과 형태를 보는 안목이 있다.

5 그렇다. 단순 아치형은 행동 사이클에 쉽게 고착되기 쉬운 것을 뜻한다.

6 텐트형 아치는 남들을 가르치고 즐겁게 하며 동기부여를 잘 시킨다.

7 아니다. 혼합형은 결정력이 약하고 업무나 정신영역 면에서 어느 길을 택할 것인지 등에 대해 우왕좌왕한다.

8 단순 아치형 지문이다.

9 그렇다. 이런 유형을 가진 사람들은 특이한 관계 형성을 잘한다.

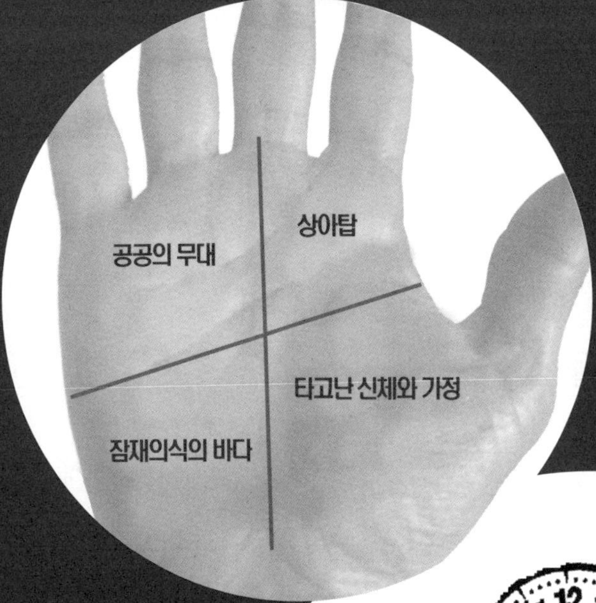

열한번째 시간

■손바닥의 업보 ... 손바닥 문양

손바닥의 문양들
Markings on the body of the palm

이제 손바닥에 있는 문양들에 대해 살펴보고 지문에 대해서는 본 장에서 마무리하겠다. 누구나 손끝에는 일련의 지문이 있지만 손바닥에는 상대적으로 문양이 전혀 없는 경우가 일반적이다.

우선, 손바닥의 여기저기를 살펴보자. 그러면 문양의 특색을 찾는 데 뿐만 아니라 손바닥에 있는 선들의 의미를 이해하는 데도 도움이 될 것이다. 손가락과 마찬가지로 손바닥 문양의 유형(또는 선이나 표시들)은 손바닥 부분 부분의 의미를 이해하면 쉽게 알 수 있다. 손바닥은 네 개의 사분면으로 나누어지는데 각 구역의 의미를 암기하여야 한다.

세계 무대(공공의 무대)의 영역은 외부 세상과 타인과의 관계 및 사회적인 관계를 나타낸다. 이 영역에 있는 문양, 선, 표시들이 어떻게 생겼는지를 보면 다른 사람들과 의사소통하고 관계하는 방식이 어떠한지를 알 수 있다.

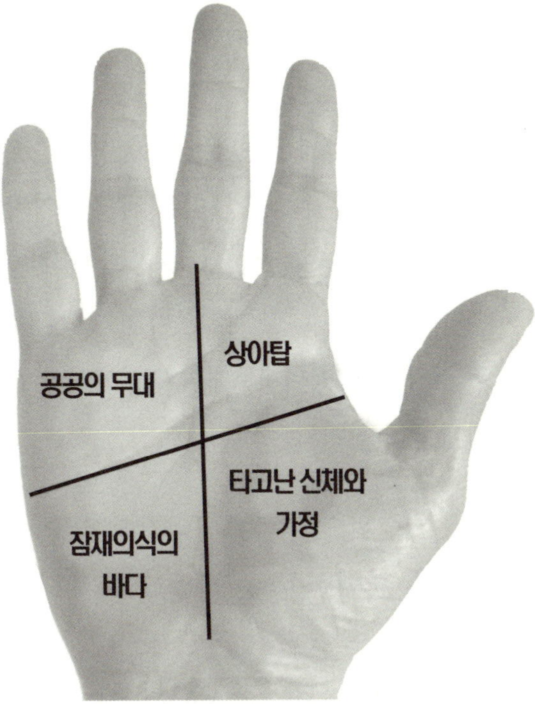

▲손바닥의 사사분면도

상아탑으로 명명된 영역은 야망, 자기개발, 소유욕, 개인적인 영향과 힘에 관련된 것들을 나타낸다.

잠재의식의 바다는 미움, 예지력, 꿈의 깊은 '샘', 감정, 잠재된 충동 등에 대한 심층의 깊이를 나타낸다.

타고난 신체와 가정은 첫 번째 시간에서 활력을 측정할 때 다루었던 살집이 두툼한 엄지구 부분으로 이곳은 타고난 에너지와 신체, 가정, 가족관계를 나타낸다. 이곳에 있는 문양이나 선들은 개인의 가정생활과 신체적인 생활에 영향을 준다.

손바닥 문양 해석하기
Interpreting the palm prints

그럼 지금부터 손바닥에 있는 문양들의 의미를 알아보기로 한다. 아무런 문양도 없는 손들이 많다는 사실을 기억하자. 여러분이 발견하는 대부분의 문양들이 잠재의식의 바다 영역에 있을 것이다.

처음의 두 가지 유형이 세계무대의 영역에서 발견되면 외부 세계와의 관계에 영향을 미치는 것이다.

여가餘暇의 고리
Loop of leisure

손가락 사이에 있는 고리는 손가락을 서로 연결하며 그 손가락의 특성을 강화시켜 준다. 이 경우는 소지와 약지가 고리로 연결된 것으로 약지의 특성을 나타내는 기쁨 표출에 대한 성향을 강화시키는 효과가 있다. 그런 사람들은 자기들의 여가 시간을 우선적으로 여긴다. 그들은 주로 취미나 특기를 열광적으로 추구하며 휴일을 아주 끝내주게 보내려고 한다. 여가 시간을 즐기는 것으로 직업을 삼는 경우도 있다.

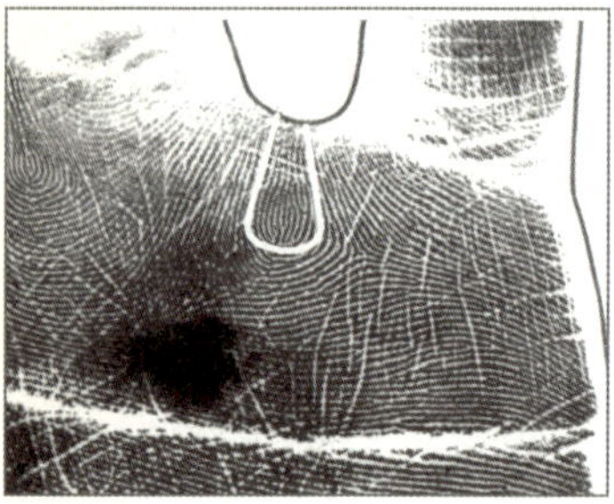
▲여가의 고리

이런 표시가 있으면 직업에 대한 전망이나 금전적인 보상보다도 하고 있는 일을 즐기는 것을 우선시한다.

업무의 고리
Loop of industry

이것은 앞의 유형과 정반대로 약지가 나타내는 자기표현 욕구가 중지가 나타내는 중대한 관심사와 연결되어 있다. 이러한 사람은 자기의 업무를 충실하게 수행한다. 자기가 하는 일을 꾸준히 열심히 하는 것을 좋아한다.

대개 즐기고 창작을 하고픈 충동을 억누르고 열심히 일하는 것을 선호한다.

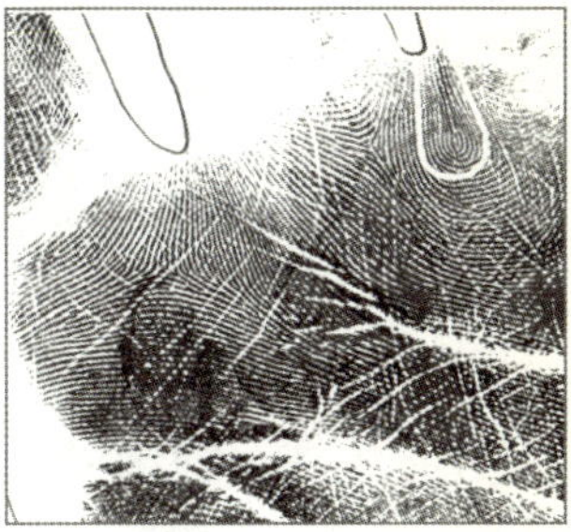
▲업무의 고리

지도력의 고리
Loop of leadership

이 표시는 흔하지 않은 것으로, 자기성질을 나타내는 검지와 손바닥의 상아탑 영역에 있는 중지를 연결하는 것이다. 이것은 타고난 조직 능력을 나타내며 집단 내에서 지위와 존경을 획득하는 재주가 있음을 나타내는 표시이다.

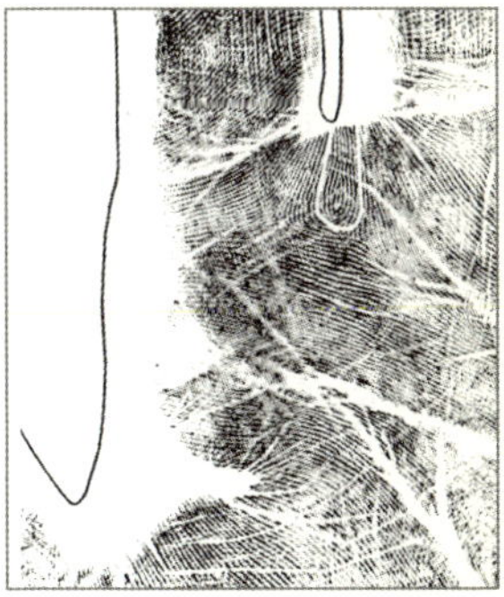
▲지도력의 고리

이제 가장 많은 문양의 유형이 나타나는 잠재의식의 바다로 가보기로 하자. 이곳에 있는 표시는 어느 것이나 마음의 심저를 표출한다.

감수성의 고리
Loop of sensitivity

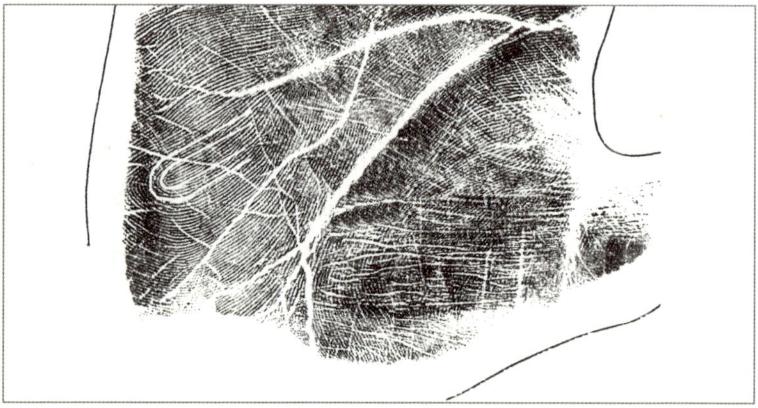

▲감수성의 고리

여기에 이런 고리가 있으면 보이지 않는 인생의 미묘한 흐름을 감지하는 예지력이 있다. 예를 들면, 이러한 고리가 있는 사람은 당신이 뭔가를 숨기고 있는 것을 감지하거나 기시감旣視感: 지금 자신에게 일어나는 일을 전에도 경험한 적이 있는 것 같이 느끼는 것을 느낄 수도 있다. 초능력적인 통찰력도 가능하다.

이런 유형은 예술적인 민감성도 보여준다.

고립의 소용돌이
Whorl of isolation

이것은 보기 드문 표시인데 잠재의식이 강함을 나타낸다. 이 표시가 있는 사람은 항상 꿈, 철학, 정신적 진화 또는 심오한 정신적 영역에 사로잡힌다. 다른 사람들과 감정적으로 친밀해지기가 어렵고 스스로를 억제하는 성향이 있다. 잠재의식의 바다에 소용돌이 무늬가 있으면 예술적인 소질, 특히 연극 분야에 재능이 있다.

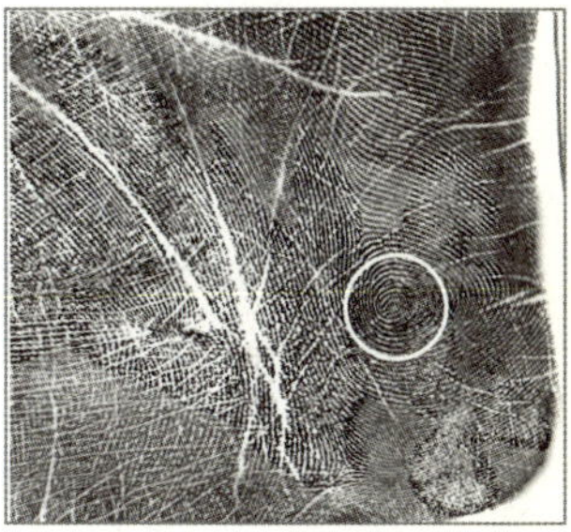
▲고립의 소용돌이

이러한 표시가 있는 사람이면 누구나 스스로의 덫에 갇히기 쉽거나 끼를 발산하고픈 내재적 본능에 갇히기 쉽다. 그러한 사람들에겐 늘 예술을 통해서 극복하라고 조언해 주는 것이 좋다.

자연의 고리
Loop of nature

잠재의식의 바다 영역에서 손바닥 모서리 쪽인 바깥쪽으로 터진 고리 모양이 있으면 자연의 힘을 흡수하는 것을 의미한다. 그것은 지기地氣를 수용하고 자연에 대한 사랑을 나타낸다는 확실한 징표이다.

이러한 고리가 있는 사람은 반드시 식물 가까이서 살아야 한

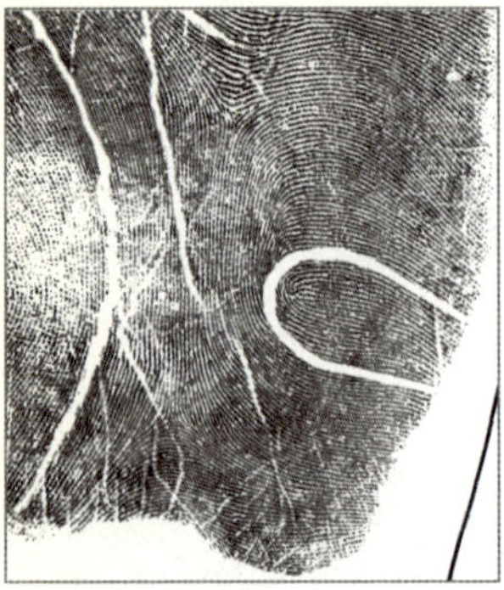

▲자연의 고리

다. 다우징(추를 이용하여 수맥을 찾는 것)에 대한 재능과 치유능력도 있으며 에너지가 발생하는 지점을 찾는 능력도 있다.

잠재의식의 바다에 있는 혼합형

Composite on Sea of Subconscious

이렇게 특이한 표시는 보기가 거의 힘든 것인데 잠재의식을 휘저어놓는 표시이다. 그러한 사람은 자신이 느끼는 것에 혼란스러워하며 지속적으로 감정의 기복이 심하다. 감정을 안정적으로 유지하기가 어렵고 인간관계가 종종 안 좋게 끝난다.

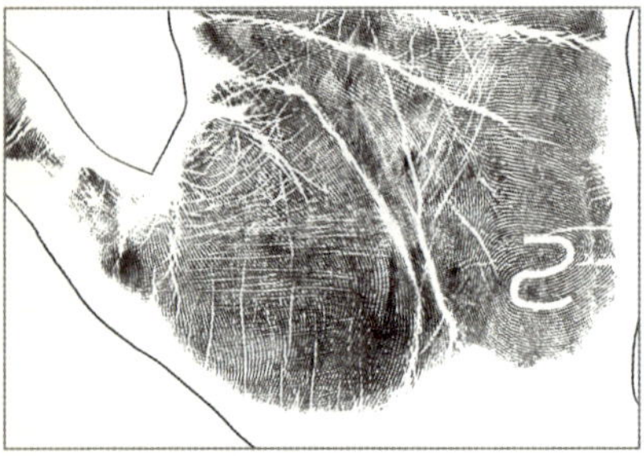

▲잠재의식의 바다에 있는 혼합형

남녀문제, 성생활, 심리학 등을 연구하는 것이 이런 사람들의 주요 관심사이다.

잠재의식의 바다에 있는 아치형
Arch on Sea of Subconscious

이런 특이한 표시는 잠재의식을 억제하는 것을 나타내는데 이 표시가 있는 사람은 내면의 욕구와 충동에 대해 절대 말하지 않는 성격을 형성한다.

내부 압력이 쌓인다는 것은 육체적으로 기분을 풀어주어야 하는 것을 의미하는데, 실질적으로 자기의 애정을 쏟는 사람들인 산파, 안마사, 간병인 등에게서 흔하다.

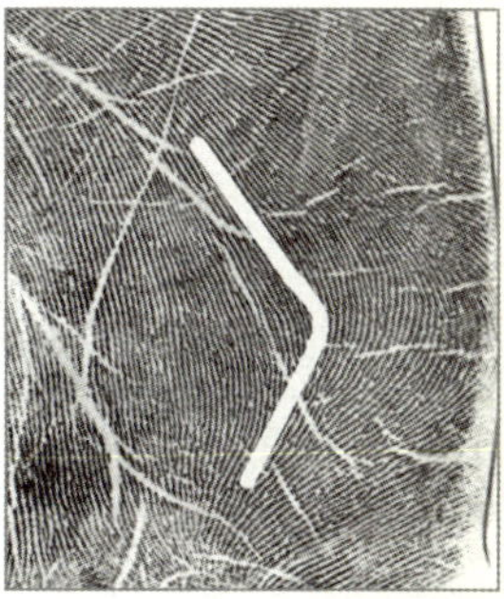

▲잠재의식의 바다에 있는 아치형

영감의 고리
Loop of inspiration

이것은 흔하지 않은 표시로써 손바닥의 밑에서 올라오는 선이 분수처럼 생겼다. 이는 잠재의식 안으로 흘러드는 영감이 분출하는 것이다. 화가, 음악가, 성직자 및 신비스런 경험에 매료된 사람 등에게서 흔하다.

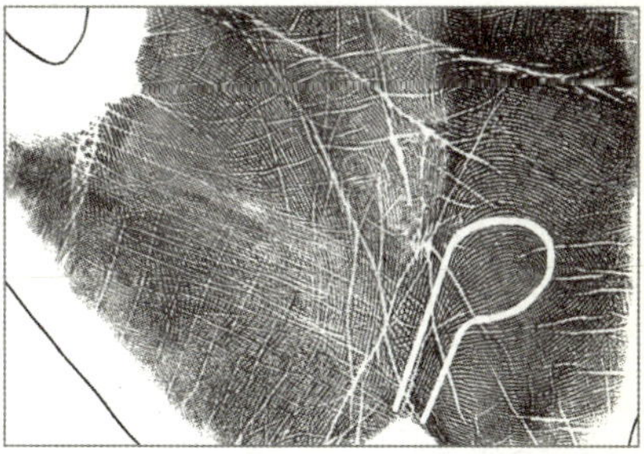

▲영감의 고리

율동의 고리
Loop of rhythm

타고난 신체와 가정의 영역에 이런 고리가 있으면 신체적 율동감이 뛰어나고 음악을 좋아한다. 반드시 음악적 재능의 표시는 아닐지라도 음악가와 댄서들에게 이런 표시가 주로 있다.

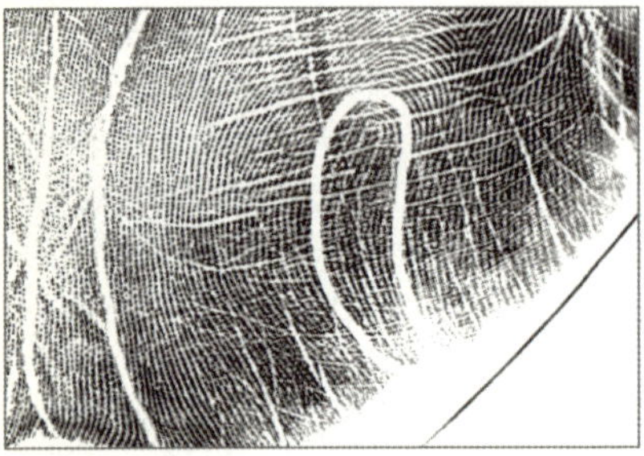

▲율동의 고리

용기의 고리
Loop of courage

용기의 고리는 타고난 신체 및 가정의 영역과 상아탑 영역을 연결해 주는 부분, 즉 엄지 위의 그물망이 쳐진 부분에서 발견된다. 주로 도전정신이 강한 사람들에게서 발견된다.

대개 그런 사람들은 추진력과 에너지가 강하다. 오토바이를 타거나 가라데(손발을 이용해서 싸우는 일본 권법)를 하는 모험을 하기도 한다.

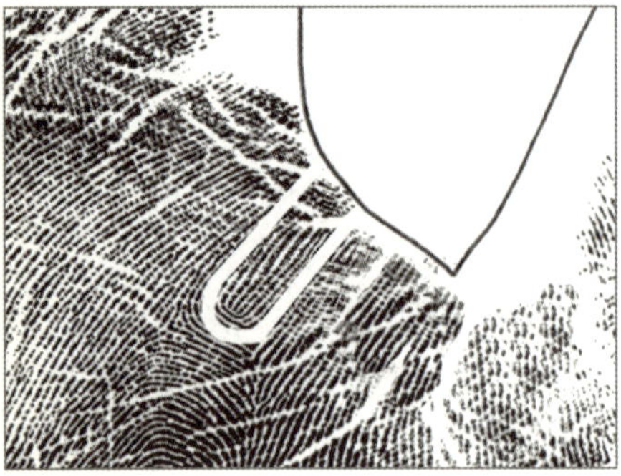

▲용기의 고리

Secret palmist assignment

남모르게 하는 수상학자의 숙제

Secret palmist assignment

지금까지 배운 것들을 다시 한 번 더 살펴보고 손바닥에 있는 문양들을 재점검해 보아라.

어느 한 표시를 발견하거든 그 의미를 적어놓고 그러한 손을 가진 사람들과 관련시켜 보아라.

Brain bashing quiz

반짝 퀴즈

주어진 시간 : 10분

1 잠재의식의 바다에 있는 표시들은 무엇과 관련이 있는가?

2 여가의 고리가 있는 사람은 자기의 직업에 헌신하는 사람인가?

3 영감의 고리가 있는 사람은 예술성이 강한가?

4 손바닥의 상아탑 영역에 있는 표시들은 무엇과 관련이 있는가?

5 어떠한 손바닥 문양이 잠재의식을 억압하는가?

6 어떠한 손바닥 문양이 잠재의식을 돋우고 고립시키는가?

7 어떠한 손바닥 문양이 영적인 능력과 감수성을 발휘하는가?

8 어떠한 문양이 자연을 사랑하는가?

9 율동의 고리가 있으면 음악가가 되는가?

Answer

정답

1 이 영역에 있는 표시들은 잠재의식, 예지력, 꿈의 깊은 '샘', 감정, 충동 등에 영향을 끼친다.

2 아니다. 이 문양은 일을 성실하게 하고 싶지 않는 태도를 나타낸다.

3 이 문양이 있으면 예술가이거나 예술가가 될 수 있다.

4 이 영역은 야망, 소유욕, 개인적인 힘을 나타내는 영역이다.

5 잠재의식의 바다에 있는 단순 아치형.

6 잠재의식의 바다에 있는 소용돌이 무늬.

7 감수성의 고리.

8 자연의 고리.

9 율동의 고리는 율동감이 뛰어나며 음악가들에게서 주로 발견된다.

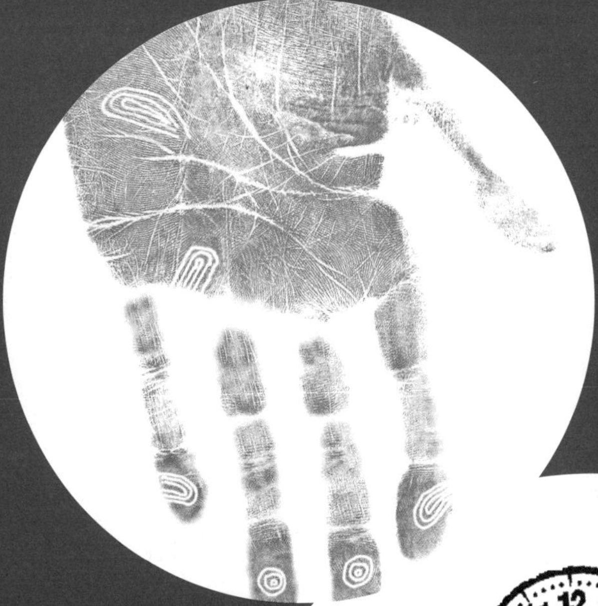

열두번째 시간

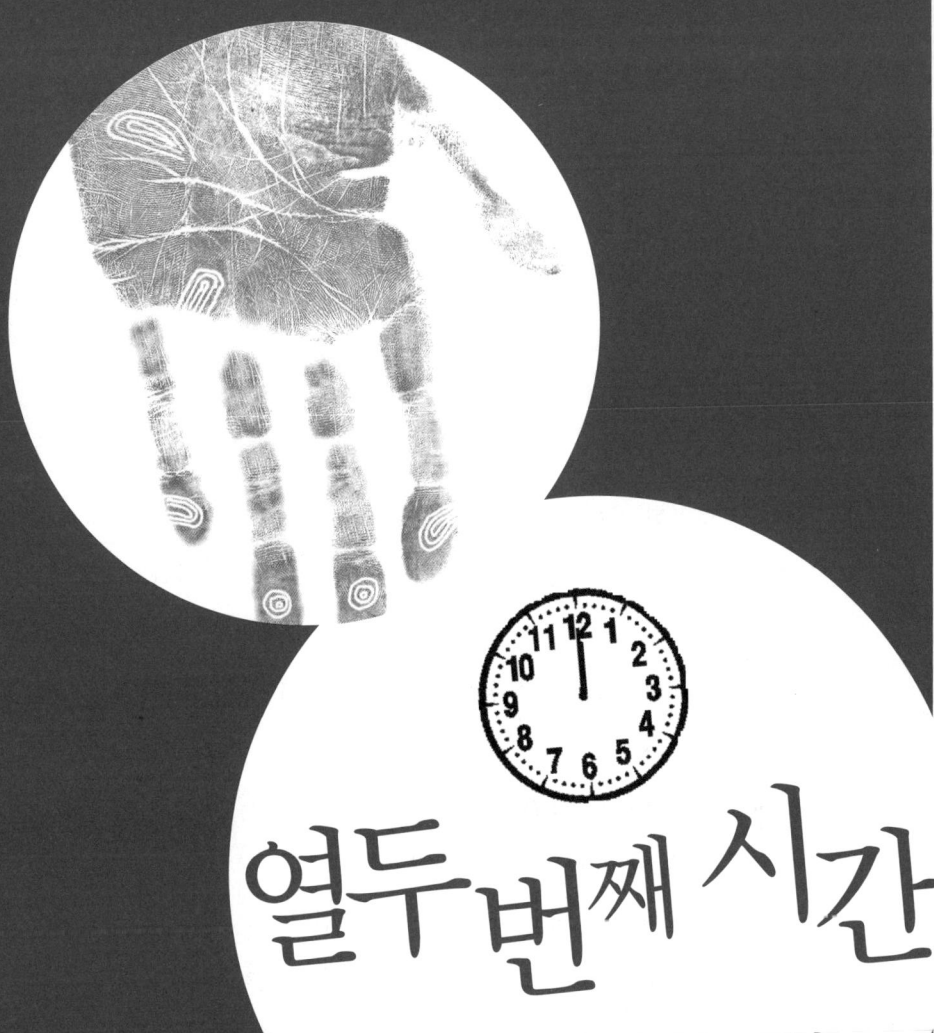

■이제 됐는가? …처음 손금 읽기

읽고 감격해 보자
Read 'em and weep

지금까지 열심히 공부한 것에 대한 보상으로 처음 손금 읽기를 해보려 한다. 두렵지 아니한가? 하지만 여러분이 이미 얼마나 많은 것을 배웠는지를 보고 스스로 놀랄 것이라고 생각한다. 막히는 부분이 있으면 언제라도 이전 장으로 돌아가 훑어보고 참고하면 된다.

36세의 오른손잡이인 조쉬(Josh)의 손금을 보려고 한다. 채취한 무늬를 더욱 선명하게 보이도록 강조하였다.

조쉬의 엄지와 네 손가락은 보통 정도로 유연하며 엄지구의 크기도 보통이다. 잘 아시겠지만, 평범한 것들은 묵살해도 좋으니 이 부분은 무시하겠다. 그의 손바닥 피부는 비단결이다.

다음 질문에 답을 하는 동안 손을 유심히 관찰해 보아라. 손바닥에서 무엇을 찾을 수 있는지 각 질문에 곧바로 답을 할 수 있을 것이다.

피부를 먼저 보고 들어가라...
Start with the skin and plunge straight in...

조쉬의 감수성이 어떠한지를 따져가며 손금 읽기를 시작하겠다. 그는 환경에 민감할까 아니면 피부가 두꺼울까? 그는 어떠한 환경에 잘 적응할까? 그것을 알려면 피부 결을 살펴보고 또한 감수성의 고리가 있는지도 찾아보아라.

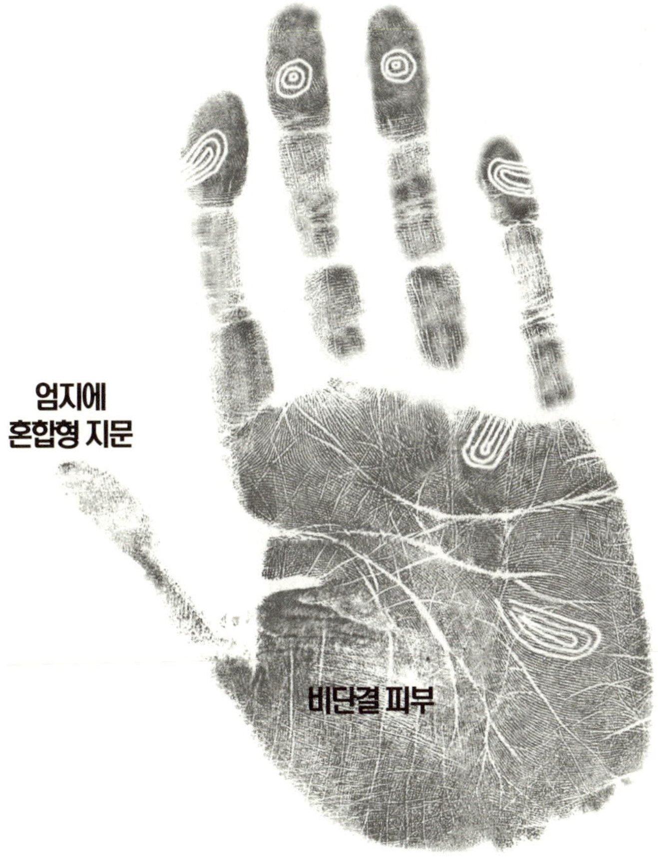

그럼 조쉬의 자부심은 어떻다고 말할 수 있을까? 그는 권위적인 사람일까? 그는 자라면서 어떠한 경험을 하였을까? 검지의 길이를 먼저 살펴보고 약지와 비교하여 긴지 짧은지를 살펴보아라. 그런 다음에 검지에 있는 지문 유형을 찾아서 감정해 보아라. 그러면 그가 자신을 어떻게 생각하고 있는지를 알게 될 것이다.

어떠한가? 그리 어렵지 않잖은가? 서두르지 말고 알고 있는 것을 전부 활용해 보도록 하는 것이 핵심이다.

동기부여와 자기 훈련이 목표를 달성하는데 필수적이다. 또한 의지가 없으면 아무것도 얻을 수 없다. 조쉬의 엄지손가락을 보아라. 보통의 길이에 보통의 유연성이지만 엄지의 지문을 보면 인생 목표에 대한 그의 태도가 어떻다고 말할 수 있을까?

다음으로 조쉬가 반항적인 사람인지, 순응적인 사람인지 보도록 하겠다. 그러려면 중지를 살펴봐야 하는데, 중지가 어떠한가? 중지의 지문을 보면 그가 하고 있는 일에서 무엇을 추구하는지를 알 수 있다. 손가락의 길이는 보통이니 무시한다. 그런데 지문은 그렇지 않다. 중지의 지문은 무엇을 의미하는가? 업무 문제를 짚어보기 위해 업무의 고리가 있는지도 찾아본다. 뭔가가 있는가?

다음은 자기 표현이다. 조쉬는 자신을 내세우려 드는가, 아니면 가면 뒤에 숨어 있는가? 약지의 길이를 보면 된다. 자기 표현에 대한 태도를 보려면 약지의 지문을 살핀다. 여가의 고리가 있는지도 본다. 이것은 아주 중요한데, 여가의 고리가 있으면 여가활용을 우선시하는 사람이기 때문이다.

이제 그의 의사소통 능력을 살펴보자. 새끼손가락을 보면 된다. 조쉬의 새끼손가락은 실제로 긴데, 밑으로 처져 있어 짧게 보인다. 손가락의 길이와 밑으로 처져 있는 것은 모두 무엇을 의미하는가?

요약
Summing up

자, 어떻게 하였는가? 모든 정답은 이 책의 뒷부분 부록에 수록되어 있다. 질문에 대한 답을 다시 한 번 점검해 보고 정답을 보기 바란다.

이 부분은 '속성'으로 훑어보기임을 알아두시라. 우리는 중요한 부분만 훑어보았고 조쉬의 성격을 파악하는 중요한 부분은 아직 밝히지 않았다. 이 정도만으로는 당신이 손금을 감정해 주는 사람을 실망시켜 줄지도 모른다.

우리는 단지 활동적인 손만 보고 이러한 내용들을 모두 알게 되었는데 양 손을 다 읽으면 더 많이 알게 된다. 그러면 손바닥에 있는 모든 특징의 차이를 확인할 수 있고 내면의 개성과 외부의 개성의 차이도 측정할 수 있다.

여기까지 잘해 오신 것에 대해 축하드린다.

Secret palmist assignment

남모르게 하는 수상학자의 숙제
Secret palmist assignment

다섯 명의 지문을 채취하여 피부 조직부터 살펴보고 지금까지 배운 것들을 모두 망라하여 세밀하게 관찰해 보아라. 그리고 손금을 채취한 사람들에게 드러난 것들을 설명해 주어라. 그리고 그들의 반응을 살펴보아라.

여러분은 이제 사람들의 성격을 파악하는데 충분한 통찰력을 갖게 되었다. 이 지점이 이 책의 중간쯤이니 잠시 휴식을 취하고 지금까지 배운 것들을 되짚어 보아라. 피부의 조직, 손가락, 지문에 대해 배운 것들을 확실히 익힌 뒤에 다음으로 넘어가시라.

Brain bashing quiz

반짝 퀴즈

주어진 시간 : 10분

1 조쉬의 감수성에 대해서는 어떠한 특징을 보고 알 수 있는가?

2 조쉬의 손에서 무엇을 보면 그의 자부심에 대하여 알 수 있는가?

3 검지의 지문을 보면 조쉬가 다른 사람들에 대해 어떻게 생각하는지를 알 수 있는가?

4 엄지는 인생의 목표를 달성하는 것과 무슨 관련이 있는가?

5 중지의 길이를 보면 조쉬가 예술과 창조성 방면에서 자신을 표현하는 방법에 대해 알 수 있는가?

6 약지의 지문은 자신에 대한 조쉬의 태도를 보여주는가?

7 조쉬의 손에는 자연의 고리가 있는가?

8 조쉬의 약지에는 단순형 아치가 있는가?

9 조쉬의 손에는 업무의 고리가 있는가?

Answer

정답

1 피부 조직을 보면 감수성의 정도를 알 수 있다.

2 검지의 길이를 약지와 비교해 보면 알 수 있다.

3 아니다. 검지의 지문은 자기 자신에 대한 태도를 나타낸다.

4 엄지는 의지력, 자기 통제 및 성취에 대한 태도를 나타낸다. 이러한 것들은 모두 인생의 목표를 달성하는데 아주 중요하다.

5 아니다. 중지의 길이는 관습, 직업, 순응에 대한 태도를 나타낸다.

6 아니다. 약지의 지문은 자기 표현과 과시에 대한 보편적인 태도를 나타낸다.

7 아니다. 감수성의 고리는 있지만 자연의 고리는 없다.

8 아니다. 약지에 소용돌이 무늬가 있다.

9 아니다. 여가의 고리가 있고, 업무의 고리는 없다.

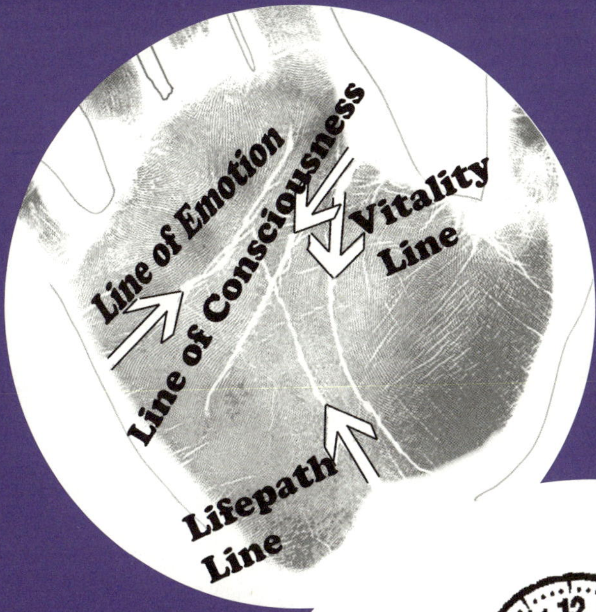

열세 번째 시간

■마음의 지도... 주요선

주요 4대선
The big four

주요선은 모든 사람들의 손에서 볼 수 있는 네 개의 또렷한 선을 말한다. 그중 두 개(**감정선과 두뇌선**)는 손바닥의 맞은편에서 시작하여 손바닥을 가로질러 간다. 생명선은 엄지손가락 위에서 시작하여 엄지구가 있는 쪽으로 곡선을 그리며 내려간다. 마지막으로 운명선은 손바닥의 밑에서 출발하여 가운데를 통과하며 중지를 향하여 올라간다.

주요선은 항상 같은 곳에서 출발하는데 어디에서 끝나는지는 아주 다양하다.

여러분의 손을 보고 이 네 개의 선을 식별할 수 있는지를 확인해 보아라. 그림에 나와 있는 것보다 더 길거나 짧을 수도 있고 더 굽어 있거나 곧게 되어 있을 수도 있다. 아마도 운명선은 주요선들 중에서 제일 약하게 보이거나 짧을 것이다.

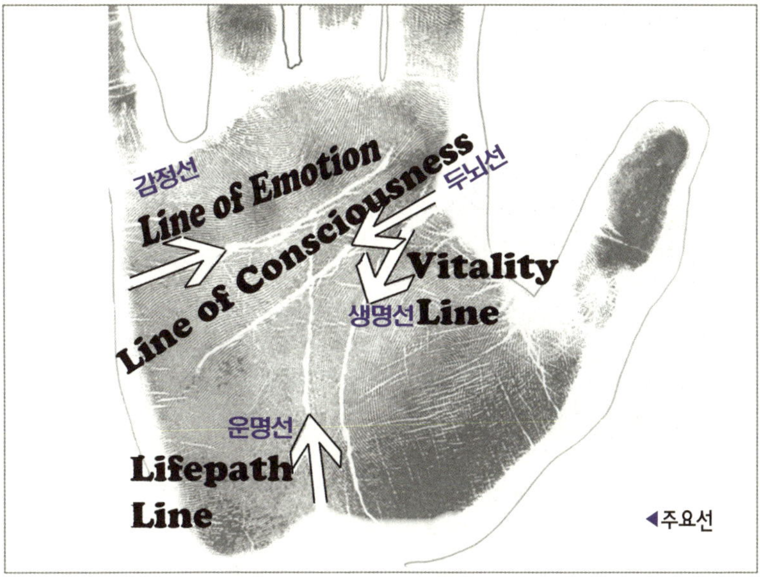

주요선들 중 어느 하나가 없거나 일부만 나타나도 겁먹지 마시라. 그렇다고 일찍 죽거나 별난 사람이 되는 것이 아니다. 다음 장에서는 이러한 문제들을 하나하나씩 다루면서 자세히 살펴볼 것이다. 그리고 보조선이라고 하는 덜 두드러진 선들은 있을 수도 있고 없을 수도 있다.

손금은 시간에 따라 변한다
Changing lines, changing times

손금은 태아 3개월경부터 형성되는데, 일생을 두고 변한다. 다음에 나오는 전과 후의 사진을 비교해 보아라. 전자 경련요법으로 치료하기 전과 후를 비교해 놓은 어떤 사람의 손바닥이다.

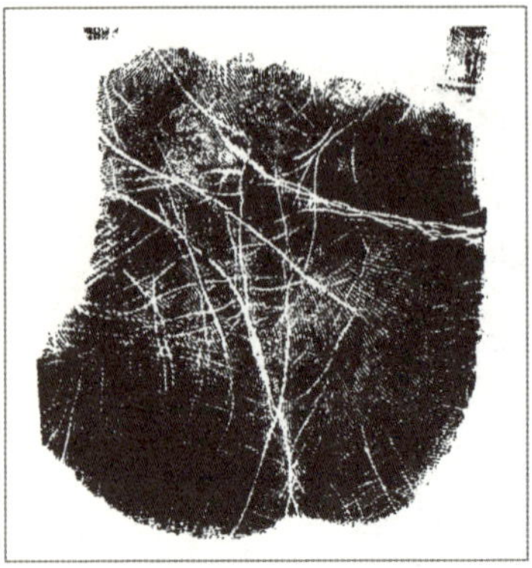

▲전자 경련요법 치료 전

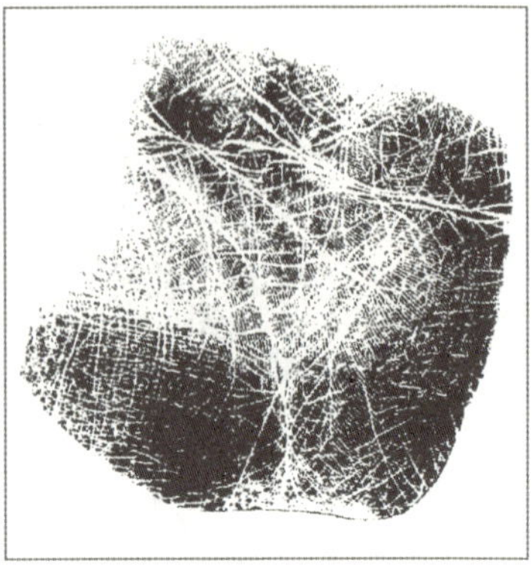

▲전자 경련요법 치료 후

손금은 참으로 아주 빠르게 변한다는 것을 사진을 통해서 볼 수 있을 것이다. 손바닥이 두뇌의 기능을 나타낸다는 데는 의심의 여지가 없지 않은가?

처음에는 손금이 어떻게 생겼는지만 말할 수 있으면 된다. 선이 깊고 붉으면 정력적이고 혈기가 왕성한 사람이며, 선이 약하고 흐릿하면 정력이 약하고 행동하는데 머뭇거리며 신중한 사람임을 나타낸다.

손금이 복잡한가, 단순한가? 굵은가, 약한가?

Full or empty, bold or feeble?

수많은 미세한 선들로 덮여 있는 손바닥을 '꽉 찬' 손이라고 하는데, 스트레스를 많이 받고 복잡하며, 긴장을 많이 하고 신경질적인 사람임을 나타낸다.

선명한 선 몇 개만 있는 손바닥을 '빈' 손이라고 하는데, 복잡한 성격이 아니라 간단하고 단순하게 인생을 살아가는 사람이다.

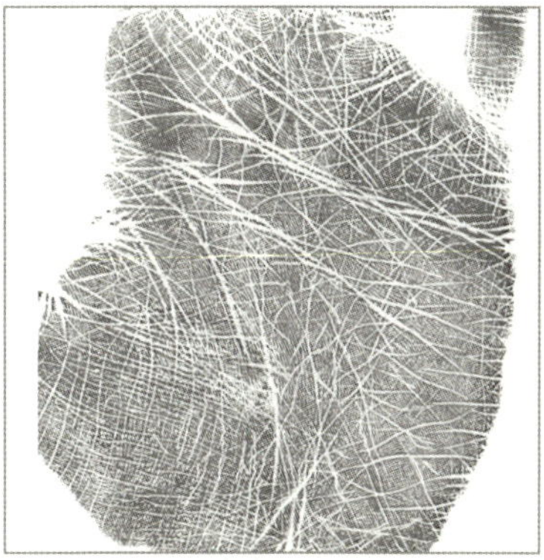

▲꽉 찬 손

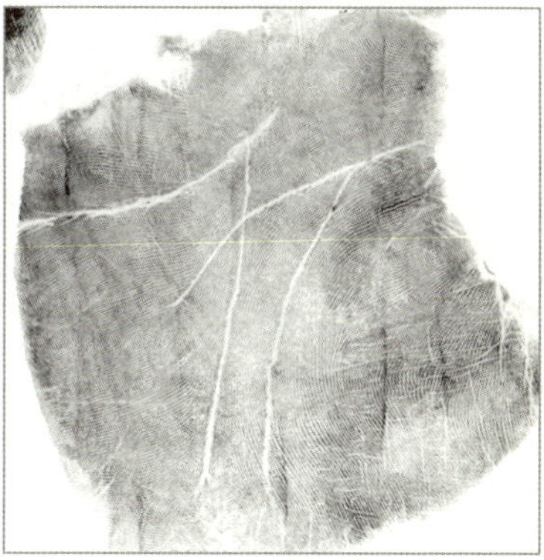

▲빈 손

일반적으로, 피부 결이 고울수록 선이 더 많은 것을 볼 수 있다.

주요선은 사람이 세상을 살아가면서 경험하는 형태를 나타낸다. 사슬 모양, 점이나 끊어진 손금이 많이 있는 사람이라면 인생을 뒤죽박죽으로 살아온 사람이다. 그런 사람들은 사슬처럼 헝클어지고 불안정한 삶을 살아갈 것이다.

선명하고 굵직한 손금을 가진 사람들은 질서정연한 삶을 살아간다. 손금이 마치 동일한 선을 따라 생각하는 바를 반복적으로 표시해 놓은 궤도와 같다.

마음의 양식이 바뀌면 손금도 바뀐다. 하지만 사람의 손금이 불분명할수록 개선하는데 상당히 많은 시간이 걸린다.

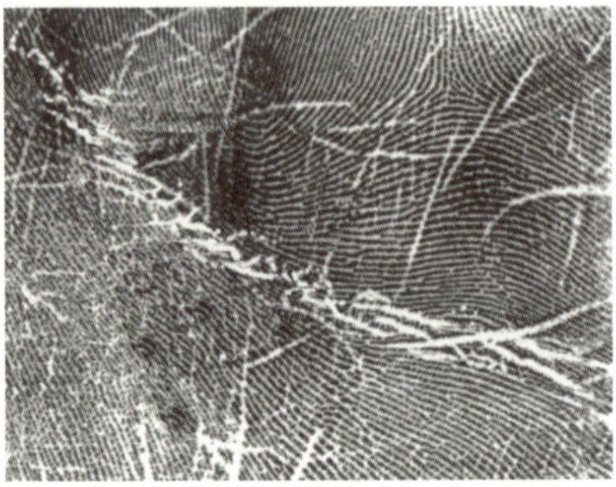

▲헝클어진 손금

상향선, 하향선, 횡단선
Up, down and across

대충 말하자면, 수직선(선명하고 제대로 되어 있다면)은 지속, 증대, 발전, 삶의 질 개선, 내면의 발달, 기술 및 자기 이해의 향상, 정상 생활 유지 등을 의미하는 것이며, 수평선은 외부 세계에 대한 힘, 형성, 소유, 명령, 구상, 인간관계, 환경 및 소유물과의 관계 등을 나타낸다.

흥미로운 사실은 고대인들의 손금을 새겨놓은 걸 보면 수직선이 아주 많은데 비해 현대인들의 손금은 그 반대이다. 이는 시간이 지남에 따라 내면의 세계에서 탈피하여 정신적인 면은 줄어들고 보다 물질적인 면을 추구하는 현대의 외부 세계로 이동하였음을 의미한다.

무엇을 찾을 것인가
What to look for

수상학자가 지켜야 할 황금률인 '평범한 것들은 무시하라'는 규칙은 손의 특징에서와 마찬가지로 손금에도 적용된다. 선의 길이와 힘의 정도, 형태가 보통이라면 특별할 것이 없다. 선이 아주 길거나 아주 짧아서 확연히 구별된다거나, 끊어지거나 무슨 특별한 표시가 있다면 관심의 대상이다. 이것은 그러한 손금을 가진 사람에게 엄청나게 중대한 개인적인 경험이 분명히 있음을 나타낸다.

주요선을 볼 때는 항상 어느 선이 가장 강한지를 확인하여라. 생명선이 강한 것이 이상적이다. 생명선은 안정적으로 살아갈 수 있는 능력과 에너지의 충만 정도를 나타낸다.

생명선이 강하지 않다면 그 사람의 감정이나 인생목표 또는 생각(다른 선이 얼마나 더 강한지에 따라) 여하에 따라 삶의 안정성이 달라진다. 이러한 사람은 대변화가 닥치면 자신이 감당할 수 있는 것보다 더 취약하다.

다음은 주요선의 길이를 보자.

어느 선 하나라도 손바닥의 옆에서 옆으로나 위에서 아래로 길게 완전히 관통하고 있다면 그 사람은 아주 억압적이고 강박관념에 사로잡혀 있는 사람이다.

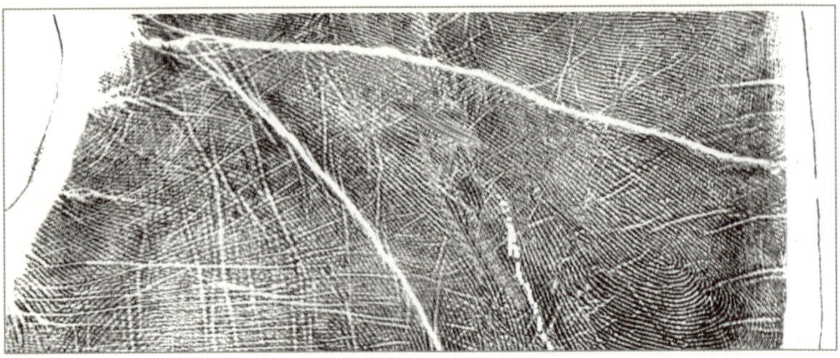

▲옆으로 관통하는 선

그렇지 않고, 주요선이 손바닥의 폭이나 길이의 1/3도 안 되게 짧으면 그 사람은 해당 부분의 능력이 떨어진다.

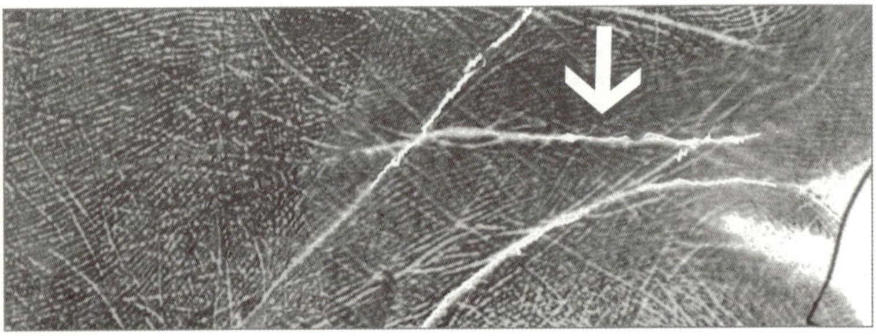

▲짧은 선

장애, 분열, 기타 이상한 사건들
Interruptions, disruptions and other strange happenings

끊어진 선, 빗장 선, 점, 섬 문양 등이 있으면 이것들은 인생의 장애물이다. 이렇게 미세한 표시들에 집착하기 쉬우나 선명하게 나타나 있지 않다면 과감하게 무시해도 좋다.

끊어진 선
Breaks

선이 끊어져 있으면 뭔가 끝나는 것을 의미한다 - 인간관계, 가족이 처한 상황, 직업, 또는 성격적인 특성 등. 선이 끊어진 간격이 확실하게 보이는 사람은 일에 대한 실패나 질병에 걸릴 가능성이 높다. 예를 들어, 감정선(감정적인 경험을 보여주는 선)의 중간이 끊어져 있으면 그 사람은 정서적인 면이나 인간관계에 있어 장애를 받을 것이다.

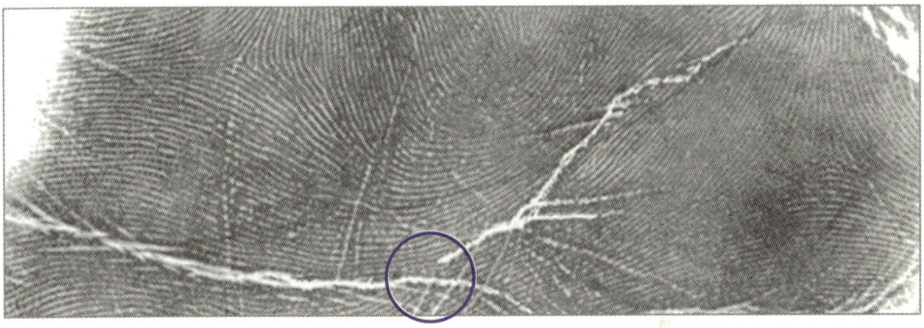

▲감정선이 끊어져 있다

매일 매일의 일상생활에서 뿐만 아니라 유년법流年法에 해당되는 연령대에 쭉 영향을 받을 수 있다. 일생을 살아가는 중도에 어느 특정한 사건에 해당된다. 그러므로 우리는 끊어진 표시 지점을 보고 과거의 사건들을 추정할 수 있다.

끊어진 곳(또는 교차선이나 어떤 표시)이 유년법상 미래의 지점에 있다면 앞으로 어떤 사건이 일어날 것이라고 추단하지는 말아라. 해가 가면서 표시가 변하거나 통째로 없어질 수도 있다. 그런 표시가 있으면 그 표시가 암시하는 특성이 계속되지 않고 문제가 생기지 않도록 스스로 특별히 조심하고 변화를 주라는 신호로 받아들이면 된다.

완전히 끊어진 선(선의 두 끝이 벌어짐)은 드물다. 대개는 끊어진 선 옆에 겹치는 선이 새로 생겨난다.

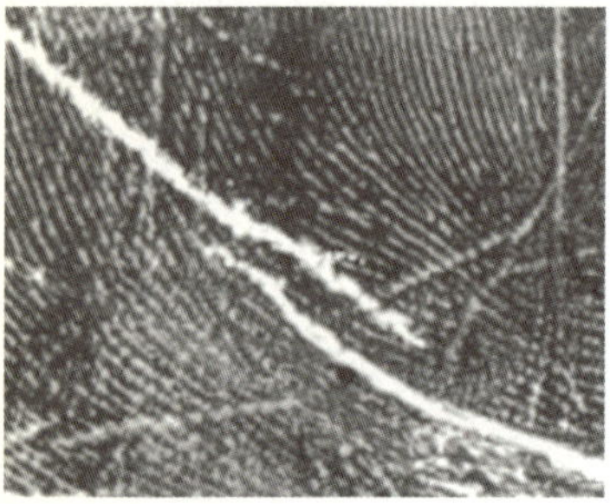

▲선이 겹쳐서 감

선이 겹치는 것은 사람의 행동양식이 멈추었다가 새로 시작되는 나이를 말하는데 대개는 더 좋게 발전한다(겹친 선이 더 선명하고 강하게 뻗어간다면).

가지 선
Branches

주요선에서 손가락 쪽으로 뻗어 올라가는 가느다란 선이나 상향지선은 이상주의적이고 긍정적인 태도와 일들을 의미한다. 주요선에서 밑으로 내려가는 가느다란 선이나 하향지선은 우울함, 손실, 기력저하, 부정적인 일들과 관련되어 있다.

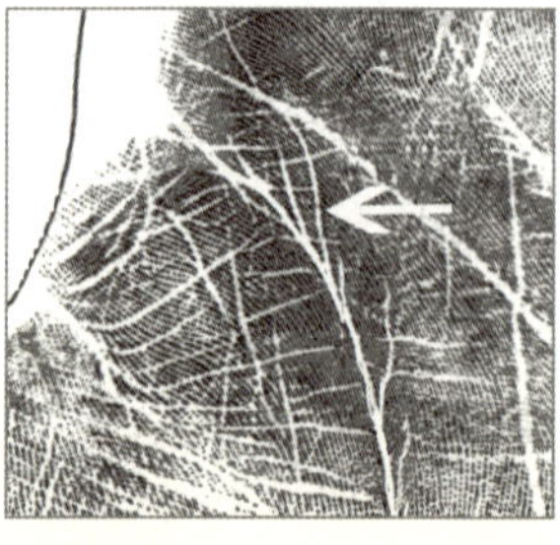

▲상향지선

▲하향지선

이중선
Double lines

때로는 선이 이중으로 가는 것도 있는데, 이것은 그 선이 의미하는 분야에서 이중성을 나타내며 이중생활을 하는 것을 나타낸다. 예를 들어, 생명선이 이중이라면 두 집 살림을 하거나, 근거지가 둘이거나, 두 가지 생활방식으로 살거나 열정적인 사람이기 쉽다.

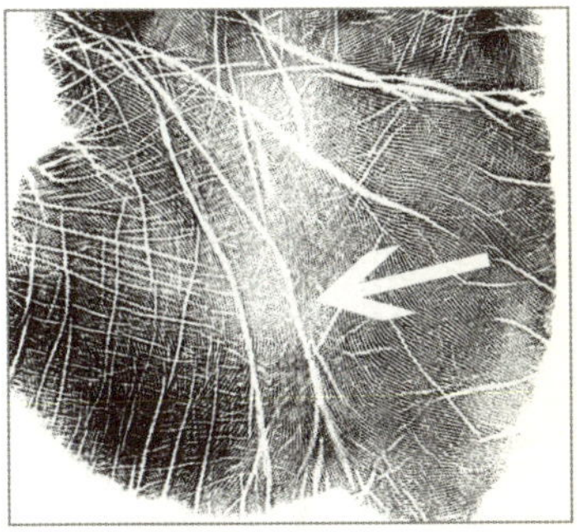

▲이중선

점
Dots

점은 해당 나이 때에 어떤 특정 사안에 대해 열 받고 화나고 흥분하여 에너지가 끓어오르는 것을 나타낸다.

▲점

섬 문양
Islands

섬 문양은 무조건 나쁘다. 그것은 스트레스와 혼란을 나타낸다.

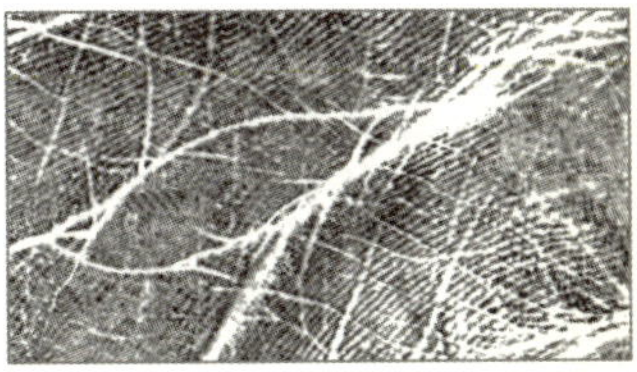

▲섬 문양

빗장선
Bar lines

주요선을 가로지르는 가느다란 선을 빗장선이라고 한다. 이것은 앞길을 방해하는 일들이나 사람이 있음을 나타낸다. 이것을 처리하려면 상당한 시간과 에너지가 소모된다.

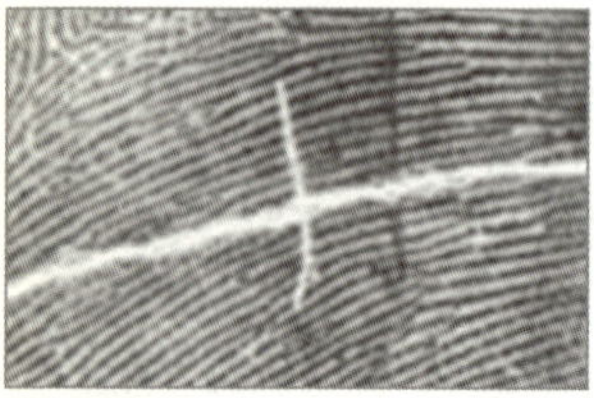

▲빗장선

사각형
Squares

사각형은 규제와 책임의 시기를 나타내는데, 그 기간 동안은 힘든 시기를 거치지만 새로운 기술과 재능을 개발하게 된다.

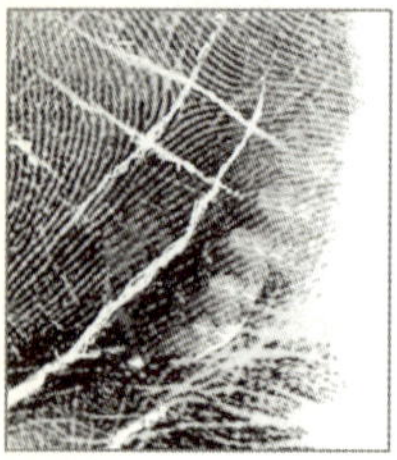

▲사각형

Secret palmist assignment

남모르게 하는 수상학자의 숙제

Secret palmist assignment

손바닥에서 주요선들을 찾아 한참 동안 살펴보아라. 어느 선이 가장 강한지를 보고 주요선이 시작하고 끝나는 지점을 보아라. 끊어진 선, 겹치는 선, 섬 문양, 빗장선 등이 있는지 찾아보아라. 손금을 채취하여 모아 놓고 주요선을 찾아보고, '꽉 찬 손'과 '빈 손'을 찾아보고, 관심의 대상이 되는 표시가 있는지 찾아보아라.

Brain bashing quiz

반짝 퀴즈

주어진 시간 : 10분

1 '꽉 찬 손(손금이 복잡한 손)' 을 가진 사람은 무엇을 의미하는가?

2 '빈 손(손금이 단순한 손)' 은 무엇을 의미하는가?

3 옆에서 옆으로 완전히 관통하는 손금을 가진 사람은 어떠한 사람인가?

4 선이 완전히 끊어진 것은 무엇을 뜻하는가?

5 선이 끊어지고 나서 겹치는 것은 무엇을 의미하는가?

6 이중선은 무엇을 의미하는가?

7 주요선에서 뻗은 상향지선은 무엇을 의미하는가?

8 주요선을 가로지르는 빗장선은 무엇을 의미하는가?

9 섬 문양은 무엇을 의미하는가? 긍정적인 면이 있는 것인가?

Answer

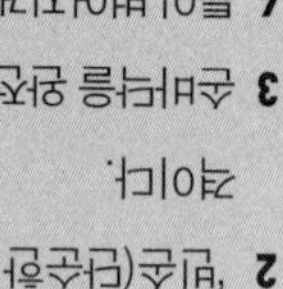

정답

1 '꽉 찬(복잡한 손금)' 손은 스트레스를 많이 받고 긴장을 많이 하며 신경질적인 사람임을 나타낸다.

2 '빈손(단순한 손금)' 은 손금이 별로 없다. 복잡한 것을 싫어하고 고도로 집중된 성격이다.

3 손바닥을 완전히 관통하는 선은 항상 강압적인 사람임을 나타낸다.

4 틈이 벌어지게 끊긴 선은 일에 대한 실패나 질병에 걸릴 가능성이 높다.

5 겹치는 선은 사람의 행동양식이 멈추었다가 새로 시작되는 나이를 말하는데 대개는 더 좋게 발전한다.

6 이중선은 그 선이 의미하는 분야에서 이중생활을 하며 이중적인 성격임을 나타낸다.

7 상향지선은 이상주의, 낙천주의, 긍정적인 일들을 의미한다.

8 빗장선은 앞길을 방해하는 장애물이다.

9 아니다. 섬 모양은 스트레스와 혼란을 의미한다.

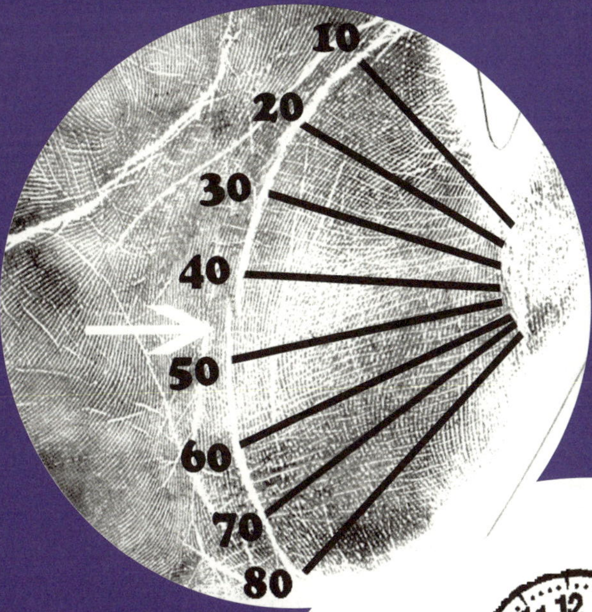

열네 번째 시간

■뿌리, 힘의 원천, 활력 ... 활력선

삶과 죽음의 문제?

A matter of life and death?

이 선(생명선이라 함)은 예전부터 수명을 예측하는 선이라고 알려짐에 따라 모든 사람들이 민감하게 여기는 선이다.

이 선은 안정성과 활력의 척도이다. 이 선이 끊어지거나 반점이 있으면 안정성에 커다란 변화가 있음을 나타낸다.

이 선의 길이는 활력이 어느 정도인지를 나타낸다.

중세시대에는 이 선에 변화가 생기면 그야말로 치명적이었다. 아무도 복권에 당첨되는 일도, 봉급이 인상되는 일도, 대학에 가는 일도 없었다.

이 선에 어떤 변화가 생기면 전쟁, 질병, 기근 같은 것이 주로 찾아왔으며 재난과 죽음의 시작을 알리는 선이었다.

힘의 선
Power line

이 선을 엄지구(첫 번째 시간을 확인해 볼 것) 속에 들어 있는 에너지를 퍼올리는 뿌리라고 생각해 보면 된다. 이 뿌리는 에너지를 내부 장기로 흘려보내 사람을 안정시키고 자리잡게 하며 안정감과 수행능력을 갖도록 한다.

얄팍하고 나약한 뿌리
Shallow roots, weak roots

활력선이 짧으면 자주 옮겨 다니며 뿌리 없는 인생을 살기 쉽다. 그런 사람들은 불안정한데, 안정된 직업을 갖고 결혼을 하더라도 그들 스스로 안정성을 추구할 수가 없다.

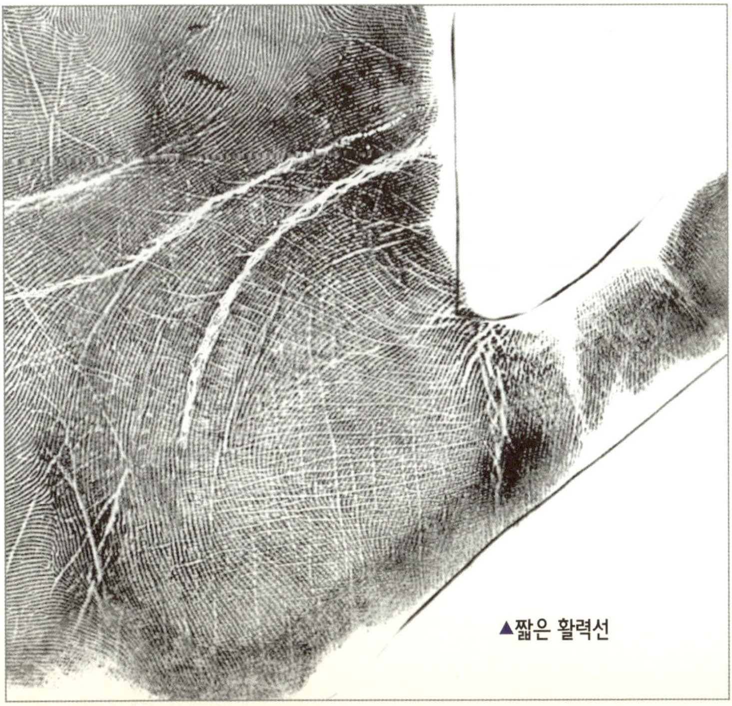
▲짧은 활력선

활력선이 짧으면 단기간에는 활력이 충만할지는 몰라도 오랫동안 유지할 수가 없다.

선이 끊어지고 섬 문양이 있는데다 얇고 가늘면 (길이에 상관없이) 안 좋은 것이다.

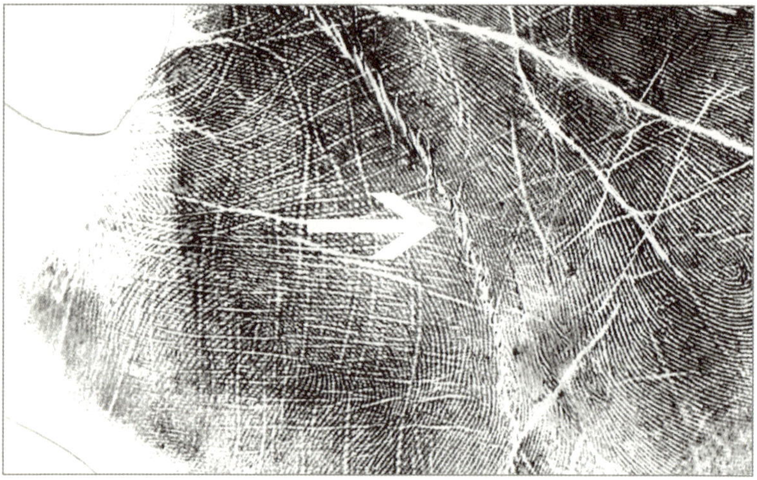

▲약한 활력선

대개 활력선이 약하면 엄지구가 흐물흐물하고 납작하며 그런 사람은 차가운 생선 같은 면이 있다. 이는 수명엔 영향을 끼치지 않을지 모르나 90까지 사는 동안 동상에 걸려 징징거리기 쉽다.

활력선이 약하면 활력이 떨어지며 잔병치레를 자주 한다. 뿌리가 약한 사람은 독립 자활하기가 힘들며, 장기적인 일에는 끈기가 약하고 많은 인생사에 감당하지 못할 정도로 억눌리기 쉽다.

수동적인 손의 활력선이 약하면 불안정하게 자란 것을 나타내는데 부모의 이혼, 끊임없는 투쟁, 불안정한 생활이 다반사였음을 보여준다.

섬 문양이나 잔금이 많은 활력선은 집중력이 약하고 미숙하며 안절부절못하는 사람임을 보여준다. 대개는 소화력도 약하며, 계속하여 새로운 먹거리나 생활방식을 찾아다닌다.

규칙적인 섭생과 수면, 운동만이 활력선을 강화시킨다. 활력선이 짧거나 약한 사람에게는 늘 이러한 조언을 해주어라.

깊고 강한 뿌리
Deep roots, strong roots

활력선이 길고 튼튼하면 가족의식이 강하고 가정사에 충실한 사람으로 마음이 안정되고 뿌리가 깊다. 육체적으로도 일을 끝까지 해내는 체력이 있다. 심리적으로는 발을 땅에 꽉 붙인 것처럼 '현실적'이다.

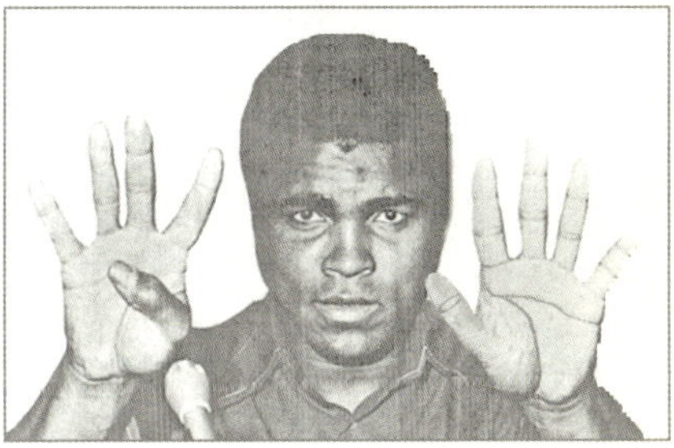

▲권투선수 무하마드 알리의 손 – 활력선이 강하다

다음 두 개의 손금을 비교해 보자.

하나는 아이가 없고 시간제 판매사원으로 일하는 앰버의 손금으로 5년 동안 열네 번이나 이사를 다닌 사람이다. 그녀는 요리하는 것을 싫어하는데 자라온 환경이 불안정하고 무슨 일에든 끈기가 없다. 그녀의 취미는 마법을 연구하고 여행을 다니는 것이다.

다른 하나는 나오미의 손금으로 아이가 세 명이 있다. 앰버와 같은 가게에서 일하는 판매사원으로, 부모님과 가까이 살며 음식을 만들고 정원 가꾸는 것을 좋아하며 10년 동안 이사를 한 번도 가지 않았다.

그렇다면 어느 것이 나오미의 손이고 어느 것이 앰버의 손일까? 왼쪽이 나오미의 손이고 오른쪽이 앰버의 손임이 분명하다.

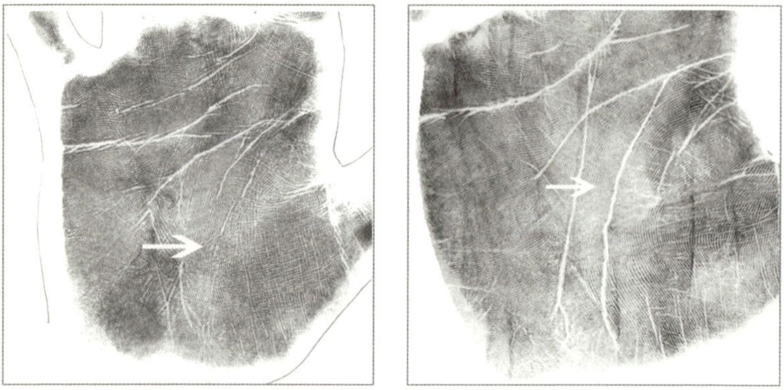

▲나오미와 앰버의 손

방랑의 뿌리
Wandering roots

활력선의 끝(손목 쪽)은 우리 생활에 영향을 주는 본능의 뿌리가 있는 곳이다. 선이 엄지손가락 쪽에서 내려오다가 이곳에서 포크처럼 갈라지면 새로운 초원을 찾는 새싹과 같다. 이것을 여행선이라고 하는데 여행과 다양성에 대한 욕구를 나타낸다.

이 선은 2세대 이주자들처럼 두 개의 문화권에서 살게 될 때 밑 부분이 항상 갈라진다. 선의 밑 부분이 엄지구로 깊숙이 굽어져 내려가는 반대의 유형은 자기의 가정과 조국에 충실한 사람으로 여행하는 것을 싫어한다.

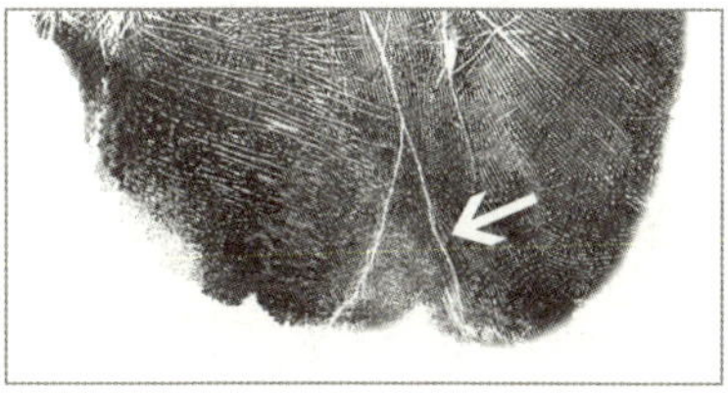

▲비행기 조종사의 여행선

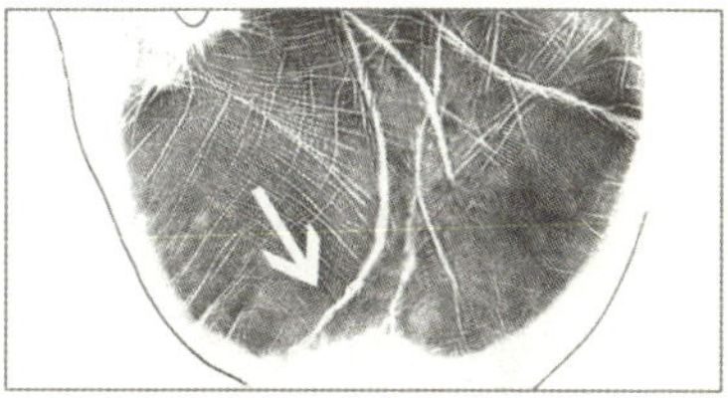

▲엄지구 밑으로 굽어 내려오는 활력선

선이 끊어지면 곤란하다

Breaking up is hard to do

활력선이 끊어지면 뿌리가 뽑히고 이식利殖되는 것처럼 활력이 떨어지고 인생에 중요한 변화가 생김을 나타낸다. 겹치는 선이 없이 확실하게 끊어져 있으면 고통이 심하다.

그러나 겹치는 선이 생겨 끊어지기 전보다 더 강하게 간다면 긍정적일 수도 있다. 그러한 경우에는 확실히 상황이 개선되고 새로운 출발을 하게 된다.

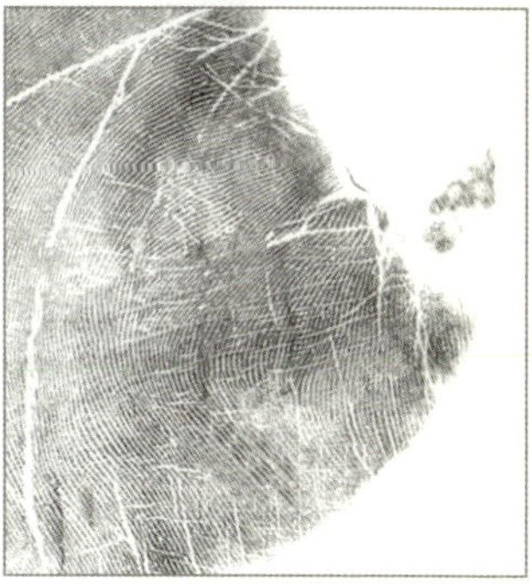

▲활력선이 끊겨 떨어져 있다
– 이 사람은 2년 동안 걷지를 못했다

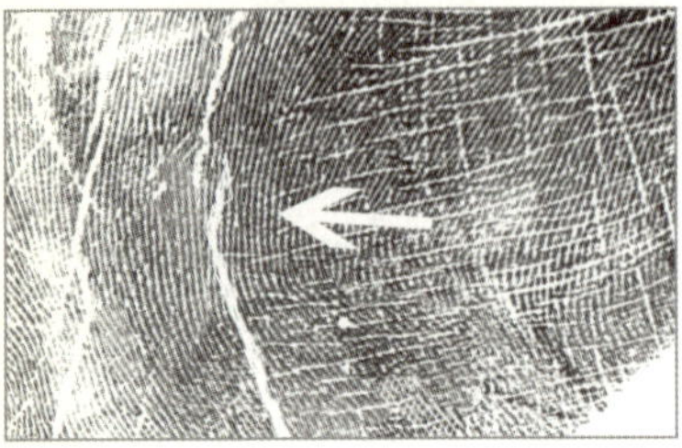

▲**끊긴 선이 겹친다** – 이 사람은 이혼했다가 재혼하여 더 행복하게 산다

수동적인 손의 활력선이 끊기는 주요 원인은 부모나 형제자매의 죽음, 부모의 이혼, 가정환경의 중대한 변화 등이다. 수동적인 손의 선은 끊어져 있지만 활동적인 손의 선이 괜찮다면 그런 사람은 나이를 먹어가면서 스스로 안정적인 생활을 영위해 갈 것이다(비록 불안감은 깔려 있지만).

활동적인 손의 활력선이 끊어져 있으면 이혼, 질병, 이사, 이민 등으로 인해 자신이 겪은 중대한 변화를 나타낸다. 끊긴 표시가 있는 부분을 유년법流年法으로 측정할 수 있다. 활력선을 10년 단위로 구분하여 장애가 발생한 시기를 대충 짐작할 수 있다.

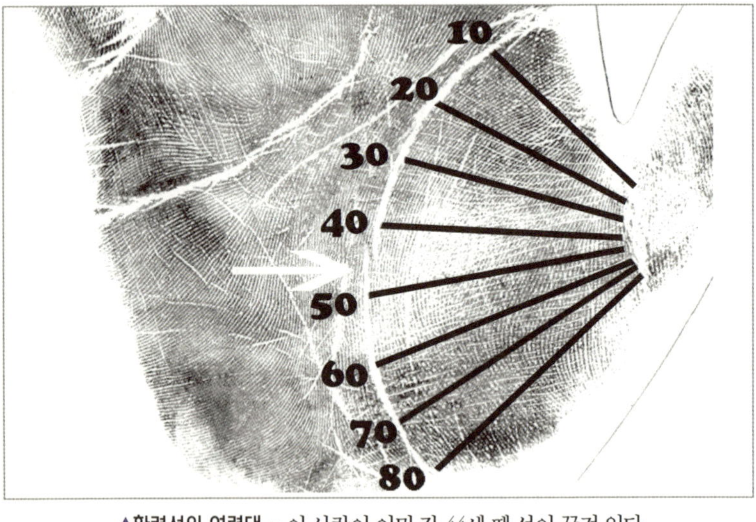

▲**활력선의 연령대** – 이 사람이 이민 간 44세 때 선이 끊겨 있다

활력선에 나타난 표시들을 보고 미래를 예측하는 함정에는 빠지지 마라. 이것은 부정적이고 파괴적인 인식을 심어줄 수 있다. 우리의 운명은 우리 스스로가 만들어 간다. 우리들 스스로 변화를 추구하면 미래를 바꿀 수 있다는 것이다.

활력선이 끊어져 있는 사람을 보거든 앞으로 안 좋은 일이 생길 것이라고 겁주지 마라. 대신에 식사를 잘 조절하고, 잠을 잘 자며, 운동을 하라고 충고해 주어라. 그러면 활력선이 개선되고 앞날도 좋아지게 될 것이다.

지선支線
Branches

활력선의 상하로 갈라지는 지선들은 뿌리에서 뻗어 나와 새로운 희망의 세계로 진입하는 새싹과 같다. 이 선들은 좋은 일이 있음을 나타내는데 상속을 받고, 새로운 직업을 구하고, 애를 낳거나 기회포착 같은 것들을 항상 수반한다.

활력선에 선 문양이 있으면 스트레스가 심하고 주저주저하는 시기임을 나타낸다. 흔히 집안에 일이 있을 때 생긴다.

활력선에 빗장선이 있으면 인생의 진로를 방해하는 외부적인 사건들이 있음을 나타낸다.

▲활력선을 가로지르는 빗장선. 사업 파트너의 질병으로 엄청 긴장했던 시기

이중선
Double trouble

때로는 활력선이 이중인 경우가 있다. 수동적인 손에 이중선이 있다면 부모가 둘이거나 두 집 살림을 하는 사람임을 의미한다.

활동적인 손에 이중선이 있으면 활력이 강하고 쉼 없이 움직이는 사람이다. 두루두루 옮겨다니는데 가정이 둘이고, 두 집 살림을 하거나 이중국적이며 완전히 다른 이중생활을 한다.

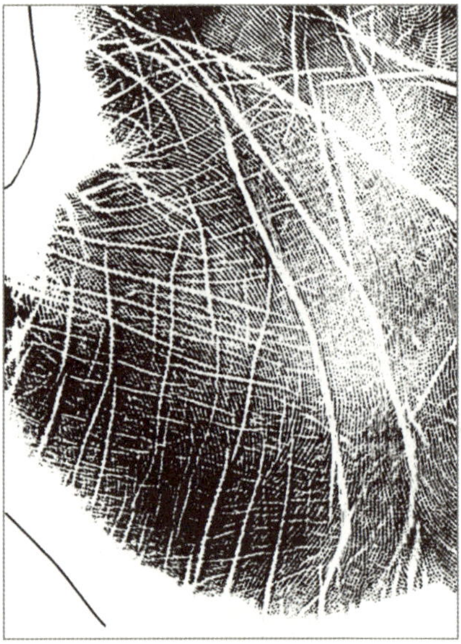

▲이중 활력선

Secret palmist assignment

남모르게 하는 수상학자의 숙제
Secret palmist assignment

활동적인 손의 활력선에 어떤 표시나 장애선이 있으면 그 시기를 추정할 수 있는지를 보아라.

당신에게 일어났던 중요한 일들, 즉 이혼, 질병, 이사, 특이한 사건들과 연관시켜 보아라.

당신이 손금을 채취한 사람들에게 살아오면서 언제쯤 중요한 변화가 있었는지를 물어보아라. 그것들을 그들의 활력선에 있는 표시들과 견주어 확인해 보아라.

Brain bashing quiz

반짝 퀴즈

주어진 시간 : 10분

1 어떤 사람이 활력선이 짧다면 무엇을 의미하는가? 일찍 죽는다는 뜻인가?

2 활력선 아래쪽에서 포크 모양처럼 갈라지는 것은 무엇을 의미하는가?

3 수동적인 손의 활력선이 짧고 약한 사람은 안정된 가정 출신인가?

4 이사를 자주 다니고 기분에 휩쓸리는 사람의 활력선은 어떻게 생겼을까?

5 활력선이 분명하게 끊어진 것과 겹치는 것과는 무슨 차이가 있는가?

6 활력선이 이중이면 정신분열 환자가 되는가?

7 활력선에서 작은 선들이 뻗어나 있으면 질병이 있음을 나타내는가?

8 활력선에 부정적인 표시가 있으면 앞으로 안 좋은 일이 생길 징조인가?

9 활력선의 중간은 대충 몇 살쯤인가?

Answer

정답

1 아니다. 활력선이 짧은 것은 활력이 약하고, 근본이 약하고 불안정하며, 자활하기가 힘든 것을 의미한다.

2 활력선이 밑에서 갈라지면 여행, 변화, 새로운 경험 등을 좋아한다.

3 아니다. 그들은 불안정한 가정에서 자랐을 것이다.

4 짧거나 약하다.

5 선이 분명하게 끊어져 있으면 그 벌어진 틈의 기간 동안 안정을 잃고 힘든 시기임을 나타내며, 선이 겹치면 힘든 시기이지만 새로운 세계로 전향함을 의미한다.

6 수동적인 손의 활력선이 이중이면 부모가 둘이거나 이중 살림을 하는 것을 뜻한다. 활동적인 손의 활력선이 이중이면 활력이 풍부하여 두 집 살림을 하고 이중국적 생활을 하며, 뚜렷하게 구분되는 이중적인 생활을 한다.

7 아니다. 지선이 뻗으면 열망, 새롭고 긍정적인 일을 하게 됨을 나타낸다.

8 아니다. 조심하며 건강을 챙기라고 얘기해 주어라.

9 활력선의 중간 지점은 대략 43세 정도이다.

열다섯번째 시간

■마음의 등불 … 의식선

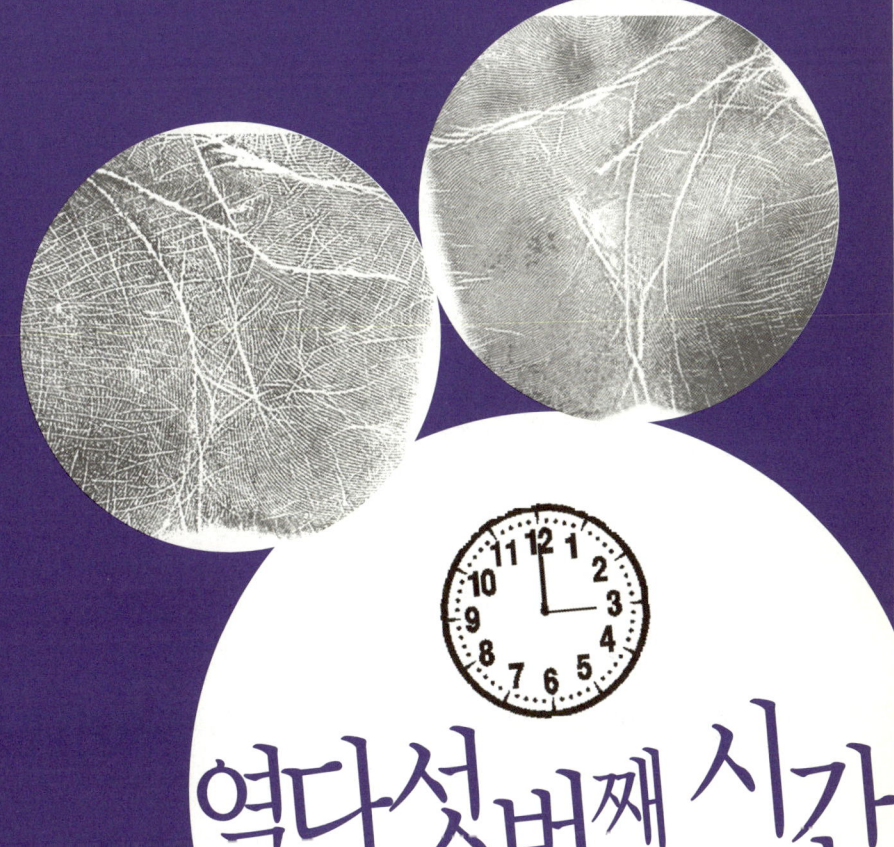

마음의 조명
Mental illumination

의식선(두뇌선이라고 함)은 성격을 나타내는 중요한 지표이다. 이것은 우리가 생각하는 바를 나타내는 것으로 성격을 보여주는 중요한 표상이다.

의식선을 보면 어떤 사람이 철학적인지, 현실적인지, 침착한지, 초현실적인지, 집중력이 강한지, 산만한지를 쉽게 알 수 있다.

이 선을 빛줄기라고 표현하면 잘 어울린다. 정신적으로 '보는' 능력인 사고의 분별성은 이 빛줄기의 길이, 강약, 곧기에 따라 좌우된다.

이 선이 손금 중 가장 강하다면 생각하고, 계획하고, 상상하는데 에너지를 소진하는 사람이다. 그런 사람들은 똑똑한 것은 틀림없지만 운동, 요리, 쇼핑, 양육과 같이 기초생활을 하는데 필요한 활력은 떨어진다. 그들은 뭔가를 생각하고 있을 때마다 잠을 못 이룬다.

마음의 탐조등探照燈
Searchlight minds

이 선이 길면 길수록 앞일을 미리 생각하는 사람이며 뭔가를 결정할 때 심사숙고한다. 이 선이 새끼손가락 밑에까지 길게 뻗어 있는 사람은 앞으로 다가올 일들을 한참 생각하며 뭔가를 결정하기 전에 여러 가지의 가능성을 고려한다. 이 선이 긴 사람은 가르치고, 배우고, 생각하는 것을 좋아한다. 그들은 세상물정을 잘 모르는 사람들에게 말을 많이 해주고 싶어 하는 마음이 강하며 똑똑한 체하는 사람들이다.

그들은 수수께끼를 좋아하며 퍼즐에 빠져드는 경향이 있다. 즉, 그들은 명확하게 밝혀지지 않은 사실이나 추상적인 지식을 캐는 것을 좋아하고 정보를 처리하는 데 오랜 시간을 보낸다. 이 선이 길면 어떤 사건들에 관해 시시콜콜 지루하게 떠들어댄다. 대체로 이 선이 긴 사람들은 짧은 사람들보다 독서를 더 많이 하는 경향이 있다.

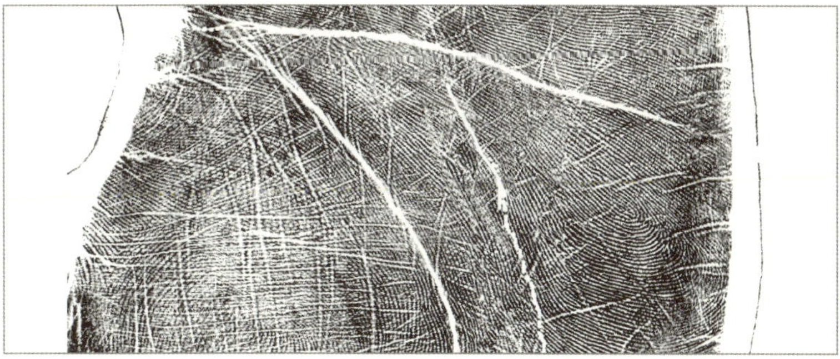

▲어느 연구원의 긴 의식선

대개 의식선이 아주 긴 사람들은 '고정관념에서 벗어나' 개성이 아주 별나게 강하다. 하지만 지적인 재능은 선의 길이보다도 선의 선명도에 따라 좌우된다. 상당히 예리하고, 지적이며, 집중력이 강하고, 지능이 발달한 사람들은 레이저 광선처럼 예리하고 선명하며 긴 의식선을 갖고 있다.

관통하는 선
Going all the way

의식선이 손바닥의 옆에서 옆으로 완전히 가로지른다면 이런 사람은 감상적으로 흐르는 것을 극도로 자제하며 상당히 강박관념에 사로잡혀 사는 사람이 된다. 그들은 끊임없이 생각하며 자신의 감정을 쉽게 억제한다.

▲아인슈타인의 의식선

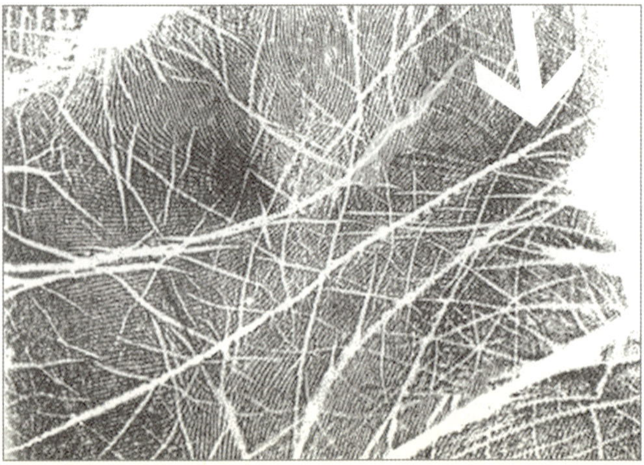

▲완전히 관통하는 의식선

테이블램프 같은 정신
Table-lamp minds

의식선이 짧으면(중지 아래 부분에서 끝남) 현실 위주로 살며 당장 닥친 일만 생각하는 사람임을 나타낸다. 이런 선들은 생활에 꼼짝없이 얽매어 살며 여러 가지를 생각하지 않는 사람들에서 발견된다. 그들은 특정한 전문기술을 익히고 특정한 분야에 집중하는 경향이 있다. 그들은 자신의 지식을 현실적으로 이용한다. 당장 급한 곳을 비추는 전광電光과도 같다.

의식선이 짧은 사람들은 충분히 생각하지 않고 결정을 후딱 내리며 그들이 하는 행동이 나중에 어떤 영향을 미칠지도 고려하지 않는다. 그들은 물질주의적이며 '현실'과 관련이 없는 과목들은 공부하고 싶어 하지 않는다. 그들은 '행동파'이며, 아주 숙련된 사람들이며, 미래를 바라보는데 시간을 허비하지 않는다.

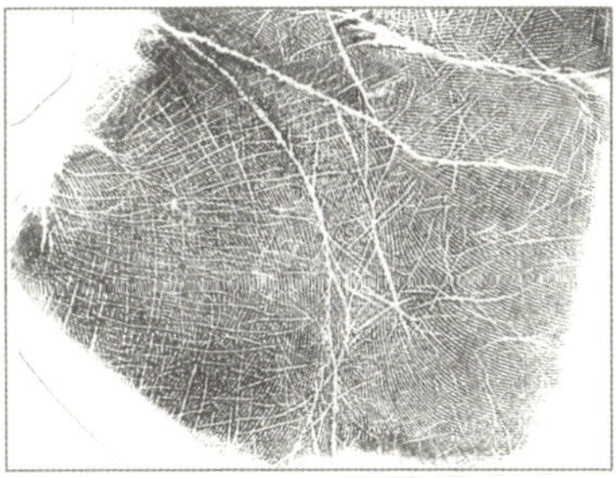
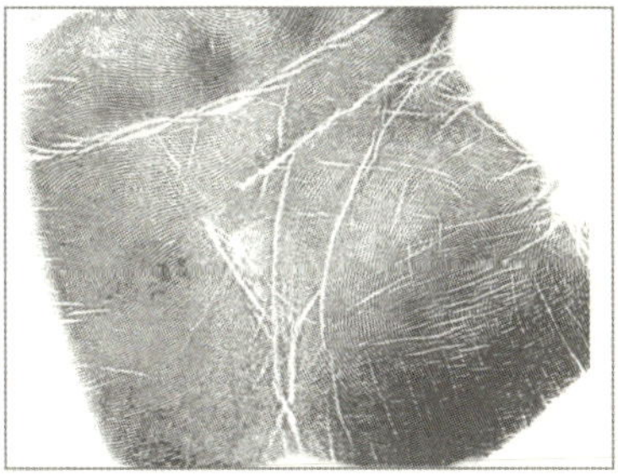

이 손들 중에 하나는 장기투자 전문가인 금융상담가의 손이고, 다른 하나는 배관공의 손이다. 어느 것이 누구의 손이겠는가? 왼손이 상담가의 손임에 틀림없다.

흐리멍텅한 정신
Fuzzy minded

의식선이 깨져 있거나 섬 문양과 횡단선으로 꽉 차 있으면 길이에 상관없이 정신 집중력이 아주 약한 사람이다. 그들은 명료하게 생각할 수 없으며 정신 조명등은 흐리멍텅하다. 이런 표시가 있으면 자기 자신의 의견을 내세우는 데 애를 먹는 사람이다.

▲약하고 깨어진 의식선

곧은가, 굽었는가?
On the level or round the bend?

세상엔 의식선이 곧은 사람과 굽은 사람으로 나누어지는데, 이들 둘은 세상을 바라보는 시각이 다르다.

곧은 선
Straight

의식선이 곧은 사람들은 생각이 명쾌하고 간단명료하며 논리적이고 합리적이다. 길고 곧은 선을 가진 사람들은 '~주의'자들로 사회주의, 무신론, 채식주의자들이 많다. 그들은 체계적이고 논리적인 사고체계를 좋아하며, 감상적이 아닌 직설적이고 사실적인 것을 좋아한다.

선이 곧은 사람들은 잠재의식의 바다(열한 번째 시간에 나오는 손바닥 구획 참조)에 빠지려 들지 않는다.

▲곧은 의식선

감상적으로 흐르거나 괴기에 집착하고 꿈을 쫓는 것을 싫어한다. 그들은 명료하고 분명한 것을 좋아하며 명쾌하고 확실한 생각을 좋아한다. 그들은 애매하고 아리송하며 논리적이지 않은 것은 신뢰하지 않는다. 예술영화관을 가거나 암호십자 낱말풀이 같은 것과는 거리가 멀다.

굽은 선
Bent

의식선이 굽어 있거나 비스듬하면 모든 것은 보는 관점에 따라 다르다고 생각한다. 그들이 현실을 보는 관점은 '굽어' 있으며 똑바르지가 않다. 이런 사람들은 의식선이 잠재의식의 바다 영역까지 깊숙이 들어가 있으며 종종 자아에 깊이 빠지곤 한다.

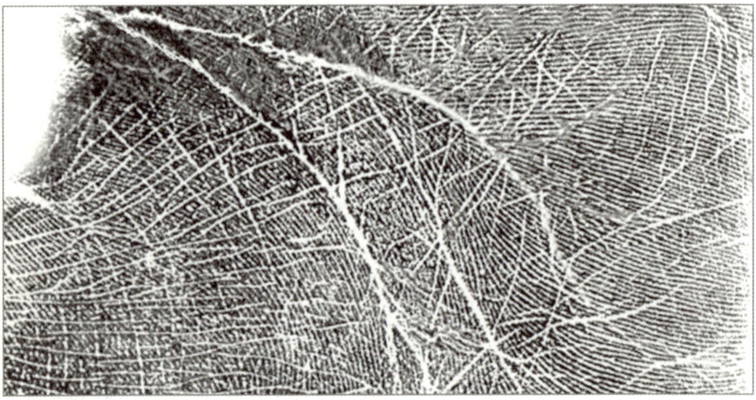

▲굽은 의식선

그들은 세상을 주관적으로 보며 공정하게 보지 않는다. 이런 사람들은 신중하지 못하고 분위기에 따라 세상을 달리 본다. 그들은 예술적이고 신비스러운 것을 좋아한다. 그들은 어둠과 그림자, 달빛과 촛불을 좋아하며 홀로이 시간을 보내기 위해 세상과 벽을 쌓는다. 정신분석, 꿈, 예술 및 스스로 파헤치고자 하는 것이면 무엇이든 좋아한다. 그들은 직선적이거나 논리적인 것과는 거리가 멀어 아주 추상적이다. 예술가, 내성적인 사람들, 정신적 추구자, 혼자 있기 좋아하는 사람들은 대개 의식선이 굽어 있다.

그들은 모든 것을 내면화시키며 말로는 안 되므로 자신을 표현하기 위해 예술을 한다. 의식선이 많이 굽어 있는 사람들은 혼자 일하거나, 자신을 드러내지 않는 소집단에서 일하거나, 전화벨이 오래 울려도 빨리 받을 필요가 없는 곳에서 일하거나, 목표를 빨리 달성할 필요가 없는 곳에서 일한다. 그들은 몹시 시무룩한 경향이 있다.

시작점
Beginnings

의식선이 시작하는 곳을 보면 얼마나 개방적이고 모험적인 사람인지를 알 수 있다. 활력선과 의식선이 시작하는 지점의 간격이 넓을수록 자신감 있고 독립심이 강하다. 의식선이 활력선에 가까이 붙어 있을수록 자기의 생각에 집착하는 사람이다. 먼 수평선을 바라보기 위해 사다리에 올라가는 사람이 있는가 하면, 땅 위에서 달팽이 눈의 시야로 보는 사람도 있다. 아인슈타인의 곧게 뻗은 의식선을 보면 이들 두 선이 상당히 떨어져 있다.

양 손 모두 이곳의 간격이 1cm 이상 떨어져 있으면 가정에서 독립적(대개는 불화不和로)이며 자신의 견해가 확고한 사람들이다. 그러한 사람들은 자신의 고향에서 멀리 떨어져 사는 경향이 있으며 성격이 개방적이다. 그들은 야망이 강하며, 이국적인 문화를 체험하면서 부모들보다 더 높은 수준의 문화를 누리며 산다.

의식선이 활력선과 붙어서 1~2cm 정도 같이 가면 대개는 부모가 군림하는 성향임을 타나낸다.

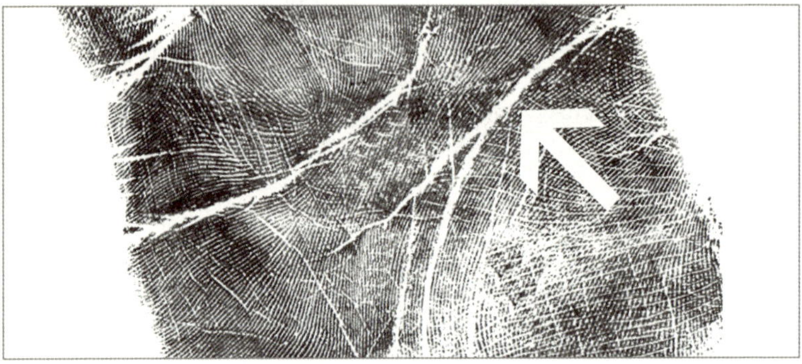

▲활력선과 의식선이 붙어 있음

그렇게 생긴 선은 자신의 의견에 확신이 없음을 나타낸다. 의식선이 붙어 있는 사람들은 주로 고향 가까이에서 살며 자신의 생활 터전에서 빠져나오는 일이 없을 정도이다. 독자적인 생각을 거의 할 수 없는 초정통파 종교집단의 회원들에게서 흔히 볼 수 있는 선이다.

▲오사마 빈 라덴의 붙어서 시작하는 의식선

성장과 더불어 사고의 확신성과 독립성이 커지게 되므로 대개는 수동적인 손에 있는 간격이 훨씬 좁다. 그러나 그 반대일 수도 있는데, 어렸을 적에는 반항적인데 크면서 점점 보수적으로 되는 사람도 있다.

포크 모양
Forks

의식선 끝에 커다란 포크 모양이 있으면 다양한 사고방식을 갖고 있으며 완전히 다른 이중적인 성격을 드러내는 사람이다. 예를 들어, 어떤 사람은 선이 곧은 부분과 굽은 가지가 뻗어 나온 부분이 둘 다 있을 수 있다. 그런 것은 현실적이고 외향적인 성격과 공상적이고 내향적인 성격을 겸비하고 있음을 의미한다. 중개를 하는 부동산업자나 시인이면서 정비공인 경우가 그 좋은 예이다.

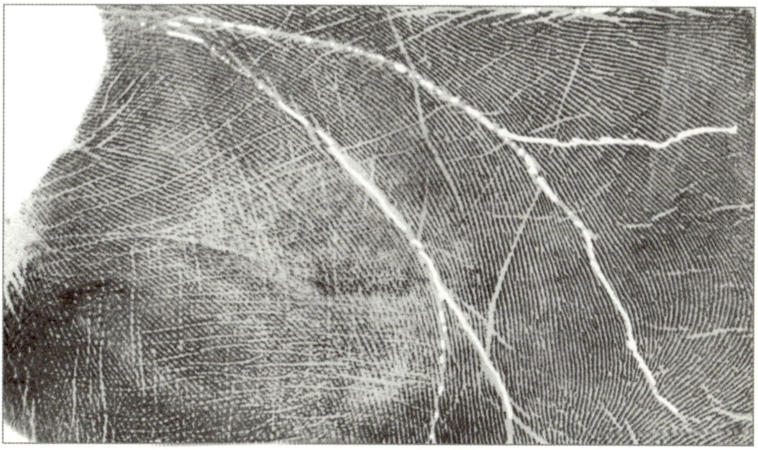

▲포크 모양의 의식선

선의 끝에 조그만 포크 모양이 있으면 언어의 마술사로서 '작가의 포크'라고 알려져 있다. 새끼손가락 쪽을 향하여 올라가는 선의 끝에 살짝 올라가는 선이 있으면 사업 수완이 좋고 돈 만드는 재주가 뛰어난 사람이다.

끊어진 선
Breaks

선이 끊어져 있으면 정신적으로 비정상적인 시기임을 나타낸다. 이것은 대개 정신적인 충격이나 정신쇠약을 나타내는데, 선이 갑자기 방향을 바꾸거나 끊어지고 나서 다시 이어지면 급격한 변화를 겪는다.

섬 문양
Islands

의식선에 섬 문양이 있으면 항상 정신적으로 스트레스가 많음을 나타낸다. 섬 문양이 있는 곳에서는 사물을 분간하는 능력이 현저히 떨어진다. 이 선에 섬 문양이 있는 사람에게는 스트레스를 줄이는 방안을 찾으라고 조언해 주어라.

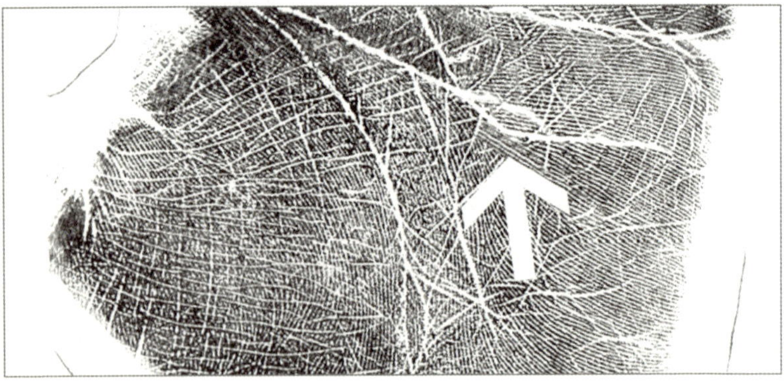

▲의식선에 있는 섬 문양

이중선
Doubled lines

이중의 의식선은 드물기는 하지만 두 가지 형태의 삶을 살면서 다른 사람으로 행동하는 이중적인 사람임을 나타낸다. 대개는 전문적인 일을 할 때와 사회생활을 할 때의 성격이 사뭇 다르며, 평소의 버릇도 다르고 말도 상황에 따라 다르게 한다.

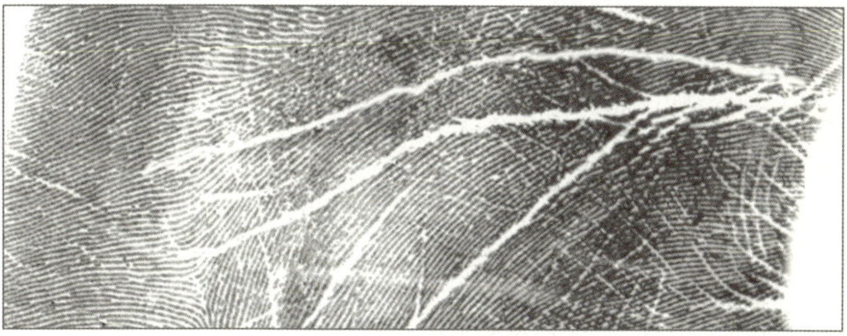

▲이중의 의식선

Secret palmist assignment

남모르게 하는 수상학자의 숙제
Secret palmist assignment

여러분의 친구나 친척들이 어떤 의식선을 갖고 있을까를 상상해 보아라. 천성이 내성적이고 개인적이며 상상력이 풍부한 사람이라면 아마도 깊이 파인 곡선형의 선을 갖고 있을 것이다. 모험적이고 개방적인 사람이라면 의식선과 활력선 사이의 간격이 넓을 것이다. 그렇게 생각하고나서 그들의 의식선을 슬쩍 보고 여러분이 생각한 것이 맞는지 시험해 보아라.

여러분은 어떠한 의식선을 갖고 있는가? 이 선은 가장 빨리 변한다. 이 책을 공부하는 동안에도 선이 더 길어질지 모르니 여러분 자신의 손금을 채취해 놓는 것을 잊지 마시라.

Brain bashing quiz

반짝 퀴즈

주어진 시간 : 10분

1 의식선이 짧은 사람은 멍청하다는 뜻인가?

2 의식선이 곧은 것과 굽은 것의 차이는 무엇인가?

3 의식선이 활력선이 시작하는 지점과 붙어 있는 사람은 대범하고 모험적인 성격의 사람인가?

4 의식선이 손바닥의 옆에서 옆으로 관통하는 사람은 무엇을 의미하는가?

5 혼자 있는 걸 좋아하고 내성적이며 공상적이고 예술을 좋아하는 사람은 어떠한 의식선을 갖고 있을까?

6 생각이 조리가 없고 소심하며 남에게 쉽게 끌려다니는 사람은 어떠한 의식선을 갖고 있을까?

7 의식선이 레이저 광선처럼 선명하고 예리하다면 무엇을 뜻하는가?

8 의식선에 섬 문양이 있으면 무엇을 의미하는가?

9 의식선의 끝에 포크 모양이 있으면 똑똑한 사람인가?

Answer

정답

1 아니다. 의식선이 짧으면 현상황에 집중하고 실생활에 필요한 기술을 익히는 사람이다.

2 선이 곧은 사람은 논리적이고 합리적으로 생각하며 신중한 사람이다. 선이 굽은 사람은 주관적이며, 일정한 것을 싫어하며, 창의성이 강하고, 상대적으로 생각하며, 상상력이 풍부하다.

3 아니다. 그들은 속이 좁으며 자신의 생각이 분명치 않다.

4 선이 관통하면 끊임없이 생각을 하는 강박관념이 강한 사람이다.

5 잠재의식의 바다 영역까지 깊숙이 내려가는 의식선을 갖고 있을 것이다.

6 연약하고 끊어진 의식선.

7 선명하고 예리한 선은 사고가 예리하고 직관력이 강하며 날카로운 성격을 나타낸다.

8 섬 문양은 스트레스가 강함을 나타낸다.

9 아니다. 커다란 포크 모양은 현실적이면서도 예술적인 소양을 가진 다양한 성격임을 나타낸다.

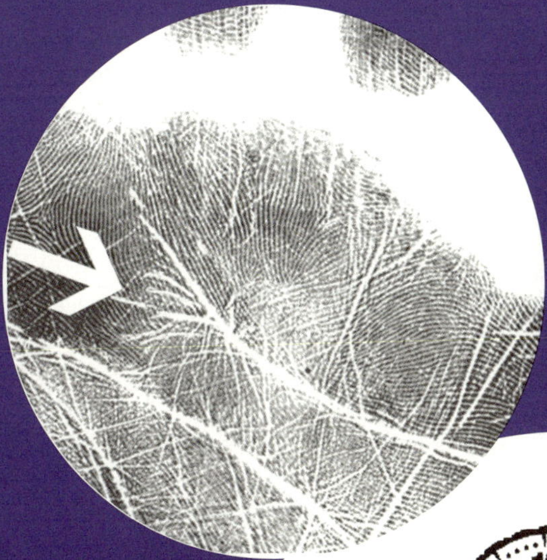

열여섯번째 시간

■감정의 강 ... 감정선

눈물의 강...
Cry me a river...

감정선은 우리가 감정을 어떻게 표출하는가를 보는 선이다. 마치 외부 세계에 대한 감정으로 넘실거리는 강물과 같다. 선이 깊고 길수록 감정적으로 예민하게 반응한다. 이 선은 단지 인간관계뿐만 아니라 노래, 향수 냄새, 슬픈 영화 등에 어떻게 감정적으로 반응하는가를 나타낸다.

강도
Strength

손금 중에서 감정선이 가장 강하게 있는 사람은 자기의 감정에 지배를 받는 사람이다. 자신의 에너지가 감정의 변화에 따라 왔다 갔다 한다.

깊고 붉은 감정선은 감정이 아주 깊은 것을 나타내며, 약하고 흐린 선이면 감정을 느끼는 것이 약함을 보여준다.

선에 섬 문양과 장애선이 많고, 흐릿하고 끊어져 있으면 자신의 감정에 휘둘리는 사람이다. 그들은 감정의 기복이 심하고 불안정하며 감정적으로 복잡하다. 어떤 노래가 자기의 심금을 울리는지도 분명치 않다. 약한 감정선을 갖고 있는 사람들은 차, 커피, 술 같은 음료를 많이 마시는 경향이 있다. 그들은 쉽사리 휴식을 취하지도 못하며 풍부하고 자연스런 감정을 느끼지도 못한다.

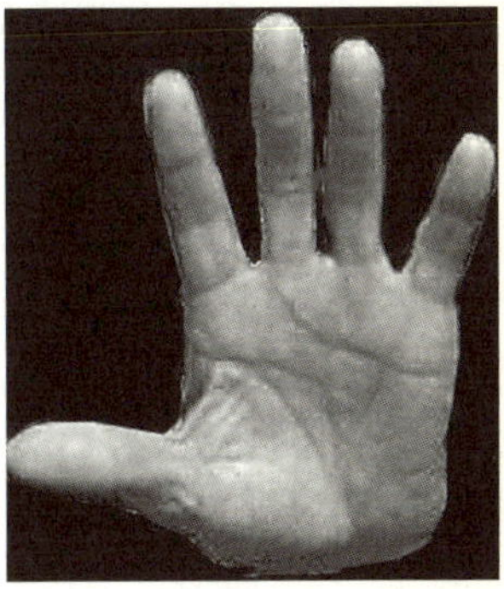
▲감정선이 가장 강한 마이클 잭슨의 손

합리적이고, 사실적이고, 분석적인 것을 강조하는 조직에서 사회생활을 한 결과로 감정선이 끊어지고 뭉그러진 것을 흔히 볼 수도 있다. 우리는 마음이 인간의 조건을 통제할 수 없다는 사실을 애석하게 생각할지도 모르겠으나 격정이 우리의 마음을 지배한다면 순식간에 암흑의 시대로 되돌아가게 될 것이라는 것을 명심하여야 한다. 막춤을 추거나 노래 같은 것을 불러서 본능적인 감정을 끌어내면 상태가 안 좋은 감정선이 금방 개선될 수 있다.

길이
Length

감정선은 항상 새끼손가락 아래의 손바닥 끝에서 출발하는데 끝나는 지점은 아주 다양하다. 선의 끝이 검지와 중지 사이로 굽어 올라가는 것이 가장 이상적이고 균형 잡힌 것이다.

▲이상적인 감정선

중지 아래쯤에서 끝나는 짧은 선이라면, 게다가 선이 약하기까지 하다면 자신의 감정 반응에 둔감한 사람이다.

그들은 현실적이며 정서적으로 냉정한 편이다. 그들은 가족이나 애완견, 축구팀한테는 관심을 보이지만 친구관계는 극히 제한적이며 사무적이다. 이러한 선은 주로 사회적으로 고립된 사람들에게서 발견된다.

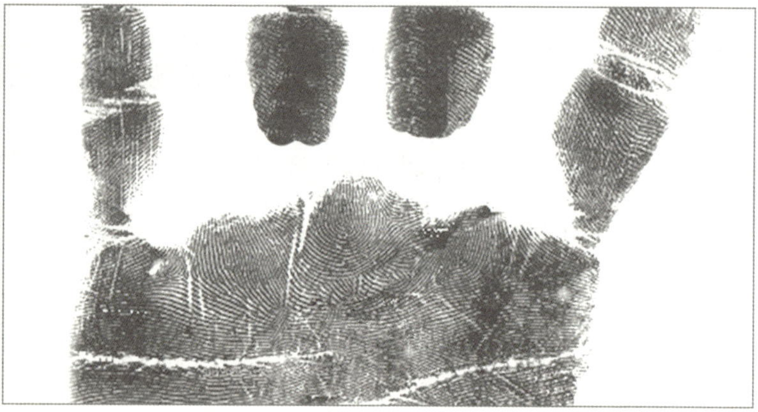
▲짧은 감정선

선이 길수록 감정적으로 반응을 잘하는 사람이다. 선이 아주 길어서 손바닥 끝까지 완전히 가로지른다면 사람들에게 반응하는 욕구가 강한 사람이다.

이러한 선은 주로 아주 친절한 의사나 간호사, 치료사 등에게 서 발견된다. 하지만 우습게도 이러한 유형의 사람은 개인적인 감정 욕구는 자제한다는 것을 의미한다.

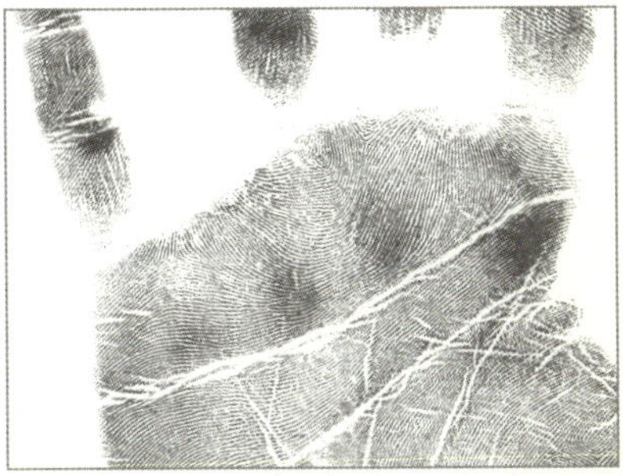

▲손바닥을 가로지르는 감정선

감정선이 짧은 사람들은 긴 사람들보다 영속적이 못하다. 즉, 한때는 당신의 절친한 친구였을지라도 다음 번에는 당신의 존재를 잊어버린다. 감정선이 길면 인간관계를 오래 지속하며 많은 사람들과 관계를 맺는다. 그들의 주소록은 항상 빽빽하게 꽉 차 있다.

상향 곡선
Curving upward

감정선이 위로 굽어 올라가면 이상적인 감정 반응을 나타내며 자신의 남성성이나 여성성을 강력하게 표현하는 사람이다.

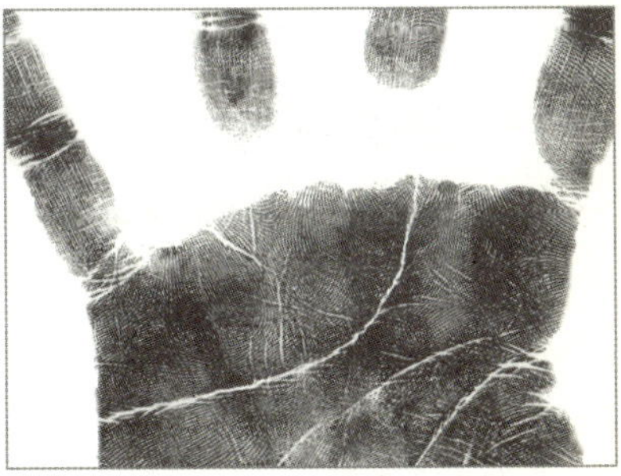

▲중지로 올라가는 감정선

수동적인 손의 감정선이 상향 곡선이면 전통적인 성적 역할을 강하게 강조하는 부모를 두었음을 나타낸다. 상향곡선은 자신의 성적 역할에 대해 열정적이고 낭만적이며 확실하게 보여주는 것을 의미한다.

아름다운 몽상가
Beautiful dreamer

감정선이 검지로 올라가면 감성적인 이상주의자가 된다.

이러한 선을 가진 사람들은 낙천주의자로서 인생을 너무 낭만적으로 살기 쉬우며 정신세계에 치우쳐 산다. 그러나 그들은 자신의 기대치가 허무맹랑하여 애석하게도 실망할 수 있다.

실용주의자
The pragmatist

감정선이 중지로 올라가면 상식과 현실성이 감정을 지배한다.

이러한 사람들은 변함없고 믿을만한 배우자를 원하며 재정적인 안정을 추구한다.

이들은 의무를 다하며 충실하기는 하지만 허황되게 모험을 추구하지는 않는 사람들이다.

하향 곡선
Curving downward

선이 아래로 굽어 있으면 전통적인 성의식을 드러내는 것을 꺼려한다. 그래서 이러한 선을 가진 남성은, 예를 들면, 축구를 싫어하고, 머리를 길게 기르며, 여성적으로 치장하는가 하면, 이런 선이 있는 여성은 절대로 치마를 입지 않고 화장도 하지 않는다.

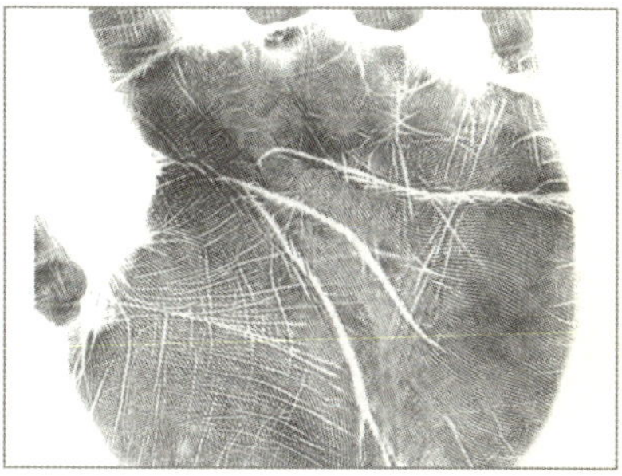

▲하향 곡선

녹색 눈의 괴물
The green-eyed monster

감정선에 활력선 쪽으로 굽어 내려가는 지선이 있거나 그 끝이 활력선에 닿는 것을 쉽게 볼 수 있는데 이것은 손바닥에 나타나는 질투심이다. '질투의 선'은 감정적인 불안감을 나타내며 안심安心을 원하는 욕구가 강함을 나타낸다.

이런 표시가 수동적인 손에 있으면 애틋한 사랑을 못 받고 부모로부터 '떨어져 나온' 것이거나 부모를 섬길 수 없는 사람임을 나타낸다.

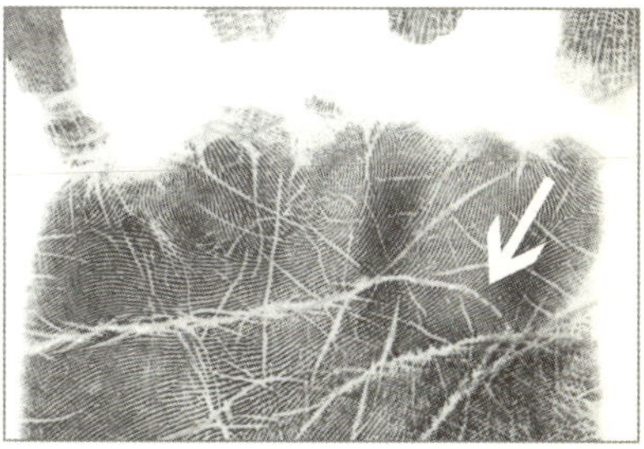

▲활력선을 향해 하향하는 '질투'의 선

끝이 하향하는 선으로만 되어 있으면 인간관계에 문제를 일으킬 수 있는데, 이러한 선을 가진 사람들은 또한 과거에 대해 너무 감상적이어서 쉽게 풀어지지 않는다.

곧은 선
Straight

감정선이 곧으면 애정을 쏟는데 무덤덤하다. 그들은 감각이 둔하고 상상력이 약하여 기발한 시를 쓰는 일 같은 것은 적합하지 않다. 그들은 분명하고 직설적인 감정 표현을 좋아하며, 대체적으로 누가 '올바른 사람'인지에 대한 확신이 없다. 선이 깊고 붉으면 성적으로도 노골적이 될 수 있다.

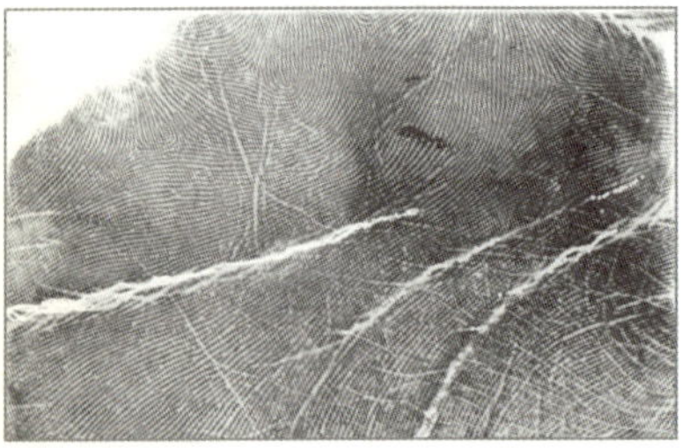
▲곧은 감정선

끊어진 선, 깨어진 마음
Broken lines, broken hearts

감정선에 끊어진 곳이 있으면 일정 기간 동안 그 사람의 감정 인지능력이 붕괴되었음을 나타낸다(열세 번째 시간에 예가 있음).

그것은 항상 이혼이나 사랑하는 사람의 죽음 같은 중대한 감정

손상이나 실망에 반응하여 나타난다.

특히 끊어진 선의 끝 지점에서 이런 현상이 주로 나타난다. 선이 끊어지고 그 위에서 새로 시작하는 선이 있으면 이중적인 감정을 드러내는 사람임을 보여준다.

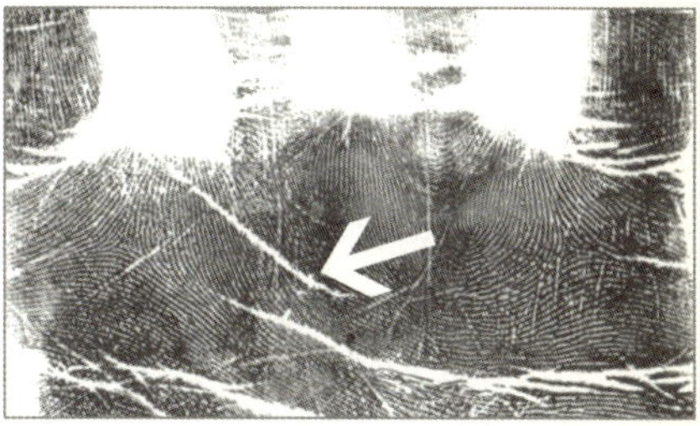

▲'끊어졌다' 그 위에 생긴 두 번째선

그들은 적극적이고 분명하게 감정을 표현해야 할 곳에서는 공개적으로 '앞장' 서지만 개인적으로는 아주 애매모호한 입장을 취한다. 그들은 실제로 자기가 무엇을 생각하고 있는지도 모른다.

수동적인 손에 이런 표시가 있다면 부모의 이혼과 같은 감정의 손상에서 비롯된 것이라 볼 수 있다. 이러한 표시가 있는 사람들에겐 혼자 있는 시간이 필요하다고 조언해 주어라. 그들은 사람들 앞에서 너무 나대려고 한다.

섬 문양과 지선
Islands and branches

이 선에 섬 문양이 있으면 감정적으로 혼란의 시기임을 나타낸다. 상향지선은 감정의 고조를, 하향지선은 감정의 손실을 나타낸다.

헝클어진 매듭...
The tangled knots we weave...

감정선의 끝이 두 갈래 세 갈래로 나뉘어진 것을 보고 놀라지 마시라. 이를테면, 검지로 가는 선과 활력선으로 떨어지는 '질투의 선', 그리고 중지로 가는 지선이 있을 수 있다. 이러한 경우는 낭만적인 이상주의자이지만 현실적인 측면도 중요시 여기며 또한 질투심과 불안감도 겪게 된다.

우리네 감정의 세계는 아주 복잡한 심리적 충동을 나타내기 때문에 이에 수상학자의 역할이 아주 중요한 것이다. 이렇게 복잡한 것들을 설명해 주고 욕구를 억제하게 함으로써 사람들에게 많은 도움을 줄 수 있는 것이다.

바람둥이
The flirt

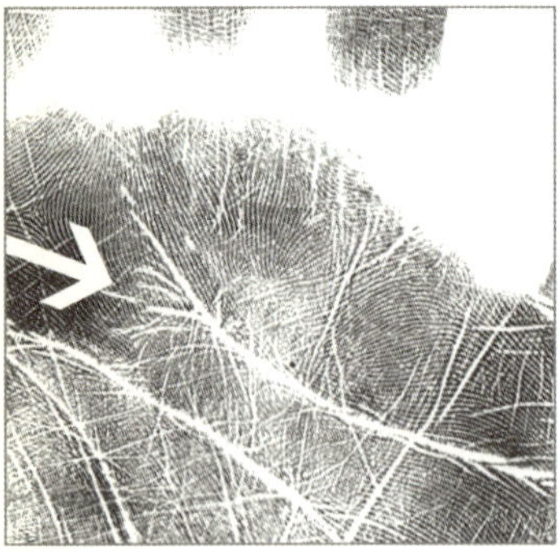
▲바람둥이 선

감정선의 끝에 자그마한 선의 가지가 많이 뻗어 있는 것을 흔히 볼 수 있다. 이것은 바람둥이를 나타내는 것으로 여러 부류의 사람들을 많이 만나고 다니는 사람이다. 그들은 대개 친구를 다양하게 사귄다.

단선 [막쥔 손금]
One-liners

때로는(약 100명에 한명 꼴) 감정선과 의식선이 서로 붙어서 단선이 되는 경우가 있다. 이를 '원숭이 손금[막쥔 손금]'이라고 부른다.

이것은 강박관념에 사로잡히고 억압적인 성격임을 나타낸다. 그들은 사고와 감정이 일치되어 다른 모든 것들을 제외하고 자기와 관련된 것만 한다. 그들은 집요하게도 한 방향의 성격을 고집하기 때문에 어떤 면에서 남들보다 뛰어나 보인다. 막쥔 손금의 사람들은 '합리적'이 되기 힘들고, 화가 나거나 흥분될 때는 보통사람들과 달리 끝까지 흥분 상태로 있다.

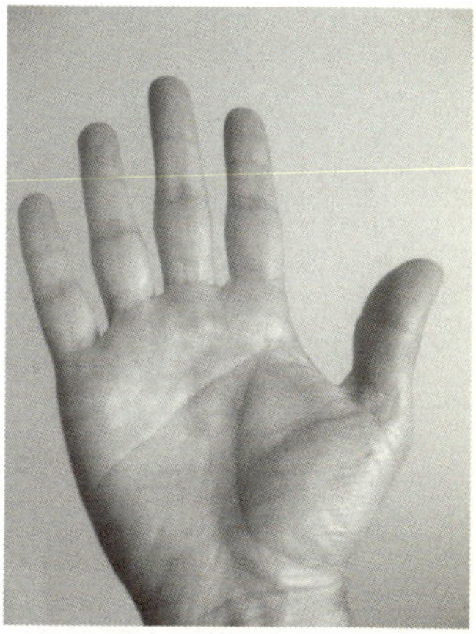
▲영국 수상 토니 블레어의 막쥔 손금

막쥔 손금의 사람들은 시야가 좁고 다른 사람들의 입장에서 바라보지를 못한다. 이러한 손금은 수로 크게 성공한 사람들에게서 발견되는데, 자신을 상당히 억세게 몰아붙이며 변함없이 끝까지 일을 추진하기 때문이다. 막쥔 손금의 사람들에겐 평화로운 감정을 갖도록 휴식의 방법을 찾으라고 충고해 주어라.

Secret palmist assignment

남모르게 하는 수상학자의 숙제
Secret palmist assignment

친구나 친척들의 감정선을 힐끗 쳐다보자.

사람들은 자신의 감정을 숨기려는 경향이 있기 때문에 그들의 감정선이 생긴 형태를 보게 되면 아마도 놀랄 것이다. 직업 간호사, 치료사, 간병인 등의 손금을 볼 수 있다면, 감정선이 유독 길거나 강하다는 것을 알게 될 것이다.

당신은 어떠한 감정선을 갖고 있는가?

감정선이 손금 중에서 가장 강하여 감정의 지배를 받고 있는 사람인가? 당신은 이상주의자인가? 열정적인 사람인가? 질투심이 강한 사람인가? 아니면 다소 '침착한' 사람인가?

Brain bashing quiz

반짝 퀴즈

주어진 시간 : 10분

1 감정선이 짧은 사람은 공상적인 사람이란 뜻인가?

2 곧은 감정선과 위로 굽은 감정선의 차이는 무엇인가?

3 손바닥을 꽉 차게 가로지르는 감정선을 가진 사람은 감정적으로 표현을 잘 하는 사람인가?

4 중지로 굽어 올라가는 감정선을 가진 사람은 무엇을 뜻하는가?

5 어떤 사람이 소유욕이 강하고 질투심이 강하다면 선이 어떻게 생겨서 그렇다고 볼 수 있는가?

6 감정선이 약하고 끊어져 있다면 무엇을 의미하는가?

7 감정선의 끝에 작은 선들이 '가지'를 치고 있다면 무엇을 뜻하는가?

8 원숭이 손금[막쥔 손금]의 사람들은 여유가 있고 개방적인가?

9 감정선의 끝이 세 갈래로 갈라져 있으면 반사회적인 인격장애자인가?

Answer

정답

1 아니다. 그들은 감정이 제한적이며 주로 사회적으로 고립된 사람들에게서 발견된다.

2 곧은 감정선은 감정이 무디고 현실적이며, 상향 곡선은 열정적이고, 공상적이며, 표현력이 풍부하다.

3 아니다. 이들은 다른 사람들을 보살펴주어야 한다고 생각하는 사람들이지만 개인적으로는 강박관념에 사로잡혀 있다.

4 이는 상식적인 사람들로, 변함없이 신뢰할 만한 배우자를 찾고 금전적인 안정을 추구한다.

5 감정선이 활력선으로 떨어지거나 활력선을 향해 내려가는 지선이 있다.

6 복잡한 감정 형태를 나타낸다. 선이 끊어져 있으면 감정적으로 복잡하고 불안한 사람임을 뜻한다.

7 바람둥이다.

8 아니다. 그들은 한 곳에 집착하고 강렬하며 강박관념이 강하다.

9 아니다. 이는 일반적이며 감정 상태가 복합적으로 혼재함을 나타낸다.

열일곱번째 시간

■목표와 개성 ... 인생항로선

개성의 강도
Strength of character

인생항로선(**운명선이라고 함**)은 손바닥에 잘 나타나지 않는 주요선이다. 약하게 나타나거나 일부분만 나타나기도 한다. 이 선은 손바닥 밑 언저리에서 시작해 중지를 향하여 올라간다. 아예 나타나지 않는 경우도 있다. 이 선은 다른 주요선들과는 달리 '자아를 발견'하고 목적의식을 갖게 되는 스무 살 경이 되어야 주로 발달한다.

운명선이 굵고 선명하면 자신의 개성을 확고하게 다진 사람임을 뜻한다.

이 선은 직업과 밀접하게 연관되어 있는데, 이는 인생항로의 중요한 부분을 나타내기 때문이다.

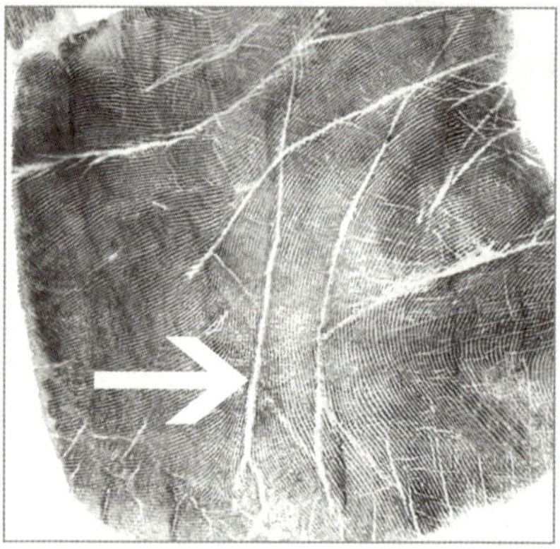

▲선명한 운명선

운명선이 보이지 않는 사람들은 자신이 무엇이 되고 싶다거나 무엇을 하고 싶은지를 전혀 모르는 사람들이다. 그들은 무엇이든지 자유롭게 하지만 제대로 하거나 만족스럽다고 느끼지를 못한다. 선명한 운명선이 있는 사람들은 없는 사람들보다 만족감이 훨씬 강한 편이다.

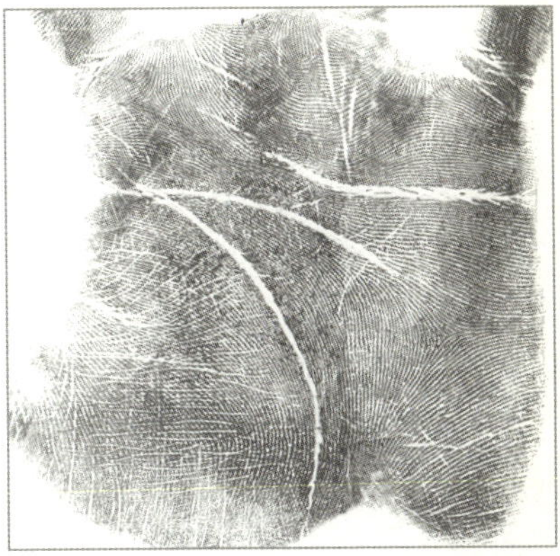

▲운명선이 없다

손금 중에서 운명선이 *가장 강하면* 그 누가 됐건 남들이 뭐라고 하던 절대 타협하지 않는 강한 개성을 형성한다. 그들은 자신과 반대되는 사회의식을 갖고 있는 사람들에게는 까다롭게 굴며 방어적이다.

▲팔레스타인 지도자 야세르 아라파트의 엄청 강한 운명선

이 선이 없다고 해서 직업이 없다는 뜻은 아니라는 것을 명심하시라. 단지 인생을 살면서 *자의식에 대한 목표*가 명확하지 않다는 것을 뜻한다. 운명선이 선명하다고 해서 반드시 훌륭한 직업을 가지고 있다는 뜻이 아니라, 인생에서 자기가 원하는 방향으로 길을 가는 사람임을 뜻한다.

회사의 통제를 받는 은행 관리자보다 자영업으로 창문 닦는 사람의 운명선이 더 강한 것이다.

할퀸 인생
Scratching a living?

변호사, 연예인, 부동산 중개업자, 광고업계의 임원들처럼 훌륭한 직업을 가진 사람들의 운명선이 흐릿하고 할퀸 것처럼 엉성하게 되어 있는 것을 흔히 볼 수 있다.

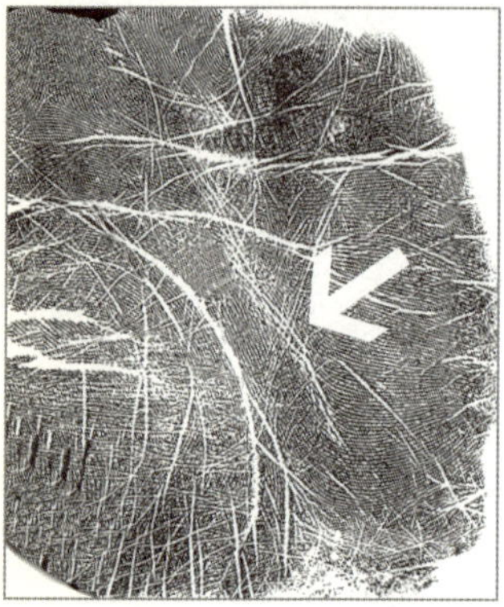
▲어느 변호사의 약한 운명선

이것은 왜냐하면 나약하고 잘못 형성된 성격이거나 사회가 원하는 대로 하기 위해 사력을 다하고 있기 때문이다.

시작 지점에서 시작한다
Begin at the beginning

운명선에서 가장 중요한 부분은 시작하는 지점이다.

운명선은 활력선에 붙어서 출발할 수도 있고 손바닥 중간에서부터 출발하거나 잠재의식의 바다에서부터 출발할 수도 있다.

운명선이 활력선에 붙어서 출발하면 성격이나 목표가 그 사람의 뿌리, 부모, 배경에 기초하여 형성된다. 그들은 가계의 사업을 이어받거나 부모가 선택해 주는 일을 하며, 전통적이고 구조적이며 관습적인 직업을 갖게 된다. 돈과 안정을 추구하는 일이 전부이다.

이런 운명선을 갖고 있는 사람들은 모든 것을 가족과 연관시키며 전반적인 성격이 가정의 틀에서 형성된다.

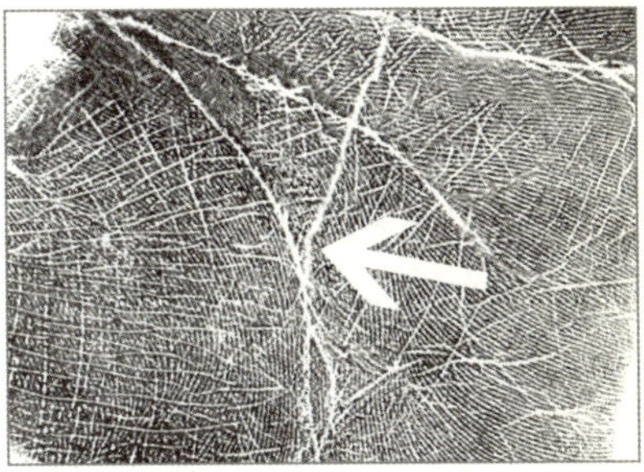

▲가족 회사에서 근무하는 분쟁 조정자의 운명선

운명선이 잠재의식의 바다에서 출발하면 직업과 인생의 목표가 개인의 욕구충족에 있음을 보여준다. 이러한 선을 갖고 있으면 주변에서 시키는 대로 하거나 부모가 원하는 대로 하지 않고 자기 자신의 인생을 살아가는 사람임을 의미한다.

잠재의식의 영역에서 출발하는 운명선이 있는 사람은 항상 사람들과 더불어 일하고 사회적인 기능을 이용하여 일한다는 것임을 나타낸다. 대중과 더불어 일을 하거나 창의적인 일을 하는 사람들을 보면 의식선이 이곳에서 출발한다.

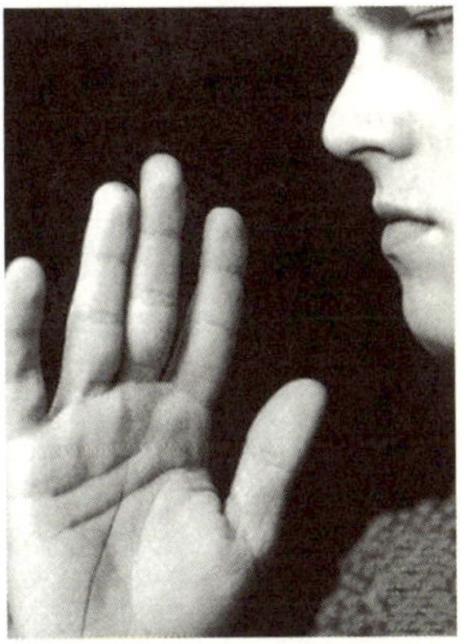

▲잠재의식의 바다에서 출발하는 레오나르도 디 카프리오의 운명선 – 약지도 길다

본 장의 첫 번째 사진에서처럼 운명신이 손바닥 중앙 아래쪽에서 출발하면 일찌감치 성숙한 균형이 잘 잡힌 사람임을 나타낸다.

늦깎이
Late developers

때로는 이 선이 중년 이후에 생기는 경우도 있는데 손바닥의 중간 윗부분에서 생겨나는 것이 일반적이다. 이것은 균형 잡힌 인생을 살고 자신이 누구인지, 자기가 무엇을 원하는지가 명확해지는 시기인 중년기에 '자신의 본분을 깨닫는' 사람에게서 나타난다.

운명선의 하단에서 상단까지 유년법으로 구분할 수 있다. 의식선과 만나는 지점이 35~40세이며, 감정선과 만나는 지점이 55~60세이다.

의식선이 없는 사람을 보거든 자신을 좀 더 성찰하라고 충고해 주는 것이 중요하다. 철저한 자기인식을 통해서만이 우리가 인생에서 진정으로 원하는 것을 향하여 전진할 수 있는 것이다.

관통하는 선
Going all the way

손바닥을 관통하는 선이 있으면 강박관념이 강하다고 배운 것을 기억하는가? 마찬가지로, 운명선이 손바닥의 위까지 쭉 뻗어서 가면 자기의 일이나 인생항로의 틀에 사로잡혀 있으며 의무와 책임감에 강박관념을 갖고 사는 사람이다.

그들은 발 빠르게 자신의 전 인생을 어느 특정한 일에 바치며 그것이 자신의 운명이라고 생각한다. 그들은 종종 운명이 자신의 인생을 좌우한다고 생각하며, 종교나 심령론에 빠지기도 한다. 그들에겐 긴장을 풀고, 과거에 집착하지 말고, 인생을 변화시키며 살라고 충고해 주는 것이 필요하다.

합쳐지는 선
Joining lines

잠재의식의 영역에서 기존의 운명선에 합쳐지거나 새로 생겨나는 선이 있으면 인생의 방향이 변화됨을 나타낸다. 새로운 선이 시작되는 유년기에 개인의 욕구는 물론 직업 선택에 있어 물질적인 안정보다는 개인의 만족에 더 큰 역점을 둔다.

이러한 선이 있으면 또한 인생을 변화시키는 새로운 관계가 형성됨을 나타낸다.

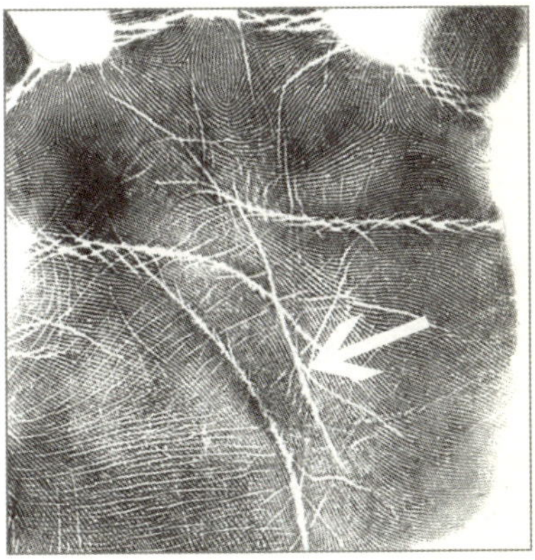
▲기존의 선에 새로운 선이 합쳐지는 지점은 이 사람이 접대원에서 바사지 치료사로 직업을 바꾼 시기를 나타낸다

조난자
Castaways

운명선에 섬 문양이 있으면 실직의 시기, 자아에 대한 혼란, 인

생의 상실감을 겪는 시기임을 말한다. 짧은 장애선이 지나가면 인생에의 변화를 결정해야만 하는 고비의 순간을 나타낸다.

서양 사람들의 손금엔 운명선이 점점 약화되어 간다는 사실이 흥미롭다. 이것은 엄청 많은 압박과 혼란스러움이 정체성을 약하게 하기 때문이다.

우리가 누구인지를 아는 것이 점점 더 힘들어지고 있다. 운명선이 없는 사람들에게는 손금을 봐줄 때 자신을 좀 더 이해하도록 해주는 것이 필수적이다. 자기 이해를 증강시키는 훈련을 하도록 용기를 북돋아주어야 한다.

Secret palmist assignment

남모르게 하는 수상학자의 숙제

Secret palmist assignment

열 사람의 운명선을 점검해 보아라. 직위에 아랑곳하지 않고 개성이 강한 사람들의 운명선과 고액의 연봉을 받으며 권위 있는 직업을 갖고 있는 사람들의 선을 비교해 보아라.

고위 직책을 갖고 있는 사람들의 운명선이 약하다는 것을 알게 될 것이다. 자신의 인생목표가 무엇인지도 모르는 사람들은 운명선이 아예 없다

Brain bashing quiz

반짝 퀴즈

주어진 시간 : 10분

1 운명선이 손바닥의 중간 이상에서 출발하는 사람은 무엇을 의미하는가?

2 잠재의식의 바다에서 시작하는 운명선과 활력선에 붙어서 출발하는 운명선과의 차이는 무엇인가?

3 운명선이 손금 중에서 가장 강한 사람은 그 사람이 백만장자란 뜻인가?

4 운명선이 손바닥 중앙 하단에서 시작하면 무엇을 의미하는가?

5 운명선이 가늘고 흠집이 나 있다면 무엇을 뜻하는가?

6 운명선에 있는 섬 문양은 무엇을 의미하는가?

7 현대에는 운명선이 점점 더 강해지는가?

8 운명선이 의식선을 지나가는 때가 25세 경인가?

9 의식선이 없는 사람에게는 아무 직업이나 잡으라고 충고해 주어야 하는가?

Answer

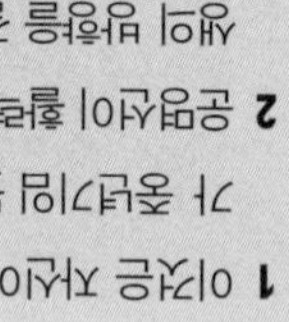

정답

1 이것은 자신이 누구이며 목표의식이 명확해지는, 즉 '자아를 발견'하게 되는 시기가 중년기임 뜻한다.

2 운명선이 활력선에 붙어서 시작하면 자기의 뿌리, 부모, 가정의 전통에 좌우되어 인생의 방향을 결정하는 것을 의미한다. 운명선이 잠재의식의 바다에서 출발하면 개인적인 만족감, 사회적인 유대관계, 창의성에 기초하여 인생의 방향을 선택한다.

3 아니다. 그것은 누가 뭐라던 절대 타협하지 않는 단호하고 강한 개성을 의미한다.

4 이것은 조기 성숙하고 균형이 잘 잡힌 사람임을 나타낸다.

5 운명선이 약한 사람은 자아의식이 부족하고 인기영합을 위하여 성공하려고 애쓰는 사람임을 나타낸다.

6 섬 문양이 있으면 실직을 당했거나 자신의 정체성이 모호하고 인생에의 상실감을 느끼는 시기임을 나타낸다.

7 아니다. 운명선이 점점 약화되고 있다.

8 아니다. 이 지점은 35~40세 정도이다.

9 아니다. 그들은 직업을 정하기 전에 자신을 좀 더 인식하는 것이 필요하다.

열여덟번째 시간

■주요선과 보조선 ...보조선

예상치 못한 것 기대하기
Expect the unexpected

어떤 형태로든 반드시 있기 마련인 주요선과는 달리 보조선은 없는 경우가 많다. 어느 보조선을 막론하고 있을 수도 있고 없을 수도 있다.

보조선은 주요선보다 더 희미하고 미세하기 마련이다. 또한 보조선은 훨씬 더 빨리 변화하며 일주일 정도만 돼도 변한다.

아주 드문 경우이지만 주요선을 포함한 어느 선보다도 보조선

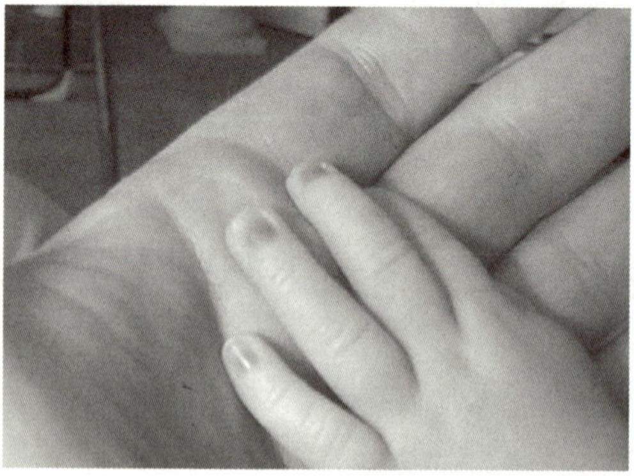

이 더 강한 경우도 있다. 이것은 좋지 않은 표시로써, 그 사람의 기능이 어떤 집착이나 상처에 의해 약화되어 있음을 의미한다. 즉, 심리적이거나 육체적인 장애를 나타내는 것이다.

지금부터 손바닥 위에서부터 밑으로 훑어 내려가면서 보조선을 살펴보겠다. 각각의 선이 무엇을 의미하며 어떻게 판별하는지 확실하게 알고 넘어갈 필요가 있으니 이 부분에서 천천히 짚고 넘어가기를 바란다. 손금을 볼 때 보일락 말락 하는 것이 있다거나 긁힌 자국 같은 보조선은 무시해도 좋다.

공상의 선(토성의 고리, 금성대)
Fantasy line(Ring of Saturn, Girdle of Venus)

이것은 감정선 위에 나타나는 미세한 수평선(수평선이 짧게 짧게 이어진 경우가 더 흔함)이다. 이것을 감정선이 끊어진 부분과 혼동하지 마라.

이 선은 더 높은 이상의 세계로 탈출하고 싶어 하는 욕구와 현실에 대한 좌절을 나타낸다. 이 선이 있는 사람은 감각이 예민하며 '자기 생각대로' 밀어붙이는 특별한 추진력을 가진 이상주의자이다.

부정적으로는, 술 또는 마약으로 인해 이 선이 생기거나, 너무 공상에 빠져 있거나, 자기의 현실이 아닌 세상에 대한 동경을 나타낸다.

긍정적으로는, 이 선이 있으면 엄청난 상상력을 발휘하게 하며 훌륭한 예술가나 웹디자이너, 또는 영적인 일을 하는 사람이 될 수 있다. 이 선은 주로 정신적이건, 문화적이건, 현실적이건, 이상적이건 새로운 세계를 추구하는 사람들에게서 발견된다. 그들은 특이한 생활방식에 이끌리며 일종의 정신적 지주로써 자기보다 훨씬 더 현실적인 강한 배우자를 찾는다.

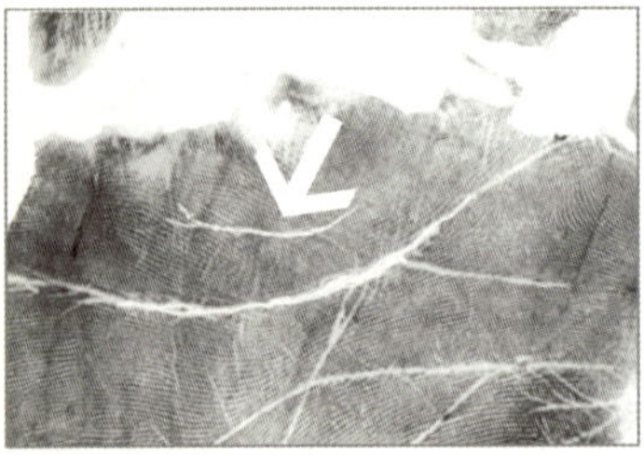
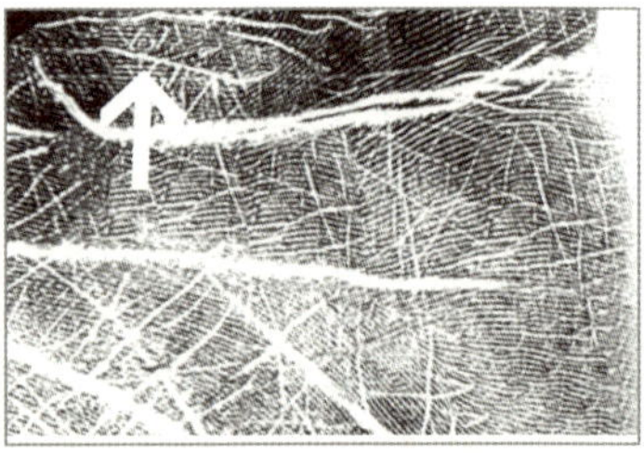

▲공상의 선들

애정선
Affection lines

애정선은 새끼손가락 바로 아래 손바닥 바깥쪽에 있다. 이 부분을 자세히 보려면 손바닥 모서리를 돌리면 된다. 옛날 수상학자들은 이 선을 보고 결혼을 몇 번할 것인지, 자식을 몇 명 둘 것인지를 추정하였는데 그것은 말도 안 된다.

보통 사람들은 이 선이 하나에서 세 개까지 있으며 각각 길이가 1cm 정도 된다. 우리들 대부분의 경우가 그러하므로 이 선들은 완전히 무시하여라.

때로는 이 선이 평균 길이보다 길게 감정선의 위로 약 2cm 가량 감정선과 평행하게 뻗은 경우가 있다. 이것은 완벽한 배우자를 찾으려는 감정이 아주 강함을 나타낸다. 그러한 배우자를 찾는데 수년이 걸리더라도 일단 이루어지고(한 번이나 두 번 정도 결혼) 나면 절대 깨지지 않는 대단하고 낭만적인 사랑을 굳게 유지한다.

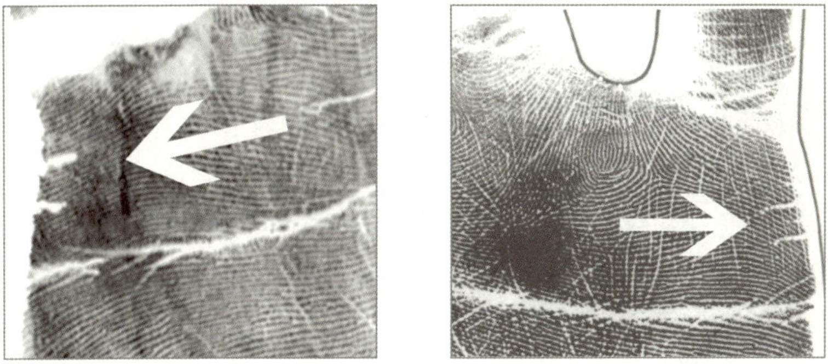

▲전형적인 애정선

애정선이 쭉 내려가 감정선에 닿던지 감정선을 가로 질러가면 이것을 '이혼선'이라고 한다. 이는 '부적절한' 상대를 만나고자 하는 충동을 나타낸다.

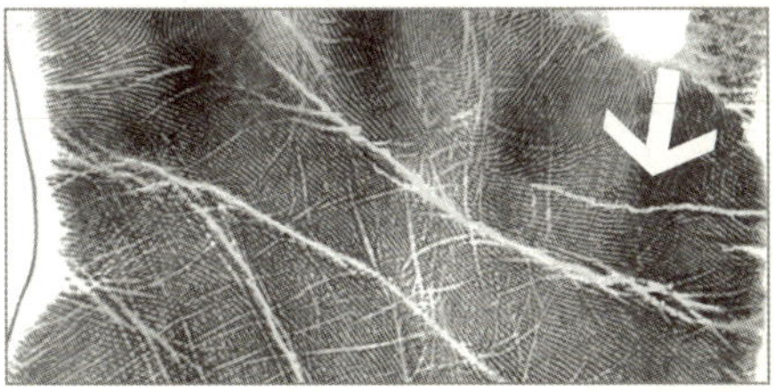

▲아주 긴 애정선

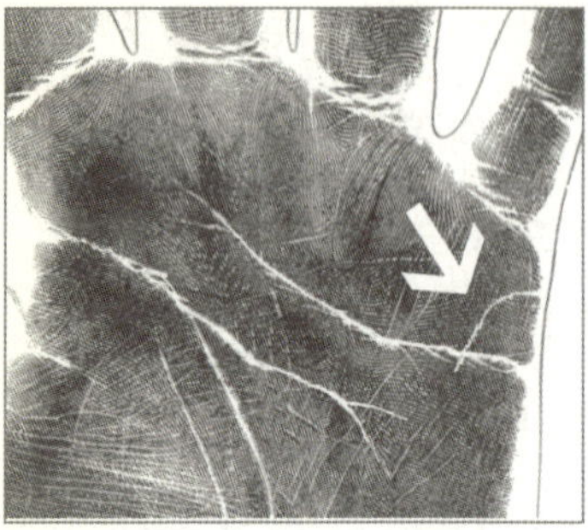

▲깊이 패인 애정선 – 두 번 이혼한 사람

이렇게 생긴 선이 있는 중년의 성인들은 예외 없이 최소한 한 번은 이혼하거나 별거를 하는 것으로 나타났다. 이 선이 있는 사람들 누구에게나 올바른 인간관계를 선택하도록 도움을 줄 필요가 있다.

애정선이 위로 올라가 새끼손가락을 지나면 성생활의 손가락을 끊는 것이 된다. 이것은 대개 성생활을 기피한다던지 애정 표현을 거부하는 표시이다. 이런 표시가 있는 사람들은 오랫동안 성관계를 하지 않고 지낸다.

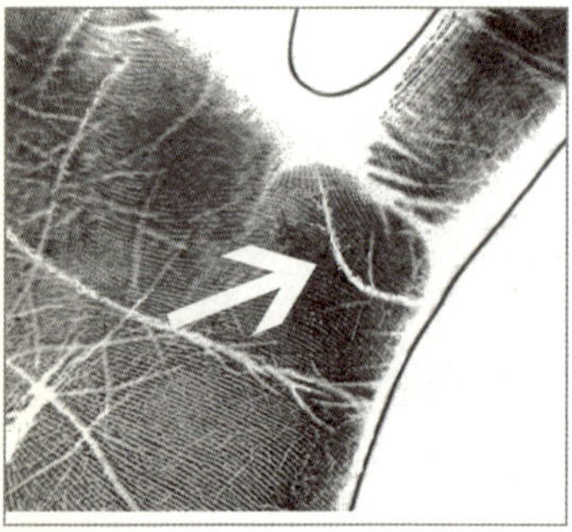

▲새끼손가락을 지나는 애정선

열정선
Passion line

이 선은 목적하는 바를 위해서라면 기를 쓰고 주변사람들을 찾아 다니면서 사람들을 항상 들뜨게 한다.

열정선은 감정선 중간쯤에서 나와 새끼손가락 쪽으로 올라가는 곧고 뾰쪽한 선이다.

이 선이 있는 사람은 성적 상상력이 높고 시각적인 성적 매력을 추구하며, 항상 육체적으로 매력 있는 상대를 찾으려 한다.

자유를 즐기고 성애물을 즐겨보는 사람들과 역할놀이 및 음란물을 즐기고 성행동에 관음증이 있는 사람들 누구에게서나 이 선이 발견된다. 이 선은 전체 인구의 약 10% 정도에서만 발견되지만 파트너 스와핑, 포르노물, 현실도피주의적 성적 공상에 빠지는 사람들에게서는 더 높게 나타나며, 성에 노골적인 사람들일수록 더 많이 나타난다.

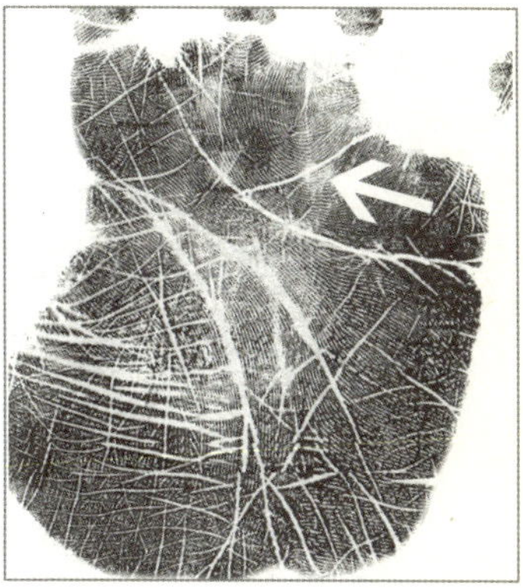

▲열정선

이 선이 있다고 해서 성욕이 강한 것은 아니라는 것을 명심하시라－성욕은 엄지구의 크기와 활력선의 강도에 달려 있다. 이 선은 단지 성적인 상상력을 나타낼 뿐이다. 이 선이 있는 사람은 누구나 성적인 환상이 강렬하다. 그렇다고 반드시 화려한 사랑을 영위하는 것이 아니며 오히려 그들은 성적인 환상 그 자체를 더 좋아할 수도 있다.

평화와 사생활－내부 영역선(아폴로 선, 태양선)

Peace and privacy - the Inner Realm line

이 선은 아주 미세하며 약지 밑에 수직으로 뻗어 있다. 거의 모든 사람들이 감정선 위에 이 선이 있는데 그것은 중요하지 않다.

이 선이 그보다 더 아래인 감정선 밑에 나타나 있다면 그것은 언급할 만한 가치가 있다.

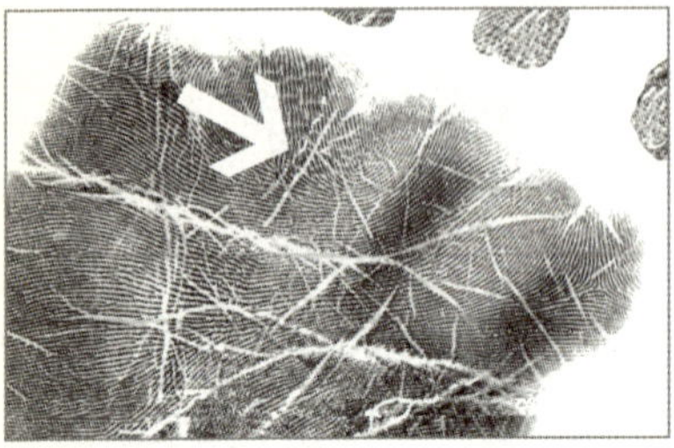

▲전형적인 내부 영역선

선이 2cm 이상 길며, 선명하고 정교하며 곧으면 내적인 만족감을 나타내는 것이다. 이 선이 있는 사람들은 인생을 자기 내면으로 끌어들이는 능력이 발달된 것이다. 그것은 평화와 고요를 추구하며 개인적인 사생활을 즐기는 능력을 나타낸다. 이 표시가 있으면 항상 많은 시간을 혼자서 만족스럽게 보내는 사람임을 나타낸다. 이 선은 어떤 행위에 완전히 몰입하여 '자기 분수를 잊게' 될 수 있을 때 생겨난다.

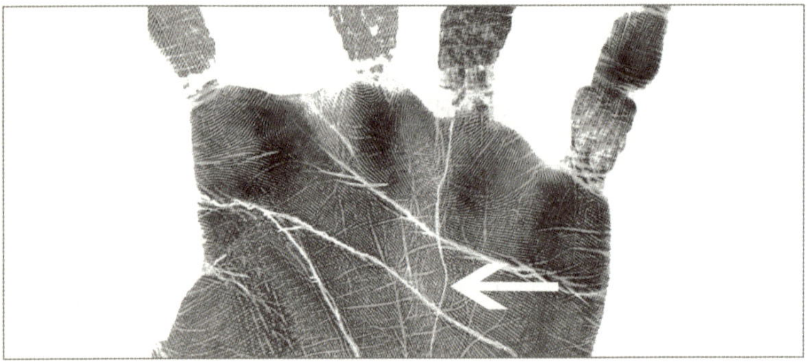

▲태극권 사범 손의 내부 영역선

이것은 대개 정신 치유나 태극권 같은 명상의 과정이나 특수 기술이나 치료요법을 수행할 때 생긴다. 그러나 이 선은 또한 정원 가꾸기나 개를 데리고 산책하는 것 같이 아주 일상적인 생활 방식의 세계를 '벗어나는' 사람들에게서도 발견된다. 즉, 정신적 발달의 과정에서 생기는 중요한 표시이다.

신경활동선(수성선)
Nervous Activity line(Hepatica, Mercury line)

이 선은 주로 단선으로 되어 있거나 여러 개의 작은 수직선들로 연결되어 의식선이 끝나는 지점 바로 아래나 그 끝을 가로질러 지나가는 모양새로 잠재의식의 영역 부위에 뻗어 있다. 신경활동선은 소화, 호흡, 기타 신체의 자율기능을 관장하는 부교감신경계의 활동상을 나타낸다.

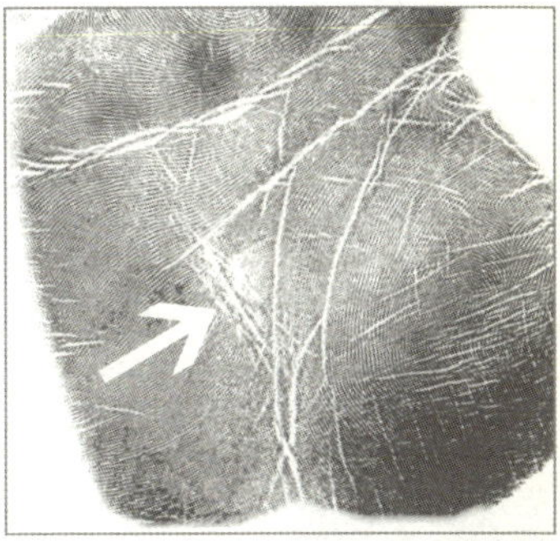
▲안 좋은 신경활동선

여러 개의 끊어진 선으로 되어 있거나 아주 깊은 두렁처럼 생겼으면 과민 신경계로써 소화와 건강에 전반적으로 부정적인 영향을 미친다.

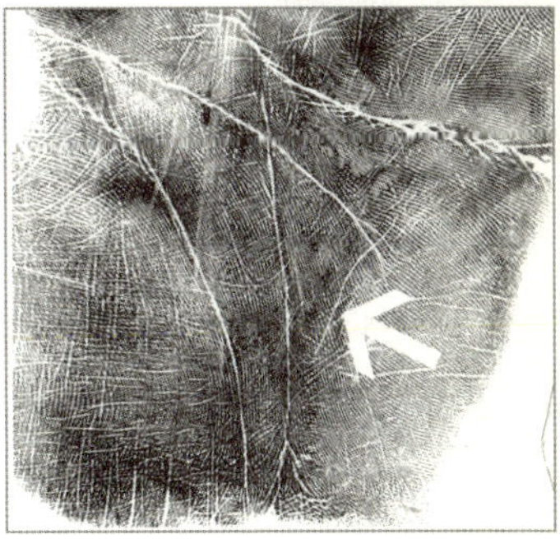
▲어느 작가의 손에 있는 선명한 신경활동선

나이를 먹은 사람들일수록 젊은 사람들보다 선이 깊게 파이거나 끊어진 경우가 많다. 그것은 바로 골치 아프게 '신경' 쓰는 일이 많이 생겨 결과적으로 소화력이 떨어지는 중년 이후에 흔하다. 하지만 이 선이 선명하고 정교하며 곧게 뻗었다면 두뇌가 명석함을 나타낸다.

이런 모양새는 주로 '아이디어'가 풍부한 사람들인 작가, 발명가, 혁신가, 아이디어를 불쑥 불쑥 내는 사람들에게서 보여진다.

심령선
Spirit Line

이 선은 신경활동선과 동일한 장소에 나타나기 때문에 쉽게 혼동된다. 하지만 이 선은 곧바르지 않고 약간 굽어 있는데 잠재의식의 영역에서 감정선 쪽으로 올라가는 것이 통례이다.

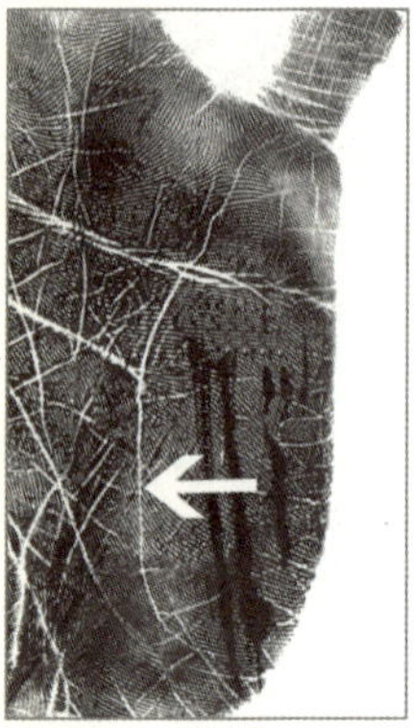
▲심령선

이것은 아주 보기 드문 손금인데 신통력이 있음을 나타내주는 선으로, 이 선이 있는 사람들은 주로 영적인 경험을 많이 접하기 때문에 그러한 현상이 오는 것을 무서워한다.

투쟁선(화성선)
Battle line(Mars line)

이 선은 대개 대부분 사람들의 손에서 끊기고 긁힌 모습의 형태로 나타난다.

그것은 활력선이 시작되는 바로 아래 거미줄무늬가 있는 부위에 나타는데, 길이가 최소한 2cm는 되고 선명하며 끊어지지 않은 경우에만 참조하면 된다.

이 선이 있으면 에너지와 열정이 더해지고 자신을 채찍질하며 용감한 개척정신이 있음을 보여준다. 투쟁선이 선명하게 있는 사람들은 대개 스포츠와 도전정신을 즐긴다.

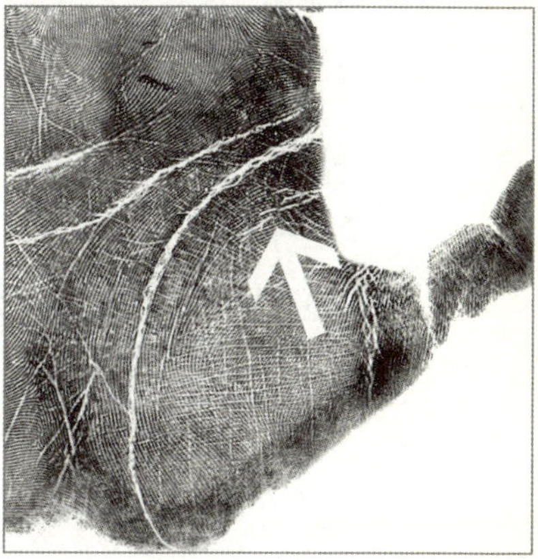

▲전형적인 투쟁선

Secret palmist assignment

남모르게 하는 수상학자의 숙제
Secret palmist assignment

보조선들을 찾을 때는 손바닥 전체를 주의 깊게 관찰해야만 채취한 손금을 최대한 감정할 수 있다.

그래야 부담 없이 공부할 수 있는데, 열 사람의 손금을 채취하여 보조선들을 찾아보아라. 돋보기를 사용하면 도움이 될 것이다. 확실하게 보조선을 찾은 것이 있으면 노트에 적어놓고 그 손금의 주인에게 보조선이 나타내는 특성들에 대해 말해 주어라. 당신이 그렇게나 많이 알고 있다고 그들이 약간 충격을 받는 것 같아 보여도 너무 놀라지 마시라.

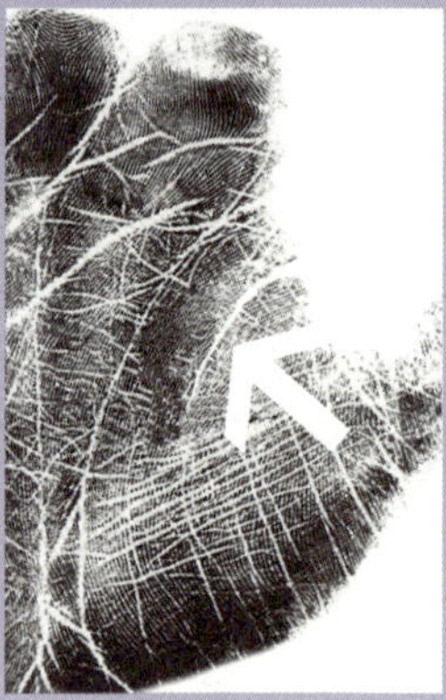

▲어느 무술가의 투쟁선

Brain bashing quiz

반짝 퀴즈

주어진 시간 : 10분

1 애정선이 아래로 내려가 감정선에 닿거나 감정선을 지나가는 사람은 무엇을 의미하는가?

2 공상의 선은 현실적인 사람에게서 나타나는가?

3 공상의 선이 있는 사람은 예술적인 감각이 있는 배우자를 찾으려고 하는가?

4 선명하고 정교하며 곧은 신경활동선과 끊어진 선의 차이점은 무엇인가?

5 내부 영역선이 선명한 사람은 초능력자인가?

6 열정선이 있는 사람은 성적인 상상력이 풍부한 사람인가?

7 선명한 투쟁선이 있으면 유명한 싸움꾼이 되는가?

8 선명한 심령선이 있는 사람은 초능력을 갖고 있는가?

9 젊은 사람들에게서 좋지 않은 형태의 신경활동선이 많이 나타나는가?

Answer

정답

1 이것은 '이혼선' 으로 '부적절' 한 파트너와 관계를 맺으려는 충동을 나타낸다.

2 아니다. 공상의 선은 구체적인 현실의식을 찾기 힘든 사람들에게서 나타난다.

3 아니다. 공상의 선이 있는 사람들은 현실적으로 안정된 배우자를 찾으려 한다.

4 끊어진 신경활동선(또는 깊은 도랑처럼 파인)은 과민신경계로 인하여 소화와 건강에 전반적으로 부정적인 영향을 미치고 있음을 보여주며, 선이 선명하고 정교하며 곧바르면 아이디어가 번뜩이는 사람임을 나타낸다.

5 반드시 그렇지는 않다. 내부영역선이 있는 사람은 속세를 달관할 수 있고, 어느 특정한 행위에 완전히 몰입하게 된다.

6 그렇다. 이런 사람은 현실을 벗어나 살 수도 있고 아닐 수도 있다.

7 아니다. 투쟁선이 있으면 힘과 열정이 더해지며 자신을 채찍질하는 추진력이 있다.

8 그런 잠재력이 풍부하다고 본다. 하지만 그들은 그걸 무시하려고 한다.

9 아니다. 이러한 선은 골치 아픈 신경을 더 많이 쓰는 나이 먹은 사람들에게 더 일반적이다.

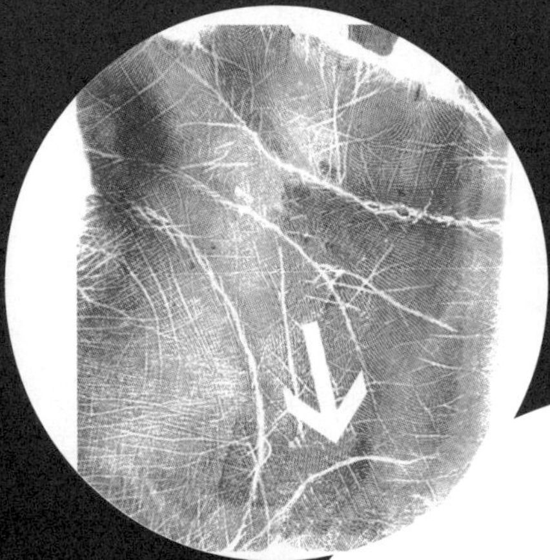

열아홉번째 시간

■별 문양과 막대 ...부수적인 문양들

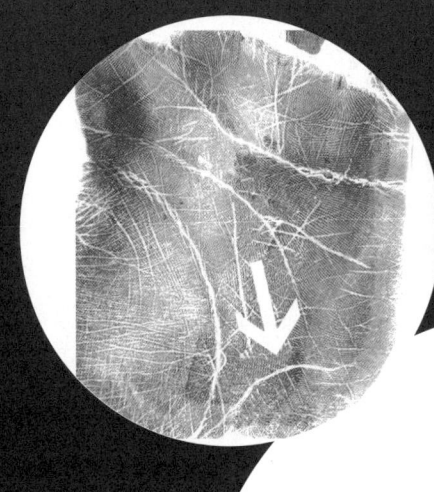

끝이 가깝다
The end is nigh

여러분은 이제 마지막 장을 남겨놓고 있는데, 여기서는 손바닥에 나타나는 모든 문양과 흔적 등에 대해 살펴보겠다. 끝이 다 와 가니 계속 전진하시라!

이번 장에서 살펴보는 문양들은 전장에서 공부한 선들보다 훨씬 애매모호하며 덜 중요하고 나타날 확률도 낮다. 우리는 타고난 가정과 신체의 영역(지금까지 손바닥의 영역에 대해 익숙해졌으리라 믿지만, 궁금하면 열한 번째 시간을 참조할 것)부터 차근차근 살펴볼 것이다. 이 영역부터 시계방향으로 돌아가며 살펴보겠다.

타고난 가정과 신체의 영역에 있는 문양들
Markings on the Primal Home and Body quadrant

여러분은 종종 타고난 가정과 신체의 영역을 가로질러 활력선

쪽으로 가는, 즉 엄지구에서 뻗어 나오는 미세한 선들을 보게 될 것이다. 이것들은 스트레스 선이다.

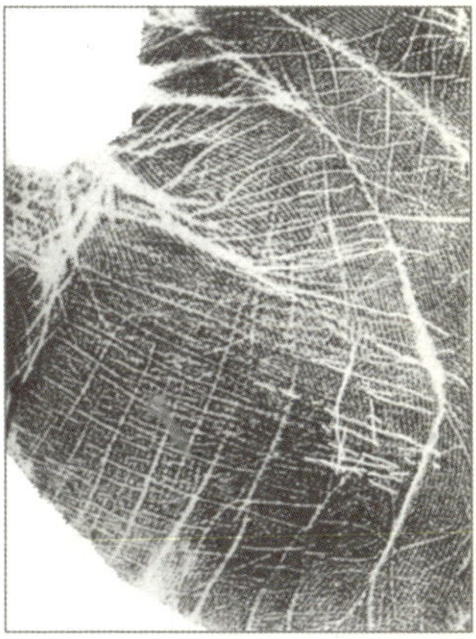
▲스트레스 선

이 선들이 서너 개만 있다면 정상적이지만, 선들이 아주 많고, 특히 활력선을 넘어간다면 육체적인 스트레스가 심하고, 가만히 있지를 못하는 성격이며, 집안에 문제가 있음을 나타낸다. 그런 사람들은 대개 잠을 잘 이루지 못한다. 이 선은 흔히 이사를 자주 다니는 사람에게 나타난다.

지지선
Support lines

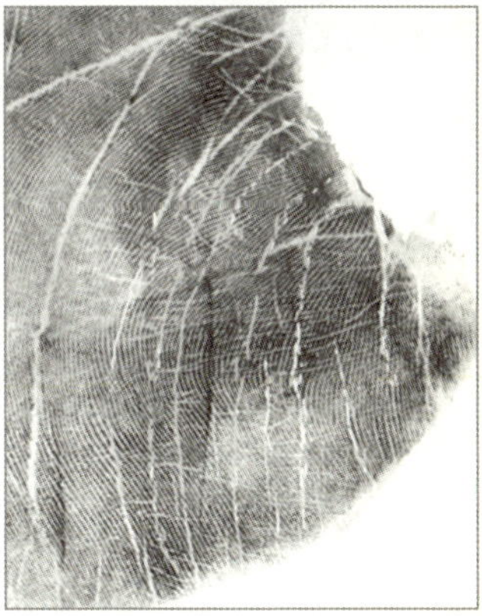
▲지지선

활력선 안쪽에서 활력선과 평행하게 아래로 내려가는 많은 선들이 있는데 이것을 지지선이라고 한다.

그것들은 마치 우리의 생활을 지탱해 주는 일종의 비계飛階:건축공사 때에 높은 곳에서 일할 수 있도록 설치하는 임시가설물와 같다. 이 선들은 우리가 친구, 취미, 자신을 지탱시켜 주는 일상적인 것들이 필요하다는 것을 보여준다.

이 선들이 너무 많으면 집안의 반이 요가 DVD, 규정식단, 비타민정, 휴일에 만나는 친구 목록 등으로 가득한 다소 신경과민의 사람임을 나타낸다.

충성선
Loyalty line

이 선은 아주 흔한 것으로 엄지구를 가로지르는 커다란 주름이나 선을 말한다.

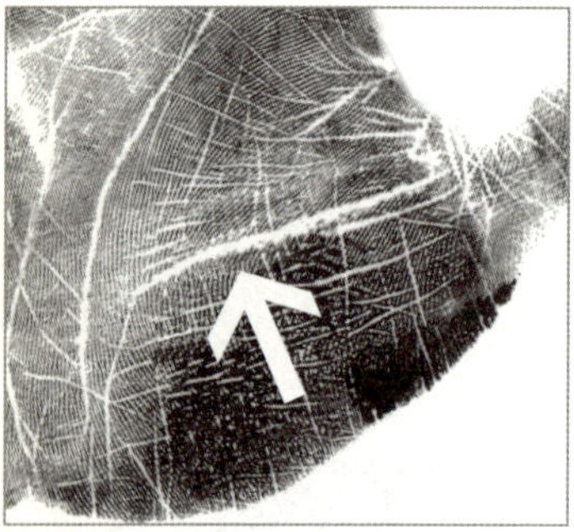
▲충성선

종족에 대한 원초적인 충성심을 나타내는 것으로 가족, 국가, 친구나 자기가 좋아하는 축구팀에 대한 충성심일 수도 있다.

잠재의식의 바다에 나타나는 문양들
Marking of Sea of Subconcious

모험선
Intensity Line

이것은 잠재의식의 바다를 가로지르는 미세한 수평선으로, 쉬지 않고 가만히 있지 못하는 사람임을 나타낸다. 위험과 모험을 감수하는 사람임을 나타내는 표시이다.

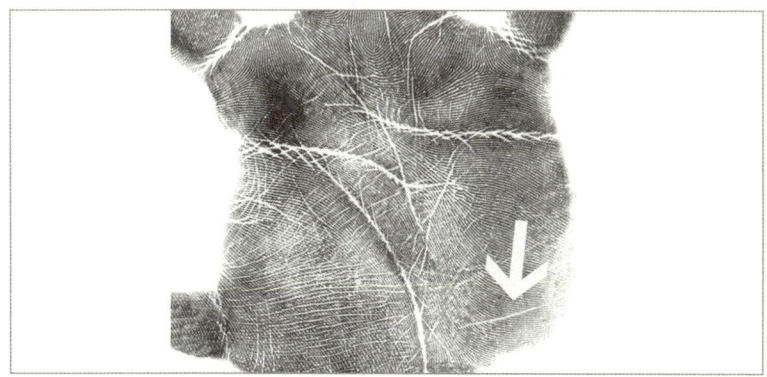

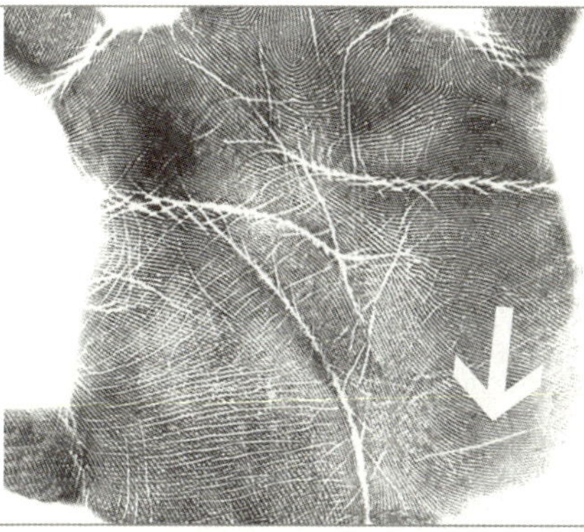

▲산악인의 손에 있는 모험선

알러지 선

Allergy line(Via Lascivia)

이 선은 점점 자주 보게 되는데, 잠재의식의 바다를 가로지르는 곡선으로 면역체계가 과민반응을 보여 알러지를 일으킬 가능성이 아주 많음을 나타낸다.

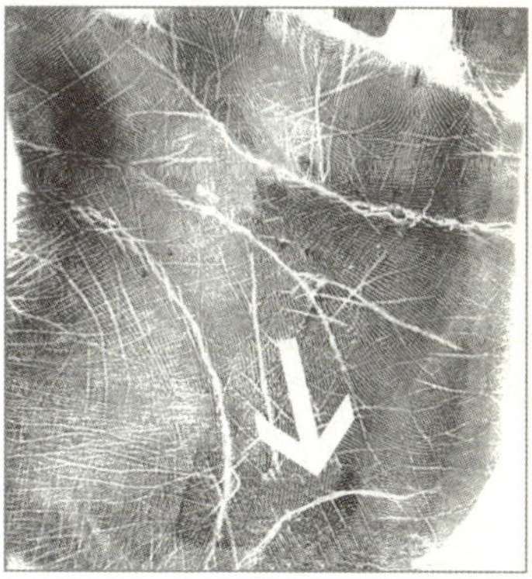

▲알러지 선

알러지를 유발하는 가장 일반적인 것들은 견과류, 해산물, 밀, 낙농제품 등이다.

세계무대의 영역에 나타나는 문양들
Markings on the World Stage quadrant

사마리아 선 [치유의 성흔聖痕]
Samaritan lines(Healing Stigmata)

이 선들은 소지 아래에서 감정선을 지나는 미세한 수직선의 다발로 감정선을 자극하여 사람들에게 자비심을 베풀도록 한다. 주로 자원봉사 치료사, 간호사, 치유자 등 대부분 친절한 사람들에게 흔히 나타나는 선이다.

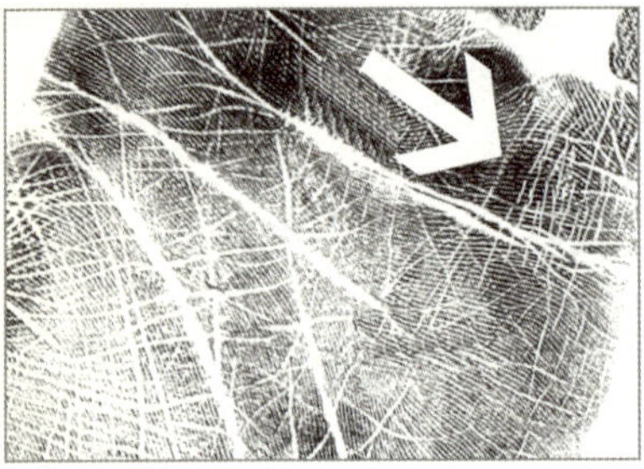
▲사마리아 선

상아탑 영역에 나타나는 문양들
Markings on the Ivory Tower quadrant

교사의 사각형
Teacher's square

이것은 검지 아래쪽 의식선 위에 임의의 선으로 만들어진 사각형의 문양으로 단체생활에 있어 자아의식을 강화시킨다. 사람들을 가르치고, 조직하고, 관리하며, 지시하는 일과 관련되어 있다.

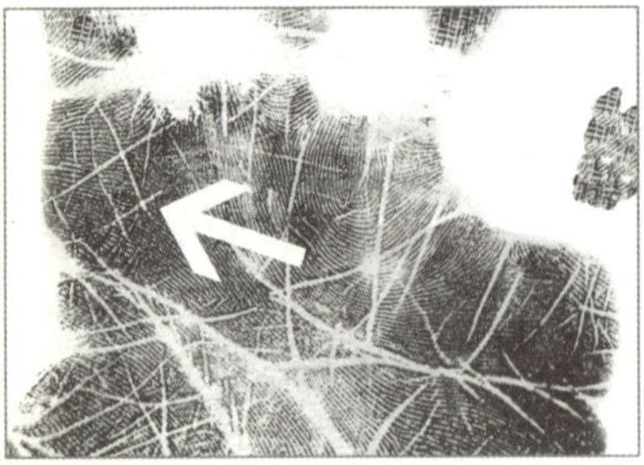
▲교사의 사각형

솔로몬 링
Ring of Solomon

이것은 자아성찰의 손가락인 검지의 밑 부분을 감아 도는 아주 미세한 선이다. 사람들의 성격을 꿰뚫어보는 통찰력이 있어 이 선이 있는 사람들은 상담, 철학, 천문학 같은 통찰력술에 매료되며, 수상학자로서의 훌륭한 자질이 있다는 표시이다. 이 선이 아직 없는 사람들은 이 방면에 열심히 집중하면 생길 것이다.

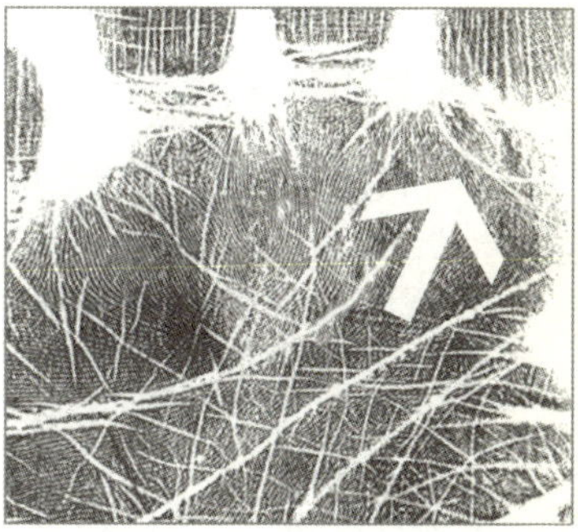

▲솔로몬 링

손가락 끝의 가로 막대
Bars across the fingertips

가끔씩 손가락 끝에 작은 가로선들이 있는 것을 보게 될 것이다. 선이 한두 개 정도라면 무시해도 된다. 하지만 모든 손가락 끝에 이 선들이 많이 있으면 극도의 스트레스와 내분비계에 교란이 있음을 나타낸다. 일반적으로 사춘기나 폐경기에 있는 여성들에게 많이 있다.

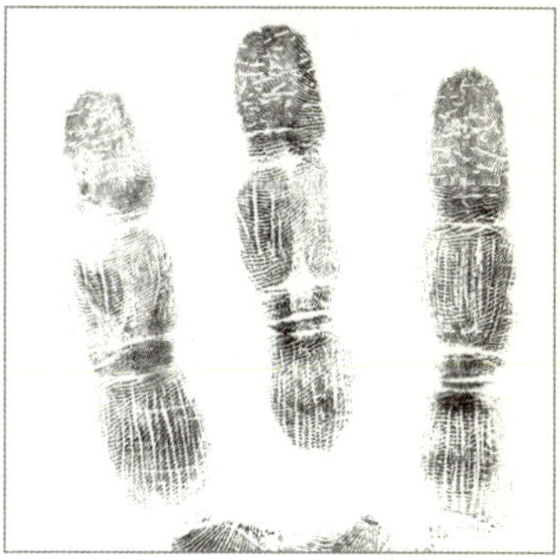

▲손가락 끝의 막대 – 이혼을 겪은 남자의 손금

마구잡이 문양들

Random markings

어느 손이든 그 표면에는 불분명하고 독특한 문양들이 무수히 많다. 십자무늬, 원형, 별 문양, 삼각형, 기타 불규칙한 문양들이 마구잡이로 널려 있다. 수세기에 걸쳐 수상학자들은 이들 '신비의 십자 문양'과 '행운의 별' 등을 중요하게 여겨왔다.

사람들은 '뱀' 모양이나 '직관의 동그라미' 같은 표시가 무엇을 의미하느냐고 무섭게 따지면서 끈질기게 당신에게 접근할 것이다. 그런 사소한 내용들은 무시해도 좋다. 그러한 표시들의 위력이나 중요성은 손가락의 길이, 손가락 끝, 피부조직, 주요선들 만큼 명확하게 해독할 수가 없는 임의적인 표시들로써 별로 중요하지가 않다.

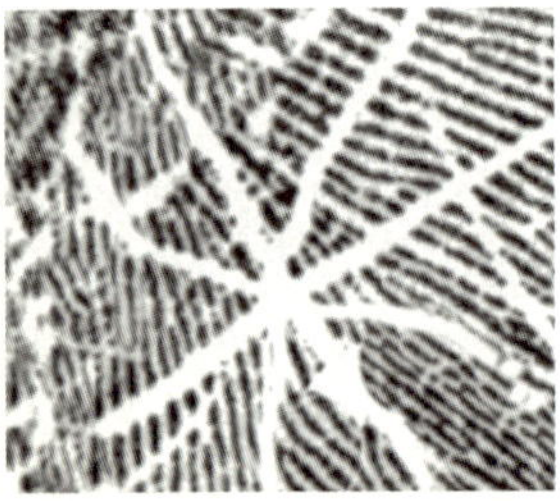

예를 들어, 어떤 사람이 비단결 피부에 검지가 길거나 엄지손가락에 소용돌이 지문을 갖고 있다면 이러한 것들은 그가 살아가는 방식에 엄청난 영향을 미친다.

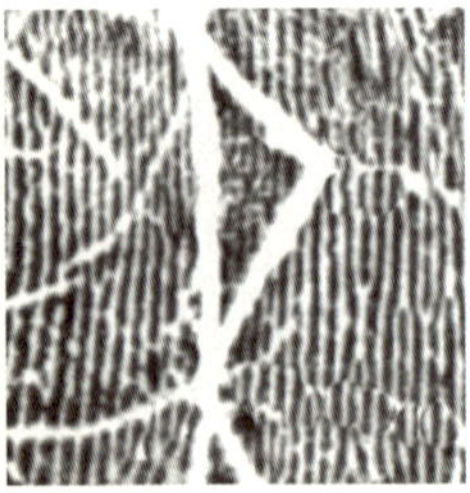

여러분은 이제 사람들이 영혼의 여행을 두려워하고 궁금해 하더라도 그들을 지도하고 조언해 주며 인도할 만한 통찰력을 갖게 되었다.

여러분은 사람들이 스스로를 이해할 수

있도록 도움을 줄 수 있는 독보적인 위치에 있게 된 것이며, 자신도 모르는 평생의 감옥에서 그들을 해방시켜 줄 수가 있다.

수상학을 하려면 끊임없이 공부하여야 한다. 아무리 오랫동안 연습을 하였어도 그동안 전혀 보지 못했던 이상한 표시와 문양들을 보게 되면 어리둥절하게 될 것이다. 그러한 것들에는 매달리지 마시라. 여러분이 아는 것만을 감정하고 모르는 것에는 시간을 허비하지 마시라.

Secret palmist assignment

남모르게 하는 수상학자의 숙제

Secret palmist assignment

축하합니다! 여러분은 지금까지 기초 공부는 다 했으며 이제 자신 있는 세계로 진입할 준비가 거의 다 되었다.

당신이 잘 모르는 사람들을 선택하여 첫 '감정'을 해보아라. 그들의 엄지구와 피부결 및 손가락의 길이를 살펴보고 손금을 채취하여라. 이 책에 나오는 대로, 각 장별로, 피부결부터 보조선에 이르기까지 완벽하게 손금 감정을 해보아라. 결과를 기록해 놓아라. 수동적인 손과 활동적인 손을 비교하여 무슨 차이점이 있는지 보아라. 당신이 감정한 기록물을 손금 채취자에게 주고 그들의 반응을 들어보아라.

Brain bashing quiz

반짝 퀴즈

주어진 시간 : 10분

1 활력선 안쪽에서 활력선과 평행으로 달리는 선은 당신이 몇 명의 자식을 둘 것인가를 나타내는 것인가?

2 타고난 가정과 신체 영역을 가로지르는 많은 선들은 당신이 방문하게 될 나라의 수를 나타내는 것인가?

3 사마리아 선은 어디에 나타나며 어떻게 생겼는가?

4 교사의 사각형은 검지에 나타나는가?

5 중지 아래에 십자 문양이 있으면 로또에 당첨될 것인가?

6 충성선은 보기가 드문 손금인가? 그것은 어디에 나타나는가?

7 손가락 끝에 나타나는 막대 문양은 내분비계의 과도한 교란이나 스트레스를 의미하는가?

8 모험선이 있는 사람은 무엇을 뜻하는가?

9 알러지 선이 있는 사람은 건강이 좋은가?

Answer

정답

1 아니다. 활력선에 평행한 선들은 자신을 지탱해 주는 후원자, 취미, 조직체를 나타낸다.

2 아니다. 타고난 가정과 신체의 영역에 나타나는 수평선들은 가정, 가족, 생활과 관련하여 겪는 스트레스를 의미한다.

3 사마리아 선은 소지 아래에서 감정선을 지나가는 미세한 수직선들을 말한다.

4 아니다. 교사의 사각형은 검지 아래에 나타난다.

5 아니다. 불분명한 십자 문양과 마구잡이 문양들은 무시한다.

6 아니다. 충성선은 아주 흔하며 엄지구를 수평으로 뻗어간다.

7 그렇다. 모든 손가락 끝에 나타나는 막대 선들은 스트레스나 내분비계의 과도한 활동을 나타낸다.

8 모험선은 가만히 있지를 못하는 것을 나타내며 위험과 모험을 감수하는 사람임을 표현한다.

9 그렇지 않다. 알러지 선이 있는 사람은 어떤 형태로든 거의 확실하게 알러지 때문에 고통을 겪는다.

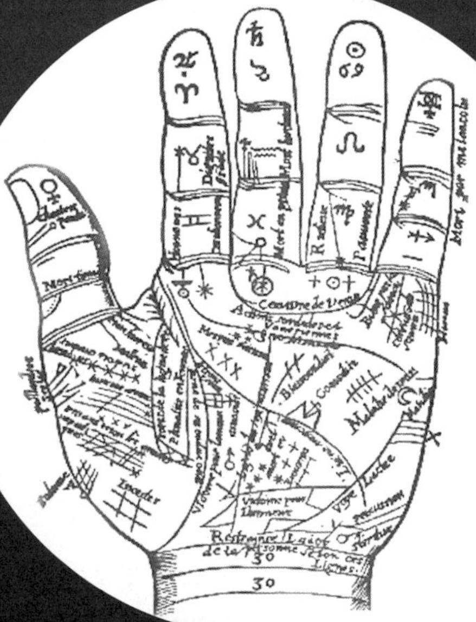

스무번째 시간

■종합하여 감정하기

거의 완성 단계
Almost there

여러분은 지금까지 이 책의 모든 내용을 잘 숙지하고 연습을 하였으니, 진정한 수상학자가 되기 위해 필요한 모든 지식을 갖추게 된 것이다. 이제 경험 쌓는 일과 자신감만 약간 더 갖추면 비상할 수 있다.

손금 감정을 잘 하려면 그 사람에 대해 완전히 꿰뚫어볼 수 있도록 지금까지 배운 모든 요소들을 종합하는 것부터 시작하여야 한다.

몇 가지 종합 지침
Some general guidance

시작하기에 앞서 몇 가지 사항들을 짚고 넘어가자.

맨 먼저, 수상학은 참으로 대단한 기술이라는 것이다. 사람들은 당신에 대한 거부감이나 장벽이 없다. 당신에게 자신의 손을 보여줌으로써 그 사람들은 모든 것을 드러내 보이는 것이다. 당신은 손바닥 속에 담겨 있는 특성들을 간파해야 되는데, 대부분의 사람들이 자신의 갈등, 불안, 두려움 등을 깊숙이 숨기기 때문에 이들을 자신 있게 감정하는 것이 겁나는 일이 될 수도 있다. 요령 있게, 다정하게, 친절하게 대하여라.

숨겨진 내면 들여다보기
Looking behind the veil

사람들의 손금이 겉보기와는 완전히 다르게 나온다고 놀라지 마시라. 항상 당신이 읽은 손금을 믿어야지 사람들의 외견을 보고 판단하지 마라. 우리들 대부분은 우리가 진정 누구인지를 잘 모르며 내부 갈등이 드러나는 것을 극도로 싫어한다. 약지가 길고 검지가 짧은 사람들은 특히 내면을 잘 숨긴다. 청소년들은 특히 까다로운데 그들은 이미지를 아주 중요하게 여기기 때문이다. 그들은 냉철하고 거칠며 괴짜처럼 보이기를 원하며, 책임감 있고, 민감하며, 갈등이 있다는 것 등을 뻔뻔스럽게도 부정하려 든다.

모든 것을 다 보아라
Cover everything

항상 손에 대해 이 책에서 다룬 모든 것들을 전부 종합하여 손금을 감정하도록 하여라. 평범한 것들은 무시하라는 말을 다시 한 번 강조한다. 반드시 점검해야 할 10가지 요소가 있는데 그것들은 바로 엄지구, 피부결, 엄지손가락의 길이, 엄지손가락의 강도, 손가락의 길이, 손가락의 강도, 손가락의 지문, 손바닥의 문양, 주요선, 보조선(**부수적인 문양들 포함**)이다.

그러니 항상 엄지구를 시작으로 피부결을 본 다음 엄지손가락을 보고, 특별히 길거나 짧은 손가락이 있는지를 보고, 지문을 점검하는 등 보조선까지 전 과정을 쭉 거친다. 어느 한 가지도 빼놓지 말고 순서대로 모든 특징들을 전부 감정하여라.

누구나 손바닥에 관심을 끌만한 특별한 요소가 최소한 한 개 정도는 있는데 대개는 서너 개 정도 있기 마련이다. 이것들을 감정한 *다른 모든 요소들*과 조율하여 그 사람의 특별한 특징을 찾아내는 것이다.

어떤 사람이 검지에 방사상 고리의 지문이 있다(아시다시피, 이것은 그가 수용성이 강하고 상대방의 말에 귀가 상당히 얇다는 뜻이다)고 가정해 보자. 이는 아주 특별한 표시이긴 하지만 이것을 다른 요소들과 조율하여 보아야 한다.

이 사람은 예를 들어 검지가 길고 비단결 피부에 강한 엄지손가락을 갖고 있을 수도 있다. 그러면 다른 사람들의 영향을 아주 잘 받아들이며(방사상 고리), 주변의 분위기에 극도로 민감하고(피부결), 우두머리 기질이 있고, 이상적이며, 자기성찰을 잘 하고(긴 검지), 의지가 강한(강한 엄지손가락) 사람이다.

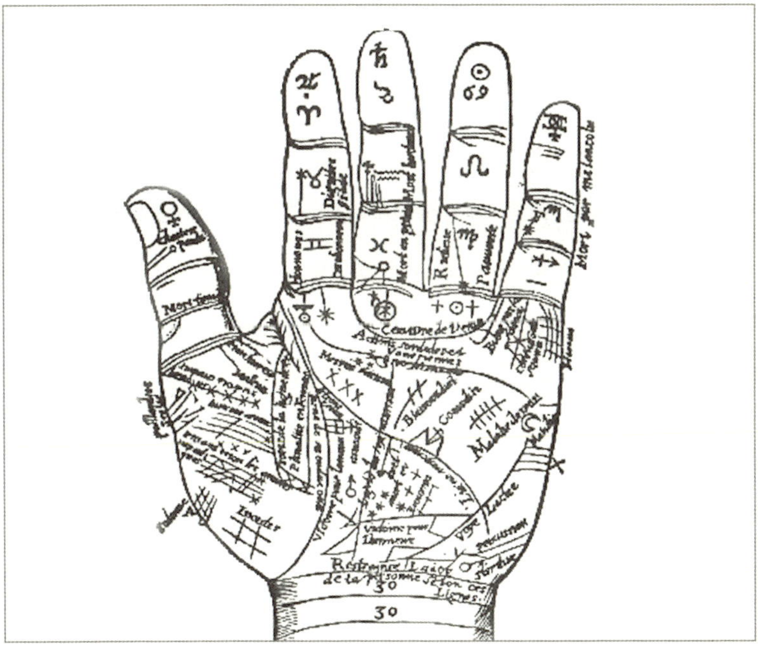

이것은 피부결이 거칠고, 연약하고 잘 휘어지는 엄지손가락에 검지가 짧은데다 검지에 방사상 고리 모양이 있는 사람과는 완전히 다르다.

이는 다른 사람들의 영향을 잘 받아들이며(**방사상 고리**), 활동적이고 당면한 분위기에 그렇게 민감하지 않고(**피부결**), 자기 통제력이 약하여(**연약한 엄지손가락**) 쉽게 끌려가는 사람이며, 자신감이 심하게 약한(**짧은 검지**) 사람이다.

그러므로 이들 두 사람이 검지에 방사상 고리의 지문이 있어도 모든 사항들을 종합해 보면 서로 *다른* 특징의 사람인 것이다.

모든 것은 서로 통한다...
It all adds up...

대체적으로 손금은 서로를 보강한다. 예를 들면, 주요선이 손바닥을 완전히 관통하는(**강박관념에 사로잡힘**) 사람은 엄지구와 손가락 끝에 스트레스 선이 많이 있게 된다.

그런 사람들은 또한 손가락이 상당히 뻣뻣한데 이는 집착이 강하고, 스트레스를 많이 받으며, 외곬수의 사람이라는 것을 확실하게 보여주는 것이다.

이런 식으로 항상 관찰한 모든 것들을 종합적으로 연결하여 감정하여야 한다.

그렇지 않을 수도 있다

Or maybe it doesn't

하지만 때로는 모순되는 손금을 갖고 있는 사람도 있다. 인간이라는 것은 매우 복잡한데 손금을 잘 감정하면 이율배반적인 성격을 설명할 수 있다.

예를 들어, 모든 손가락에 소용돌이 지문(창의적인 개인주의자, 순응하지 않는 자, 자기만의 공간이 필요한 자)이 있는데 의식선이 붙어 있을(의식선의 출발점이 활력선과 떨어져 있지 않음을 뜻함) 수가 있다. 그러면 그 사람은 선천적으로 독립심이 강하고, 자기만의 공간이 필요하며, 독창적이지만(모든 손가락에 소용돌이 지문) 부모의 지배를 받아왔거나 그를 신중하게 만든 어떤 계기가 있으며, 자기의 생각에 확신을 갖지 못하는 사람이다. 그리하여 독립심이 부족해져 자연적으로 그렇게 굳어진 것이다.

이런 종류의 모순은 늘상 나타나기 마련인데, 이를 잘 설명하여 사람들에게 획기적인 반전을 줄 수가 있다. 불현듯 자신들이 왜 항상 좌절을 겪어왔는지를 알 수 있게 되어 늘 비밀스럽게 추진해 왔던 것들에 변화를 줄 수가 있다.

손금을 읽어서 그 사람의 내면을 드러내는 일은 마치 자기 모습 그대로를 볼 수 있도록 허락해 주는 것과 같다. 참으로 자아를 도취시키고 해방시켜 주는 일이 아닐 수 없다.

엄지를 생각하자
Think of the thumb

손바닥과 손가락에서 어떤 특이한 사항을 발견했던지 간에 자기통제력과 의지력이 얼마나 강한 사람인가를 알기 위해서는 항상 엄지손가락을 확인해야 한다.

강박관념, 질투심, 불안감 등이 보인다손 치더라도 엄지손가락의 강도를 보고 얼마나 강하게 자신을 '움켜잡을' 수 있는 사람인지를 알 수 있다. 엄지손가락이 약할수록 마음가는 대로 쉽게 휘둘리며 스스로 나약해지기 쉽다.

예를 들어, 손가락은 유연하지만(**쉽게 산만해지고, 속을 터놓으며, 집중력이 약한**) 엄지가 강한 사람이라면 자기에게 부족한 집중력을 통제할 수 있는 것이다.

왼손과 오른손
Left and right

항상 활동적인 손과 수동적인 손을 반드시 비교해 보아야 한다. 한쪽 손에 특이한 사항이 있으면 다른 쪽 손과 대조를 해보아야 한다.

활동적인 손의 발달되고 외향적인 특성이 내향적이고 수동적인 손에도 있는지를 보아라. 양쪽 손에 변화된 모습이 있는지도 찾아보아라.

수동적인 손과 활동적인 손에 점점 강해지는 선이 있으면 긍정적인 발전을 나타낸다. 활동적인 손에 있는 선이 강해지면 자기에게 부족한 점을 발달시키기 위해 열심히 노력했음을 의미한다.

예를 들면, 어떤 사람은 수동적인 손의 활력선은 약하고 짧은데 활동적인 손의 활력선이 강하고 완벽하게 있을 수 있다. 이것은 기력이 약해 불안 불안하게 자라고 안정을 찾는 것이 좀처럼 힘들어 보였지만 자기 스스로 튼튼한 기반을(나이를 먹으면서) 다져온 것이다. 그들은 자활自活할 수 있었으며, 많은 생기를 되찾았고, 영속성을 개발하였으며, 그리고 가정을 안정적으로 꾸려갈 수 있게 된 것이다.

수동적인 손과 활동적인 손이 이러한 모순된 손금 유형으로 되어 있다면 수동적인 타고난 본성과 활동적인 사회생활의 양상이 평생 다른 사람인 것이다.

예를 들면, 수동적인 손의 검지에는 소용돌이 지문이 있는데 활동적인 손의 검지에는 고리형 지문이 있는 경우로, 이는 다른 사람들과의 외부 교류는 아주 유연하고 정상적으로 행사한다는 의미이다. 그러나 개인적으로는 혼자만의 공간이 필요하며 스스로를 다르게 취급하고 좀 더 변덕스럽고 개인적으로 행동한다.

여러분은 모든 문양을 감정함에 있어 활동적인 손과 수동적인 손을 반드시 비교해 보고 양 손이 똑같은지 아니면 반대되는지를 보아야 한다.

긍정적인 면과 부정적인 면
The wonder of it all

손에 나타나는 모든 것들에는 좋은 면도 있고 나쁜 면도 있다. 어떤 사람의 검지가 아주 짧다면 적응력이 아주 약하고 자부심이 전혀 없는 사람이라고 판별할 수 있다. 또한 그들은 어머니의 사랑을 받지 못하고 자랐다고 볼 수 있으며, 그럼에도 이기심과 자기 고집은 강하지 않다고 볼 수 있다. 그러니 너무 직설적으로 부정적인 점들을 말하지 말고 요령 있게 대하도록 해야 한다.

활력선을 예를 들어 부정적인 면을 지적해야 한다면 긍정적인 면도 알려주어라. 활력선이 약한 사람은 불안정하고 불안스럽겠지만 아주 유동적이며 수용성이 강하고 새로운 생활방식에 쉽게 적응한다. 엄지손가락에 혼합형 지문이 있는 사람은 인생의 중대한 결정에 엄청나게 머뭇거리지만 상대방에 대한 이해심은 아주 강하다.

여러분들이 감정을 해줄 때는 항상 희망을 주고 낙관적으로 대하도록 하여라. 늘 친절하게 대하되 진솔하게 말해 주어라. 어려운 문제들을 회피하지 말 것이며 그것들을 속여서도 안 된다.

판단하고 듣기
Growing, knowing and listening

지금부터는 손금 감정을 될 수 있는 한 많이 해보도록 하는 것이다. 특이한 손금을 가진 사람이 있거든 반드시 손금을 채취해 놓아라.

손금을 보면 볼수록 직관력이 발달하게 될 것이다. 여러분이 느끼는 어떤 예감이나 감정 같은 것은 지나쳐 버려라. 그러나 당신 앞에 조지George란 이름을 가진 고양이를 안고 있는 여자가 있다든지 파란 침실이 있다든지 하는 등의 여러분이 느끼는 감각보다 손금 상에는 훨씬 더 중요한 것들이 들어 있다는 사실을 잊지 마시라.

사람들은 수상학자인 당신에게 마음을 털어놓을 것이다. 10대에 했던 임신중절수술, 지난여름에 있었던 일, 장모에 대한 은밀한 증오심 같은 갖가지 비밀들을 당신에게 고백하는 고객들이 있을 것이다. 손금 상담실은 은밀하고 신성한 곳인데, 여러모로 신부의 고해성사실과 비슷한 곳이다. 그들이 하는 말을 잘 들어주어라. 당신의 개인적인 견해가 어떻든 간에 절대로 들은 것에 대해 놀라움을 표시하지 말고, 판단하거나 비난하지 말고, 개인의 사생활을 드러내거나 침해하지 말아라.

수상학자로서 사람들의 마음을 달래주며 인생의 지도자 역할을 해주는 것은 어렵지 않다. 어떤 사람이 자기 배우자가 외도를 하는 것도 모자라 함부로 대해서 헤어지고 싶다고 말한다면 그렇게 하라고 말해 주는 것이 당신의 역할은 아니다. 당신은 그가 겪는 스트레스를 지적해 주거나 활력선에 새로 생겨나는 선을 보고 새로운 시작이 있음을 지적해 줄 수 있을 뿐이다. 당신은 사람들의 내면적인 충동, 욕구, 동기부여에 대해 될 수 있는 한 많은 견해를 제시해 주기만 하면 된다. 그러한 정보를 활용하는 것은 바로 그들 자신에게 달려 있다.

Secret palmist assignment

남모르게 하는 수상학자의 숙제

Secret palmist assignment

여러분이 대충만 알고 있는 다섯 사람의 손금을 채취하여 그들의 엄지구와 피부결 및 손가락의 강도를 측정해 보아라.

집에 가서 활동적인 손과 수동적인 손을 지속적으로 비교해 가며 여러 가지 분석을 다 해보고 그 차이점을 기록해 두어라. 무엇이 더 강해지고 무엇이 더 약해지는지를 관찰해 보아라. 양 손의 손가락 길이와 지문 유형이 어떤 차이를 보이는지 찾아보아라. 특별히 짧거나 아주 긴 손금, 특이한 문양이나 보통보다 긴 손가락 등 중요한 점을 발견하거든 여러분이 감정한 다른 요소들과 종합하여 그 사람에 대한 개략적인 그림을 그려보아라. 각각의 사람들에 대한 기록을 적었으면 그것들을 '고객' 들에게 건네주고 그들의 반응을 기록해 두어라.

Brain bashing quiz

반짝 퀴즈

주어진 시간 : 10분

1 사람들이 허용을 안 해도 손금을 봐주는 것이 괜찮은가?

2 한 가지 특징만을 단독으로 감정하는 것이 연습하기에 좋은가?

3 감정을 할 때 손금부터 보아야 하는가?

4 활동적인 손만 읽으면 되는가?

5 손바닥에서 나타나는 것들이 항상 서로 일치하게 되는가?

6 손금을 감정할 때 사람들의 결정을 당신이 해줘야 하는가?

7 손바닥의 문양 분석보다 직관력이 더 중요한가?

8 엄지손가락이 약하면 자신의 운명을 지배하고 있는 사람인가?

9 부정적인 면을 지적할 때 그 사람의 업보 탓으로 돌려야 하는가?

Answer

정답

1 아니다. 수상학은 마음속을 꿰뚫어보는 사적인 것이라서 허용 없이 행해서는 안 된다.

2 아니다. 관찰하는 모든 특징을 전부 종합하여 판단하여야 한다.

3 아니다. 엄지구부터 보기 시작하여 전체를 훑어본다.

4 아니다. 항상 수동적인 손과 활동적인 손을 함께 본다.

5 아니다. 사람들은 종종 모순되는 특성을 나타낸다.

6 아니다. 고객들이 스스로 결정하도록 해야 한다.

7 아니다. 손바닥에 나타나는 문양 분석이 직관력보다 훨씬 더 중요하다.

8 아니다. 엄지손가락이 약하면 외부 영향력에 취약한 사람이다.

9 아니다. 부정적인 점을 긍정적인 면이나 유익한 면과 조화를 맞춰야 한다.

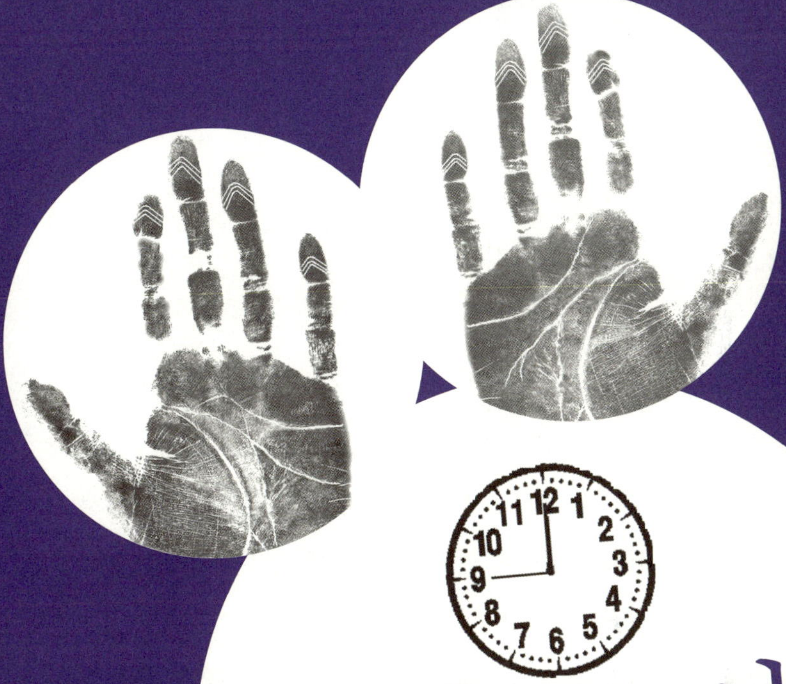

스물한번째 시간

■자! 이제 전부를 읽자

전부 훑고 가기
Going the whole nine yards

이번 장에서는 한 사람의 특성을 모두 담고 있는 양손을 감정해 보려 한다. 겁먹지 마시라. 천천히 전 과정을 안내해 주겠다.

평범한 것들은 무시하고 그 사람의 윤곽을 떠올리며 이 책에서 배운 대로 손바닥을 꼼꼼하게 살펴보기만 하면 된다. 여러분이 생각하는 만큼 어렵지 않을 것이다.

양손을 주의 깊게 살펴보아라. 이 사람은 오른손잡이로 피부결은 거칠며, 손가락의 유연성은 보통이다. 엄지손가락은 뻣뻣하며 단순 아치형 지문이 있다. 엄지구는 풍만하고 단단하다.

단계별로
Step by step

그럼, 기본부터 시작해 보자.

무지구가 크면 그 사람의 활력이 어떻다는 뜻인가?

이 사람은 기본 기력이 약한 사람인가?

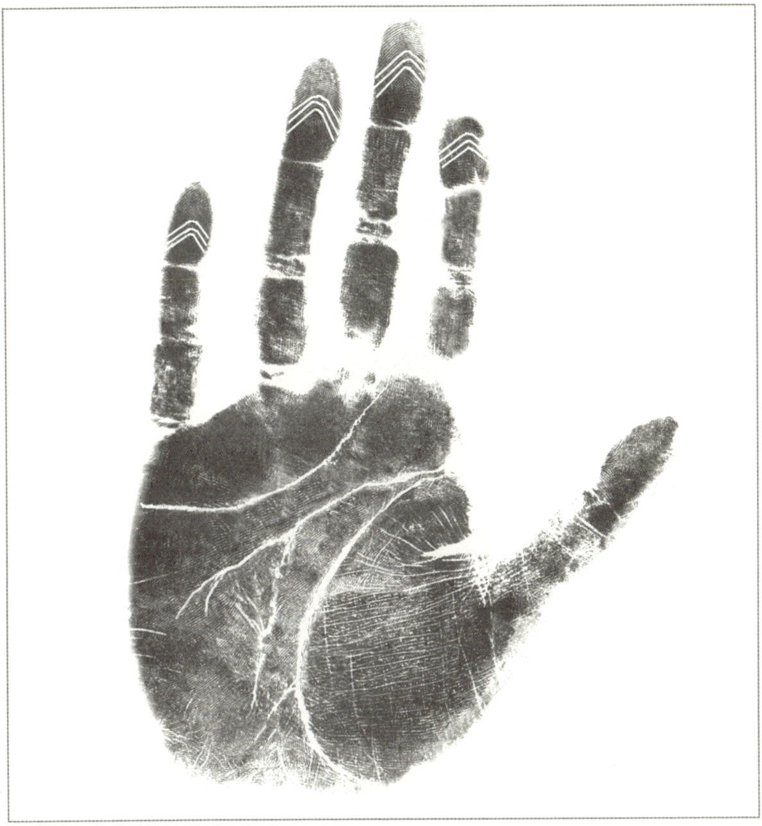

다음은 거친 피부결. 피부결이 거칠면 신경이 과민한 사람이란 뜻인가, 아니면 활동적인 일을 즐기는 사람인가? 당장 생각해 보아라!

손가락 점검하기

Digging into the digits

이제 엄지 및 네 개의 손가락을 보자. 무슨 특별한 점을 찾을 수 있는가?

중요한 단서 : 양손의 엄지, 검지, 약지가 보통 길이가 아닌 경우.

어느 것이 예외적으로 길고 어느 것이 짧은가? 엄지부터 살펴보고 나머지 길거나 짧은 손가락이 있는지 살펴보아라.

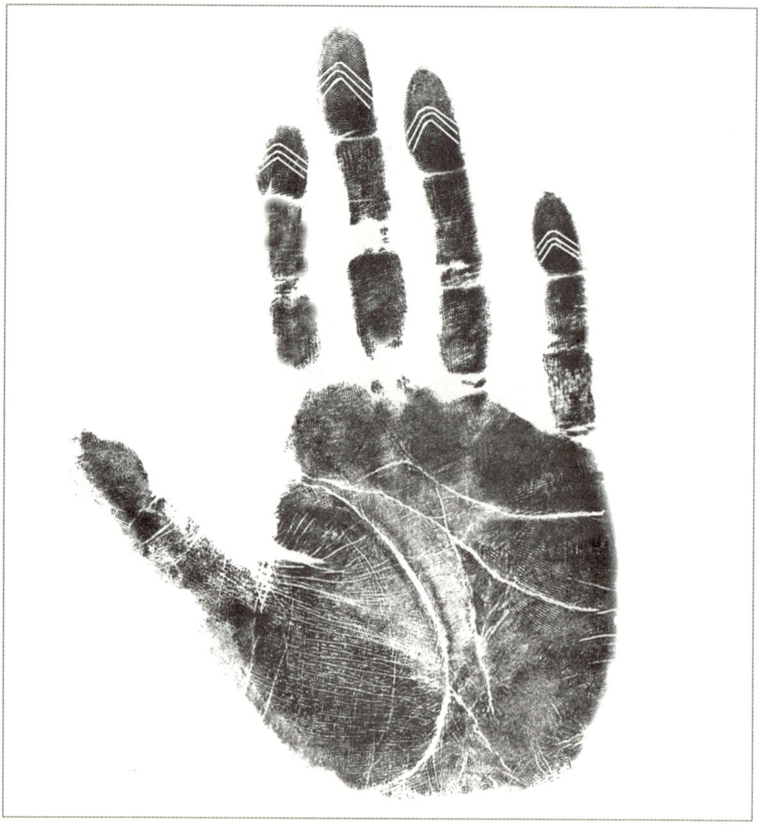

자기통제력이 적당한 사람인가? 이 사람은 자신을 꽉 움켜잡을 수 있는 의지가 강한 사람인가, 아니면 제멋대로이거나 느긋한 사람인가?

검지를 보자. 검지를 보면 모성애와 자부심을 바탕으로 한 대인관계가 어떻다는 뜻인가?

다음은 약지이다. 이 사람은 실제보다 더 크게 보이려고 하는가? 추진력이 강한 사람인가? 바람기가 있으며 위험을 감수하기를 좋아하는가?

검지와 약지의 길이 차이가 클수록 외향적인 면과 내면적인 성격 차이가 크다.

지문 탐색하기
Probing the print patterns

이제 지문을 점검해 보자. 여기 나온 예는 아주 드문 경우로 열 개의 단순 아치형이 있는 사람이다. 이는 이 사람의 특성을 결정짓는 아주 중요한 요소이다.

단순 아치형은 짓눌리고 파묻히고 굳어버린 지층처럼 생겼다고 배운 것을 기억하는가? 이런 사람은 자유를 사랑하고 창의적인 사고방식을 가진 사람인가, 아니면 전통적인 사고방식을 가진 사람인가? 이 유형을 가진 사람은 현대 세상과 잘 어울리는가? 그들은 융통성이 있고, 직관력이 있고, 감정을 잘 표현하는가?

손금 보기
Looking at the lines

손바닥에는 지문이 없기 때문에 곧바로 **주요선**부터 보면 된다.

활력선을 보자.

이 사람은 활력이 충만한가? 기초가 튼튼하고 안정감이 있는가? 수동적인 손의 활력선으로 안정적인 성장을 했는지 가정생활이 편안한지를 보는가? 수동적인 손과 활동적인 손의 활력선을 어떻게 비교하는가?

활력선과 엄지구의 특성을 피부결과 결합하여 어떤 특징이 있는지 감정해 보아라.

다음은 **감정선**을 보자.

이 사람은 낭만적인가, 감정표현을 잘하는가, 이상주의적인가, 반사회적인 인격장애자인가? 활동적인 손의 감정선은 전통적인 성적 역할에 대해 무엇을 말해 주는가? 이것이 중요한 단서이다.

두 감정선을 비교해 보고 내적인 감정상태와 외적인 감정상태의 차이점을 설명해 보아라.

다음은 **의식선**이다.

손바닥을 완전히 관통하는 활동적인 손의 의식선을 보아라 .

이것은 무엇을 뜻하는가? 이 사람은 신중한 사람인가, 주관적인 사람인가? 논리적인 사람인가, 직관적인 사람인가? 생각을 많이 하는 사람인가? 지식을 활용하는 사람인가, 여러 가지 가능성을 놓고 곰곰이 생각하는 사람인가? 이 선은 자발적인 행동에 어떤 영향을 미치는가?

이 선을 수동적인 손의 의식선과 비교해 보아라. 그 사람의 내적인 성격과 외적인 성격의 차이점을 말해 보아라.

의식선과 활력선이 시작하는 지점이 떨어져 있으면 이 사람은 자신의 뿌리와 가정으로부터 독립적이며 자기의 생각대로 밀어붙이는 사람임을 말한다. 이 사람은 모험심이 강한가? 그런 사람들은 자기의 부모와 비슷한 사고방식을 갖고 사는가?

다음은 **운명선**이다.

이 선은 아주 강하지만 전체적으로 헝클어져 있다. 이것은 무엇을 뜻하는가? 이 선은 잠재의식의 바다에서 시작하고 있다. 이 사람은 안정을 추구하며 집안의 요구대로 전통적이고 체계적인 직업을 갖고 있는 사람일까?

이제 **보조선**으로 넘어가 보자. 양손의 활력선 밑에서 갈라져 나오는 **여행선**말고는 특별한 것이 없다. 이는 무엇을 뜻하는가?

지금까지 본 모든 부분을 종합하여 감정해 보아라.

요약
Summing up

크고 견고한 **엄지구**와 선명하고 강한 **활력선**, 그리고 유별나게 긴 양손의 **엄지손가락**을 보면 자기통제력이 강하고 추진력과 활기찬 에너지가 뿜어져 나오는 사람이라는 걸 쉽게 알 수 있다. 이는 자기의 목적을 달성하기 위해서 끊임없이 자신을 몰아붙일 수 있는 추진력이 충만한 육체적인 사람이다.

피부결은 거친데 이것은 남자들의 손에 더 일반적이다. 그것은 활동적인 일에 적합하며 감수성이 풍부하지 않음을 나타낸다.

손가락으로 넘어가 보면, **검지**는 작고 **약지**는 크다. 어렸을 때는 자기의 욕구와 책임감을 생각할 기회가 없었기 때문에 사람들의 관심을 구하는 행위가 자연스레 형성되었다. 그는 자부심이 아주 약한데 자기가 필요 없다고 생각하는 현실세계에는 자신을 드러내지 않으려 한다. 이 사람은 아무리 성공하더라도 자신이 이루었다고 생각하지 않는다. 이런 사람은 자신을 등한시하는 경향이 있으며 자신의 진정한 욕구를 무시한다. 이러한 현상은 여럿이 있을 때보다 일 대 일 상황에서 더욱 극명해진다. 이러한 개성은 이해되고 보상받을 때까지 인생사에 강력한 영향을 미친다.

다음은 **약지**를 본다. 남성적 특성이 강함을 나타내는 유난히 긴 손가락인데다 피부결이 거칠기 때문에 남자의 손이라고 감히 추측해 볼 수 있겠다. 약지가 길면 가면假面 뒤에 깊은 감정을 숨기며 관심을 끄는 행위와 위험하고 짜릿한 사랑에 빠지기 쉽다. 약지가 긴 사람은 항상 허풍을 많이 떤다. 발표능력이 뛰어나며 유머감각이 발달되어 있다. 모든 전문 연예인, 스포츠 선수, 예술가, 유명인사들은 유난히 약지가 길다. 그에게는 인간적인 매력이 있으며 이성을 유혹하는 매력이 있다.

이 사람은 열 손가락 모두에 **단순 아치형 지문**이 있다. 그는 자제력이 강하여 현실 세계에 잘 적응하지 못한다. 단순 아치형 지문이 많은 사람은 현실적이고, 완고하며, 구태의연하고, 말을 거칠게 하며, 피상적인 것을 싫어한다.

활력선은 이미 검토해 봤으니 **의식선**을 검토해 보자.

활동적인 손의 의식선이 잠재의식의 바다를 완전히 파고들어 과도하게 나타나고 있다. 단순 아치형 지문과 함께 이 선은 아주 억압적임을 나타낸다. 그것은 또한 외곬수이며 자발성이 부족함을 나타낸다. 이 사람은 앞으로의 일을 오래 생각하는데, 생각이 많고 자기가 생각하는 목표에 과도하게 집착한다. 양손에 나타나는 사고의 과정이 약간 직관점임(선이 밑으로 곧게 내려갔으므로)을 보여준다. 수동적인 손의 선은 과도하지 않은데 안쪽으로 굽어 있고 갈라져 있어 다양성과 혼자 있기를 좋아했던 어린 시절을 나타낸다. 이러한 강박적인 성격이 발휘되는 것은 활동적으로 일하고 있을 때뿐이다. 의식선과 활력선이 떨어져 있으니 확실히 모험심이 강하고 자신의 주관대로 하려는 성격이 강하다.

감정선은 선명하고 잘 형성되어 있어 감정적인 접근이 강함을 보여주는데 양 끝이 다르다. 활동적인 손의 선 끝이 아래로 내려가 있어 소유욕이 강하고 여성들에게 접근하려는(이것이 남자 손이라면) 충동이 강함을 보여주는 반면 수동적인 손의 선은 낭만적인 이상주의자임을 나타낸다.

운명선은 흥미로운데, 선명하지만 헝클어져 있어 성공하려고 발버둥치는 사람임을 보여준다. 종종 크게 성공한 사람들의 운명선이 이렇게 생겼다. 선이 잠재의식의 바다에서 올라가므로 다른 사람들의 도움으로 일을 하며 사회적인 공감대를 활용하여 직업을 꾸려나간다. 선이 시작하는 부분은 또한 부모가 정해 주는 직업 노선에서 확실히 떨어져 있음을 나타내기도 한다.

보조선은 **여행선**밖에 없는데, 여행하고 싶은 욕구와 다른 지역, 문화, 체험 등과 관계를 맺고 싶은 충동을 나타낸다.

분석
Analysis

이것은 간단하게 분석한 것으로 주요한 사항만 적어놓았다.

이 손에서 우리가 주목할 만한 아주 중요한 특성이 세 가지 있는데 이 사람은 기력이 상당히 강하고, 자제력이 강하며, 출세하려는 욕구가 강한 사람이다.

엄지구와 **활력선**을 보면 강한 엄지손가락으로 단련된 주체할 수 없을 만큼 기력이 강하다는 것을 알 수 있다. **피부결**은 활동적인 일을 하는 사람임을 나타낸다.

열 개의 **단순 아치형 지문**은 현실적이고, 완고하며, 천박한 세상사와는 어울리지 못하는 사람임을 뜻한다. 이런 지문은 즉흥적인 감정 표현을 억제한다. 게다가 활동적인 손에는 손바닥을 완전히 가로지르며 잠재의식의 바다를 관통하는 **의식선**과 **감정선**이 있다.

검지와 **약지**가 불균형을 이루어 내면을 숨기고 싶은 욕구가 강하며, 자신을 세상에 드러내고 싶어 한다. 이 사람은 위험을 감수하고 아마도 자기파멸에 이르기 쉽다. 또한 **운명선**은 출세하기 위해 고투하는 사람임을 나타낸다. 운명선이 시작하는 부분을 보면 대중적으로 일하는 사람이며 부모로부터 물려받은 생활방식대로 사는 사람이 아님을 나타낸다. 이런 특성은 의식선과 활력선이 떨어져 있고 여행선까지 있으니 모험심과 부모로부터의 독립심이 강해진다.

다음은 활동적인 손의 감정선 끝이 깊숙히 아래로 향하고 있는데, 약지까지 크므로, 아마도 웃기고 즐겁게 해주며 여성들에게 접근하는 능력이 탁월함을 나타낸다. 이 사람은 소극적으로 낭만적인 이상주의자 형이다.

길고 강한 활력선은 기력이 튼튼하며, 기반이 견고하고 안정됨을 보여준다. 개인적인 성장배경이 좋고 현실적으로 단단한 기반을 다지고 있다. 하지만 이 사람은 검지가 짧아서 성장배경은 좋았지만 자신에 대한 자신감은 없다는 것을 알 수 있다.

과연 이러한 손의 주인공이 누구일까 맞춰보고 싶지 않은가?

그렇다, 이건 데임 에드나 에버리지Dame Edna Everage라고도 알려진 여장남우女裝男優 배리 험프리Barry Humphries의 손이다. 그는 성격대로 대중 앞에 좀처럼 나타나지 않는다. 원래 구식의 데임Dame 음악당 배우인 그는 외설적이고 저속한 유머를 하며 조롱하는 데는 호가드(영국의 판화가)와 맞먹는다. 그는 현대적인

격식과 허세를 배척하며 가식적인 고등교육 같은 것을 경멸한다. 배리Barry가 연극할 때 두드러지는 것은 그의 엄청난 정력이다. 그는 인생에서 자기파멸에 이르게 된 적이 몇 번 있었는데, 개인적으로 정서적이고 예술적인 감각을 가다듬었다는 것은 잘 알려지지 않은 사실이다.

Secret palmist assignment

남모르게 하는 수상학자의 숙제

Secret palmist assignment

우리는 배리 험프리의 손을 간략하게 검토해 보았을 뿐이다. 다시 한 번 양손을 훑어보고 그에 대해 알아낼 것이 더 있는지 찾아보아라. 잡지나 책에서 유명인사의 손을 보게 될 때마다 수상학술을 활용하여 그 사람의 성장배경과 내면적인 개성을 알아내보도록 하여라.

Brain bashing quiz

반짝 퀴즈

주어진 시간 : 10분

1 배리 험프리의 손금에서 무엇을 보고 안정적인 어린 시절을 보냈다는 것을 알 수 있는가?

2 무엇을 보고 배리가 호들갑을 떠는 사람이라는 것을 알 수 있는가?

3 이성적異性的인 행동을 하게 된다는 것은 무엇을 보고 알 수 있는가?

4 무엇을 보고 구식舊式적이며 완고하고 억압적이며 현대 세상과 동떨어진 사고방식을 갖고 있다는 것을 알 수 있는가?

5 출세를 위해 몸부림치며 열심히 일하는 사람이라는 것을 보려면 손에서 어떤 표시를 찾아야 하는가?

6 검지가 짧은 것을 보고 배리가 자신과 그가 성취한 일이 어떻다는 것을 알 수 있는가?

7 배리의 손에 있는 무엇을 보고 활력이 충만하다는 것을 알 수 있는가?

8 무엇을 보고 배리의 생활방식과 직업선택이 부모의 뜻과 다르며 그가 대중들과 일하고 있다는 것을 알 수 있는가?

9 어떤 표시가 여행을 좋아하고 새로운 체험을 추구한다는 것을 보여주는가?

Answer

정답

1 선명하고 강하며 끊어지지 않은 활력선이 어린 시절이 안정적이었음을 보여준다.

2 약지가 상대적으로 아주 길면 허풍을 잘 떠는 사람임을 나타낸다.

3 활동적인 손의 감정선 끝이 아래로 내려가 있으면 이성적異性的인 행동을 한다.

4 단순 아치형 지문이 많음을 보고 알 수 있다.

5 너덜너덜하고 헝클어진 운명선.

6 그가 아무리 성공했더라도 자기 스스로는 부족하고 자신감이 약하다고 느낄 것이다.

7 충만하고 견고한 엄지구와 선명하고 강한 활력선.

8 운명선이 잠재의식의 바다에서 시작하고 있다.

9 활력선의 밑에서 갈라져 나오는 여행선.

스물두번째 시간

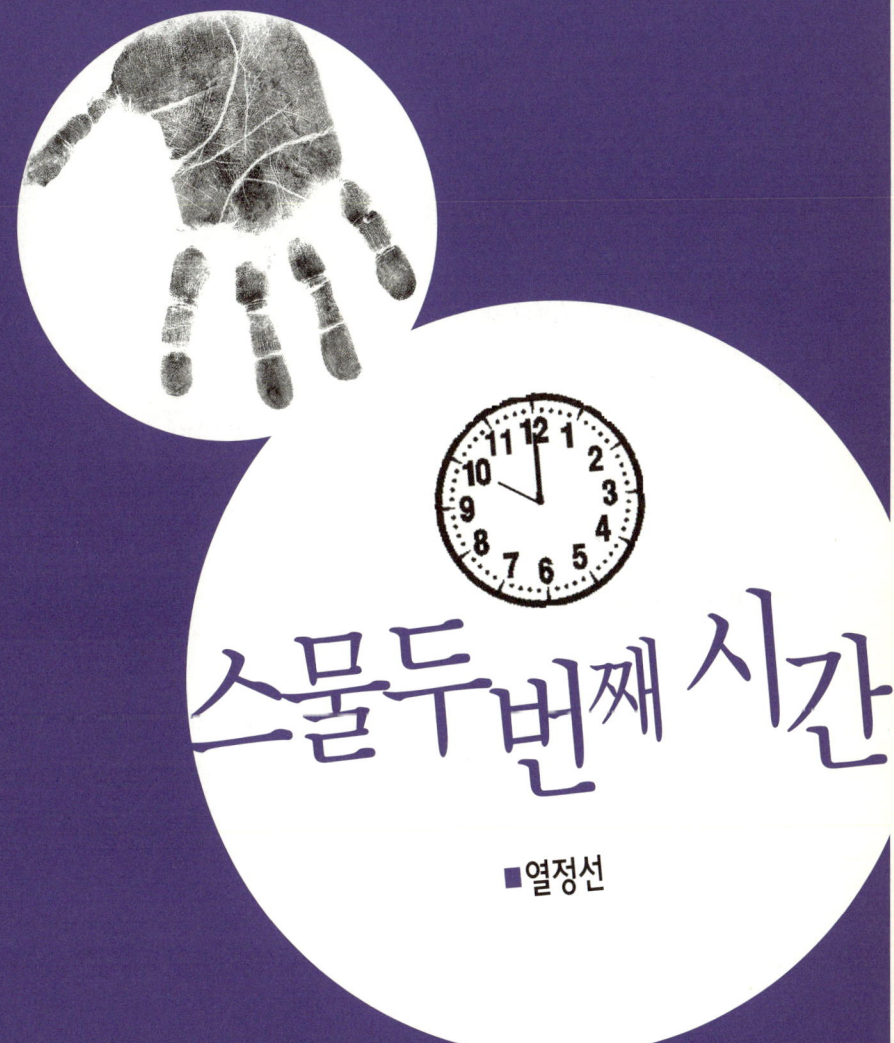

■열정선

연애선
Love lines

당신에게 감정을 의뢰하러 오는 대부분의 사람들이 자기 애정 생활이 어떨지 자문을 구하고 지침을 원할 것이다. 우리는 여기서 손금 감정시의 감정적인 면과 성적인 면을 살펴보려 한다.

열정적인가?
Hot to trot?

열정적인 사람인지 아닌지를 알기 위해서는 어떤 표시를 찾아야 하는가? 불타오르는 사랑의 표시는 찾기가 매우 쉽다. 하지만 욕정이 강한 사람일수록 성실성은 떨어지기 쉽다는 사실을 명심하시라!

맨 먼저 엄지구를 측정해야 한다. 그곳이 견고하고, 따뜻하며, 탄력이 있다면 그 사람은 육체적인 정력이 충만하고 성욕이 왕성하다. 납작하고 무기력하다면 아무리 격정적인 상상을 많이 한다고 해도 써먹을 만한 힘이 없다.

활력선을 보아라. 그것이 길고 강하면 성적인 정력이 강하고 활력이 있는 사람이다. 약하고 끊어져 있다면 촉감이 차가우며, 기력이 금방 떨어진다.

다음은 감정선의 상태를 본다. 감정선이 깊고 붉으며 끊어지거나 섬 문양이 없이 검지와 중지 사이로 굽어 올라간다면 낭만적이고 감정을 강하게 드러내는 사람이다. 선이 곧고 붉으면 그렇게 감정을 드러내거나 낭만적이지는 않지만 감정이 빨리 북돋아진다. 선이 끊어지고 약하면 감정 기복이 심하고 약해지며, 그런 사

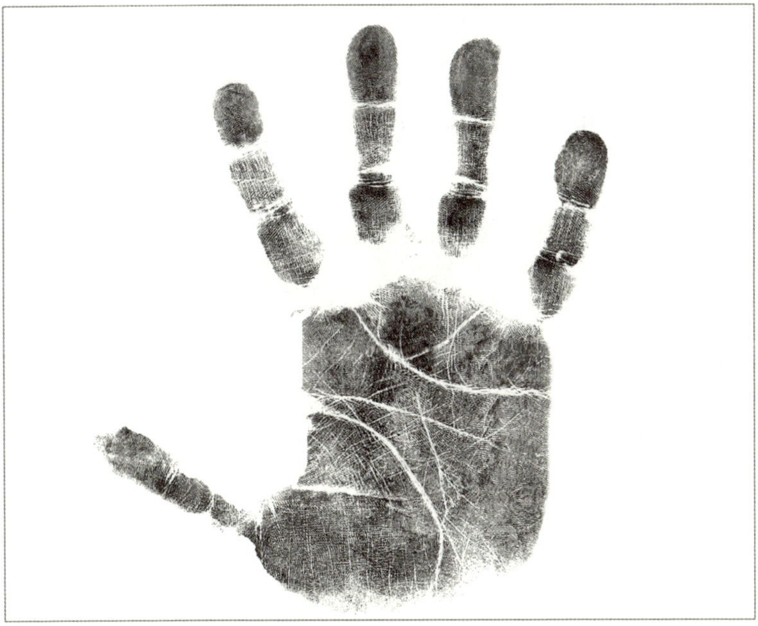

▲강한 열정 표시가 모두 다 있는 손바닥

람은 자기가 무엇을 느끼는지 왜 그런지 정확하게 알지 못한다.

열정선을 보자. 열정선이 있으면 성적인 상상력이 활발하고 역할놀이를 좋아하며 치장하는 것을 좋아한다.

검지와 약지 길이의 균형을 보자. 약지가 길면 악명 높은 바람둥이이며 장난기가 있고 자신을 멋있게 보이려고 열심이다. 그들은 남들을 기쁘게 해주려고 노력하며 살살거리고 몸을 치장한다. 검지가 긴 사람은 진지하게 대하기를 원하며 치장하는 것을 싫어하고 게임을 하려 들지 않는다.

새끼손가락의 길이를 보면 의사소통 능력을 잘 알 수 있다. 성관계는 의사소통의 기본 형태라는 점을 명심하시라. 새끼손가락이 길면 성적인 기술이 다양하며 사랑의 언어를 구사하는 능력이 출중하다. 반대로 새끼손가락이 짧으면 침실에서의 다양하고 깊이 있는 기술이 덜 발달되어 있다.

화합가능성
Com patibility

둘이 화합하며 살 수 있는지를 알아보려면 두 사람의 손을 비교해 보면 되는 것인지에 대한 질문을 종종 받게 된다. 여기에 그 방법이 있다.

감수성과 분위기
Sensitivity and Atmosphere

화목한 애정 관계를 유지할 수 있는지를 보는 가장 중요한 부분 중의 하나는 피부결이다. 손바닥 피부결이 크게 다른 사람끼리는 결코 어울리지 않는다. 비단결 피부결의 여자는 거친 피부에 투박하고 두꺼우며 둔감한 피부를 가진 남자를 찾는다. 한편 그런 남자는 여자의 감상적이고 아주 세심하며 신경이 예민한 부분을 동경한다.

상상해 보건대, 피부결을 보면 그 사람이 어떤 환경과 분위기에 적합한지를 알 수 있다.

비단결 피부를 가진 사람들은 촛불, 속삭이는 대화, 빈정거리는 말, 부드러운 애무 등과 같은 것에 가장 민감하게 반응한다.

종이질 피부를 가진 사람들은 연애를 할 때 재치 있는 대화와 지적인 면모를 좋아하는데, 그들은 몸짓과 눈짓에 쉽사리 반응한다. 경쾌한 분위기에 음악과 조명이 잔잔히 흐르는 분위기가 적합하다.

나뭇결 피부의 사람들은 연애를 할 때 오래 질질 끌지 않는다. 그들은 인내심이 없다. 낭만적인 밀회를 즐길 때도 급하다. 롤러코스트 타기, 무개無蓋 스포츠카 몰기, 나이트클럽 가기 등 짜릿하고 자극적이며 흥이 나는 것들을 파트너와 함께 행하는 것을 좋아한다. 그들은 전향적이며, 유행하는 옷을 입고 밝은 조명을 선호한다. 만지고, 키스하고, 집적거리고 싶은 욕구도 어물쩍거리지 않고 스스럼없이 한다.

거친 피부결의 사람들은 미묘한 것에는 반응하지 않는다. 직설적인 것을 좋아한다. 사랑의 언어나 시를 구사하느라고 오랜 시간을 보내지 않는다. 이런 피부결의 남자와 친해지려면 같이 식사를 하고, 산책을 하거나, 그 사람만큼 야성적(거친 피부결은 남성들의 손에 더 많다)이라는 것을 보여주기 위해 야외활동을 같이 하면 좋을 것이다. 이래도 저래도 안 된다면 그냥 손을 잡고 침대로 끌어들이는 수밖에 없다.

누가 보스인가?
Who' s boss?

관계가 오래 지속되면서 누가 지배적인 위치에 있는가를 고려해야 한다. 관계는 인생 문제 전반에 걸쳐 함께 풀어야 하는데, 일방이 다른 일방을 너무 많이 지배하는 것은 바람직하지 않다. 이것을 확인하는 핵심은 검지의 길이를 보는 것이다.

일방은 검지가 유난히 긴데 다른 일방은 유난히 짧다면 여러분은 검지가 긴 사람이 보스라고 내기를 걸어도 된다. 문제는, 약지가 긴 사람은 무모하고 무책임한 반면, 검지가 긴 사람은 지저분한 것을 싫어하여 깨끗이 치운다는 것이다. 검지가 긴 사람이 자신을 억누르며 참고 있을 때, 약지가 긴 사람은 자기 기분 내키는 대로 하며 뜨거운 이마의 땀을 닦는다. 즉, '내' 위주로 행동하는 것을 대수롭지 않게 생각하는 것이다.

두 사람의 검지 길이가 상대적으로 비슷할 때, 즉 둘 다 짧거나, 보통이거나, 길 때 화합이 가장 잘 어우러진다.

손가락 지문 비교
Fingerprint comparison

지문은 관계를 보는데 있어서 아주 중요하다.

장기적인 관계에서는 수동적인 손의 지문을 본다.

알게 된 사람을 처음 만날 때는 활동적인 손의 지문을 본다. 수동적인 손이 더 깊고 순종적인 성격을 나타내기 때문에 이 손으로 진정한 친밀감을 보는 것이다.

검지의 지문
Mirror finger print patterns

수동적인 손의 검지 지문은 무엇보다도 가장 중요하다. 일반적인 달 모양의 고리는 어느 누구와도 잘 어울리며 융통성이 좋다. 하지만 다른 점이 있다는 것이 중요하다.

검지에 소용돌이 지문이 있는 사람은 자신을 집단의 일원으로 생각하지 않는다. 그들은 항상 개인 위주로 생각하며 혼자만의 공간을 필요로 한다. 이런 사람이 만약 검지에 아주 불안정한 방사상 고리형 지문이 있는 파트너를 만난다면 문제가 될 수 있다.

방사상 고리형의 사람은 부탁을 받으면 항상 확인하고 또 확인하지만 검지에 소용돌이 지문이 있는 사람은 너무 쉽게 자신을 닫아버린다.

소용돌이 지문이 있는 사람은 자기중심적이 되기 쉬우며 자신을 자기 자신의 세상에 가두어놓고 싶어 한다. 이는 혼합형 지문이 있는 사람과 반대이다.

혼합형 지문이 있는 사람은 자기가 무엇을 원하는지도 알지 못하며 의사결정을 하는 데 있어 항상 우유부단하다. 그들은 이기적이고 타협할 줄 모르는 소용돌이 지문을 가진 사람들이 필요한데, 소용돌이 지문을 가진 사람들은 혼합형 지문의 사람들을 머뭇거리며 관망하는 사람으로 인식한다.

검지에 단순 아치형 지문이 있으면 천성적으로 자신의 감정을 억제하며 욕구를 쉽게 표출하지 않는다. 그들은 사랑, 상처, 연민을 고백하는데 오랜 시간이 걸린다. 이러한 지문은 현실의식이 강하여 전구도 갈아끼우는 못하는 사람은 거들떠보지도 않는다.

단순 아치형이 있는 사람이 텐트형 아치가 있는 사람과 짝을 이룬다면 좌절을 겪게 될 것이다. 검지에 텐트형 아치가 있으면 강렬하고, 감정을 발산하며, 신나는 것을 추구하는 사람이다. 그런 사람들은 단순 아치형의 억압적이고 현실적인 성격에 미쳐버릴 수도 있다.

엄지의 지문
Thumb print patterns

엄지손가락에 소용돌이 지문이 있으면 혼자 하려 드는 성향이 강하므로, 파트너가 이런 지문을 갖고 있고 파티에 혼자 가고 싶어 한다 해도 놀라지 마시라. 그것은 당신을 사랑하지 않아서가 아니라 단순히 자유롭게 지내는 걸 원하기 때문이다.

엄지에 단순 아치형 지문이 있는 사람들은 저녁을 먹고 나서도 계속하여 밤새 이야기하는 것을 좋아하지만, 혼합형 지문이 있는 사람들은 남은 인생 동안 해야 할 일들을 알고는 기절초풍한다. 대체적으로, 엄지에 서로 다른 지문이 있는 것이 검지에 상반되는 지문이 있는 것보다 골치가 덜 아프다.

더 보아야 할 것들
Other indications to consider

감정적이고 성적인 측면을 비교하는 데 있어 더 확인해 보아야 할 것들이 감정선과 애정선이다.

감정의 행태를 알아보기 위해서는 감정선을 보아야 한다.

선이 약하고 짧으면 오래 가지 못하는 감정 관계를 나타내며, 강하고 긴 선이면 그 반대이다. 특히 감정선의 끝을 유심히 보아라. 이것은 그 사람이 이상주의적인지(검지에서 끝남), 질투심이 강한지(활력선으로 떨어짐), 낭만적인지(검지와 중지 사이에서 끝남), 강박관념이 강한지(아주 길다), 은둔적인지(아주 짧음) 아니면 바람둥이인지(끝이 여러 갈래로 갈라짐)를 나타낸다.

다음은 애정선을 보자.

이것은 잠재의식 속에 있는 부정적인 양상의 표출인데, 이상형의 배우자와 결합(아주 긴 선), 부적절한 파트너를 찾으려는 충동(이혼선) 또는 새끼손가락을 지나가는 선(오랜 동안 성생활을 하지 않음)의 형태로 나타난다.

마지막으로, 새끼손가락의 위치를 확인한다.

아래로 축 처져 있으면 성적으로 미숙하고 어렸을 적에 아버지 문제가 있을 수 있다.

이러한 모든 것들을 확인했으면 고객을 놀라 자빠뜨릴 수 있을 만큼 훌륭하게 감정적이고 성적인 면을 분석해 줄 수 있다. 당장 실행해 보시라!

Secret palmist assignment

남모르게 하는 수상학자의 숙제

Secret palmist assignment

당신이 잘 모르는 다섯 명의 손금을 채취하고, 그들의 엄지구와 피부결을 점검해 보고, 손금의 문양들을 주의 깊게 관찰하여 기록하여라. 집에 가서 감정적인 면과 성적인 면을 모두 분석하고 그들의 정력과 감수성이 얼마나 되는지 파악해 보아라. 감정선은 특별히 주의 깊게 점검하여라. 각 사람에 대하여 기록을 다 하였으면 그들과 앉아서 감정한 것을 말해 주어라. 공부가 되도록 당신이 감정해 준 사람들로 하여금 질문을 하고 결과를 답해 보게 하여라.

Brain bashing quiz

반짝 퀴즈

주어진 시간 : 10분

1 열정적인 사람인가를 보려면 무엇을 확인하여야 하는가?

2 부부가 감정적으로 화합할 수 있는 피부결은 어떠한 유형인가?

3 비단결 피부를 가진 사람은 거친 피부를 가진 사람과 잘 맺어질까?

4 군림하는 성격인가를 알아보려면 엄지손가락의 크기를 확인하면 되는가?

5 수동적인 손의 검지에 소용돌이 지문이 있는 사람은 똑같은 손가락에 혼합형 지문이 있는 사람과 잘 어울릴까?

6 수동적인 손의 검지에 텐트형 아치가 있는 사람은 똑같은 곳에 단순 아치형 지문이 있는 사람과 잘 어울릴까?

7 무엇을 보고 그 사람이 바람둥이인지를 알 수 있는가?

8 아래로 축 처진 새끼손가락은 감정 분석에 있어서 중요한가?

9 애정선이 아주 길고 곧으면 평생 금욕주의자임을 뜻하는가?

Answer

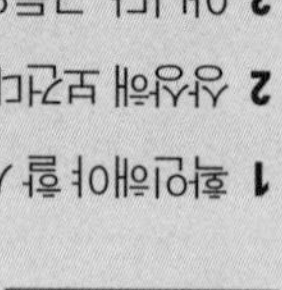

정답

1 확인해야 할 사항들 : 엄지구, 활력선, 감정선, 열정선(있으면), 약지와 소지의 길이.

2 상상해 보건대, 피부결을 보고 그 사람이 어떠한 환경에 적합한지를 알 수 있다.

3 아니다. 그들의 서로 다른 손바닥 피부결은 서로 감수성의 정도가 아주 다르다는 것을 뜻한다.

4 아니다. 검지의 길이를 보고 지배적인 성격인가를 판단한다.

5 힘들다. 소용돌이형은 개인주의적인 성격이 강하고 혼합형은 개방적이고 결단력이 약하다.

6 이 둘은 잘 어울리지 못한다. 하나는 신중하고 자제력이 강하며, 다른 하나는 흥분을 잘하고 격렬하다.

7 감정선의 끝이 여러 갈래로 갈라져 있을 때.

8 그렇다. 축 처진 소지는 성적인 성숙도와 아버지 문제를 나타낸다.

9 아니다. 그것은 '올바른' 배우자를 끊임없이 찾는 것을 뜻한다.

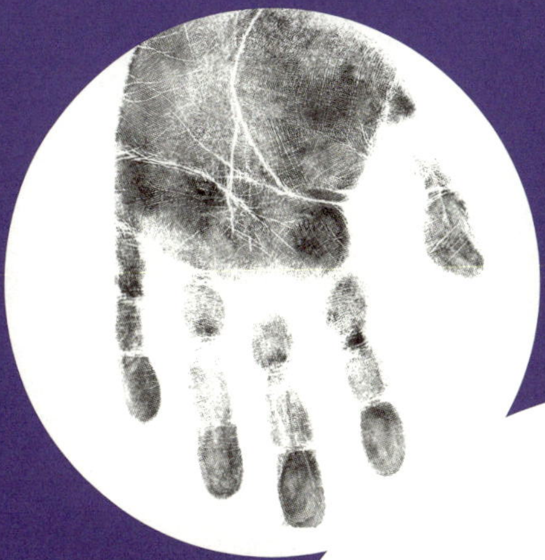

스물세번째 시간

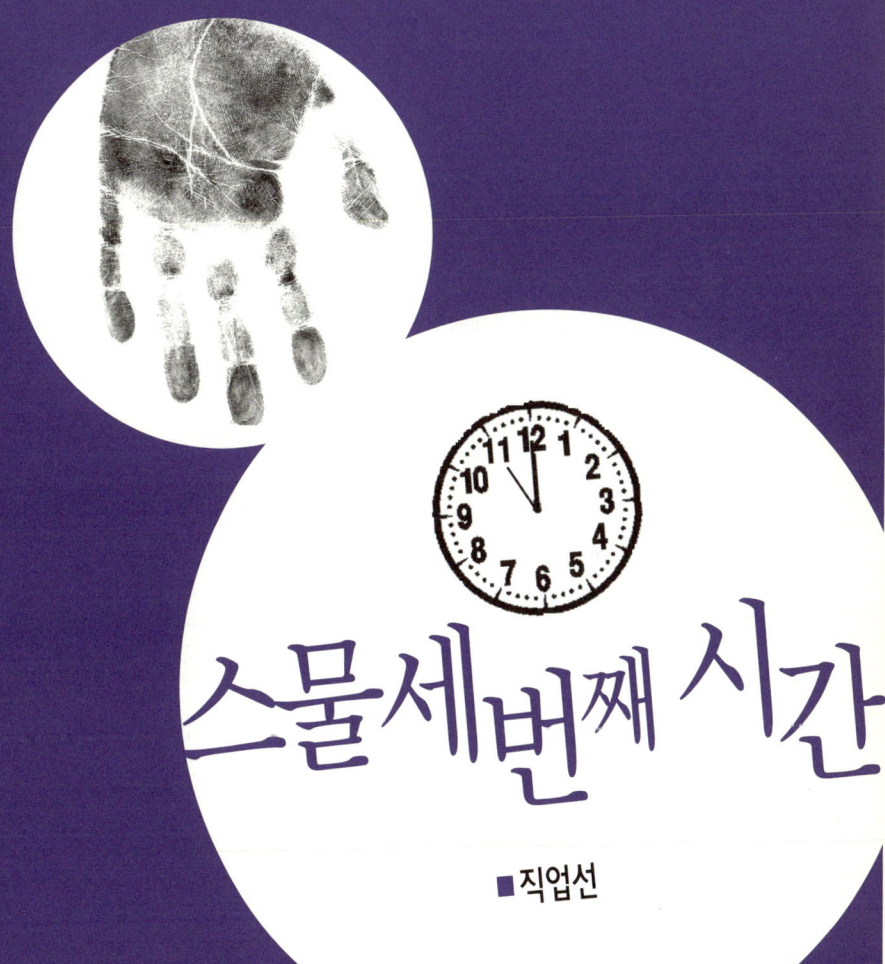

■직업선

직업에 관하여
Talking business

사람들이 어떠한 직업을 택해야 하느냐고 물을 때 유용한 도움을 줄 수도 있다 – 이 내용은 매우 자주 접하는 질문이다. 하지만 어느 특정한 직업을 추천하지는 마시라. '건축가가 되는 게 좋겠다' 라고 말하는 것은 지나치게 단순하다. 다만 어느 특정한 업무 분야만 지적해 주면 된다.

직업vocation은 '소명하다' 라는 뜻의 그리스어 'voca' 에서 유래되었다. 이것은 일의 실체를 나타내는 것으로 사람들이 특별히 어느 분야에 적합하고 어떠한 재능을 갖고 있는지를 소명하는 것이다. 이러한 의미에서 수상학은 직업 선택에 대한 지침을 줄 수 있는데, 높은 봉급을 받는 최선의 방법을 알려주는 것이 아니라 어느 분야에서 그 사람이 만족감과 성취감을 얻을 수 있는지를 찾아줄 수 있는 것이다.

피부결부터 본다
Begin with the skin

직업의 적성을 보려면 항상 피부결부터 점검한다.

비단결 피부의 사람들은 부드럽고 경쟁적이지 않은 일을 하고 싶어 하는데, 그들은 조용한 분위기를 원하며 예술, 치료와 복지 관련 직업에 적합하다.

종이질 피부의 사람들은 의견을 교환하는 작업 환경, 의사소통의 도구가 있는 환경을 추구한다.

나뭇결 피부의 사람들은 쉽게 싫증내므로 뚜렷한 목표와 치열한 경쟁을 필요로 한다. 그들은 세심함을 많이 필요로 하지 않고 싫증만 나지 않는다면 열심히 일하고 특별히 뭔가를 할 수 있다.

거친 피부의 사람들은 육체적인 일에 적합하며 야외에서 하는 일을 좋아한다. 주로 앉아서 하는 책상 업무를 하면 그들을 미치게 만든다.

단순 명확한 손
Clear and simple

대체로, 손금이 몇 개 없는 단순하고 명확한 손을 가진 사람들은 복잡하거나 헷갈리고 다양한 일을 좋아하지 않고 단순하고 간단한 일을 좋아한다.

꽉 찬 손을 가진 사람들은 정신적으로 복잡한 일을 좋아한다.

손가락을 본다
Put your finger on it

다음은 손가락을 확인해 보자. 맨 먼저 엄지손가락을 본다.

엄지손가락이 빳빳한 사람들은 자신을 채찍질하며 열심히 일하기 때문에 통제가 별로 필요 없다.

엄지손가락이 잘 굽어지는 사람들은 일이 힘들어지면 쉽게 느슨해진다. 그런 사람들은 '인사' 관련 직업에 적합하고, 빳빳한 엄지손가락을 가진 사람들은 묵묵하게 열심히 일하는 직업 분야에 적합하다.

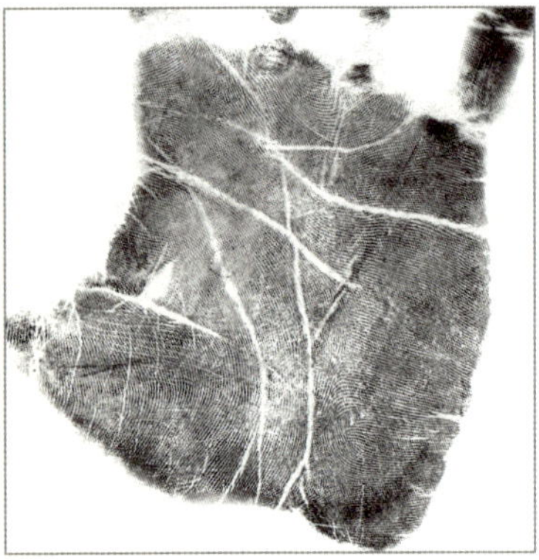
▲정비공의 단순한 손금

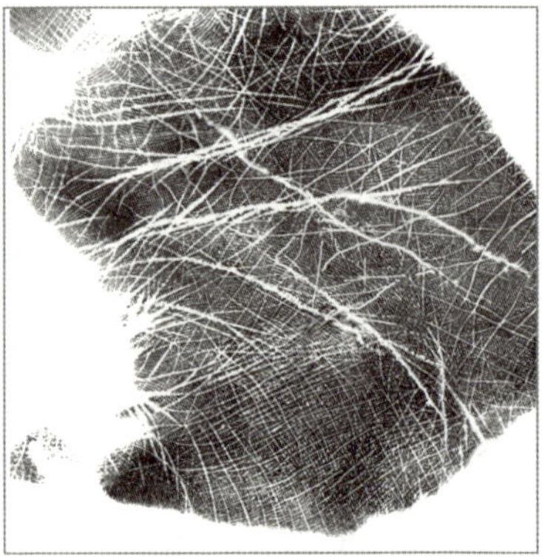
▲정신분석가의 복잡한 손금

그 다음에는 검지를 본다.

검지가 긴 사람들은 자기 직무 분야에서 우두머리가 되고, 사람들을 관리하고 싶어 한다. 자영업, 인사관리, 자기개발과 같은 자기 입김이 많이 들어가는 일이나 가르치고 보살피는 엄마 역할

하는 일을 좋아한다. 그들은 일을 함에 있어 항상 존경받아야 하고, 성과를 많이 올리며, 기대치가 높고, 자신의 이상을 실현하는데 주안점을 두고 있다. 그들은 또한 자기를 성찰하는 일에도 빠져들어 심리학, 상담학, 자기개발, 점성술 등 다른 사람들을 꿰뚫어보는 기술에 관련된 것이면 무엇이든 심취한다.

다음으로 중지를 본다.

중지가 긴 사람들은 규칙, 규정, 경계, 법을 시행하는 관료조직에서 일하는 것을 좋아한다. 확인하고, 문서를 정리하고, 점검하고, 계획을 수립하고, 조사하는 정부조직이나 대기업 조직에 알맞다.

중지가 짧거나 구부러져 있는 사람은 인습에 얽매이지 않으며, 권위에 도전하는 일을 하고 싶어 하거나, 틀에 얽매이지 않고 다양성을 추구하는 사람이다. 여행업계에서 일하는 사람들이 종종 이러한 손을 가지고 있다.

약지가 긴 사람들은 기술을 보여주고 싶어 하거나 어떤 식으로든 과시하고 싶어 하며, 때로는 함께 일하기 위해 속임수를 쓰기도 한다. 이런 사람들은 예술 방면 같은 전문직과 판매행위나 정치 같은 대중적인 이미지를 살릴 수 있는 곳에 아주 적합하다.

새끼손가락은 직업을 보는데 있어 아주 중요한데, 이 손가락이 길면 교사, 작가, 영업, 자문 등 의사소통에 관련된 직업이 적합하다. 새끼손가락이 긴데 아래로 처져 있어 짧게 보일 수도 있다는 점을 잊지 마시라.

지문 분석하기
Working out the prints

이제는 지문을 보자. 활동적인 손의 중지 지문이 직업을 선택하는데 아주 중요하다.

중지에 소용돌이 지문이 있으면 자유롭게 일을 하여 세계적인 성공을 일궈내는 유형이다. 그들은 자기들만의 시간 속에서, 자기들만이 할 수 있는, 자기들에게 꼭 맞는 일을 하는 것을 좋아한다.

중지에 단순 아치형 지문이 있으면 안전하고, 보수적이며, 금전적 보상을 받는 일을 추구한다.

검지로 넘어가서, 검지에 소용돌이 지문이 있으면 자율성을, 단순 아치형이 있으면 현실성을 추구하며, 방사상 고리형이 있으면 '사람' 돌보는 직업에 적합하다. 텐트형 아치가 있는 사람은 연극과 흥분에 들뜨는 일 같은 것을 좋아한다. 그들은 획기적인 교습법과 남들에게 동기를 부여하는 재능을 갖고 있다.

손가락 사이에 있는 문양들도 아주 중요한데, 여가의 고리가 있는 사람들은 일에서 재미를 추구하며 일을 취미삼아 한다. 그들은 법률과 의학처럼 온통 마음을 다 빼앗기는 신중한 직업에는 별로 관심이 없고 우선순위를 여가시간 활용에 둔다. 업무의 고리가 있는 사람들은 그와 정반대로 여가시간을 포기하고 죽도록 일하려는 욕심이 강하다.

직업선
Working lines

운명선은 직업을 보는 데 있어서 가장 중요한 선이다.

여러분은 이 선이 없는 사람들로부터 직업 선택에 대한 질문을 가장 많이 받을 것이다. 아시다시피, 이 선이 없으면 자신의 정체를 망각하고 진정으로 자기가 무엇을 원하는지도 모르는 사람이다. 운명선이 없는 사람들에게 자영업을 하라고 조언하지는 말아라. 자영업을 하려면 명확한 목표가 설정되어 있어야 하고 체계적이고 헌신적으로 일하려는 의욕이 있어야 한다. 운명선이 없는 사람들은 이러한 의식이 부족하다.

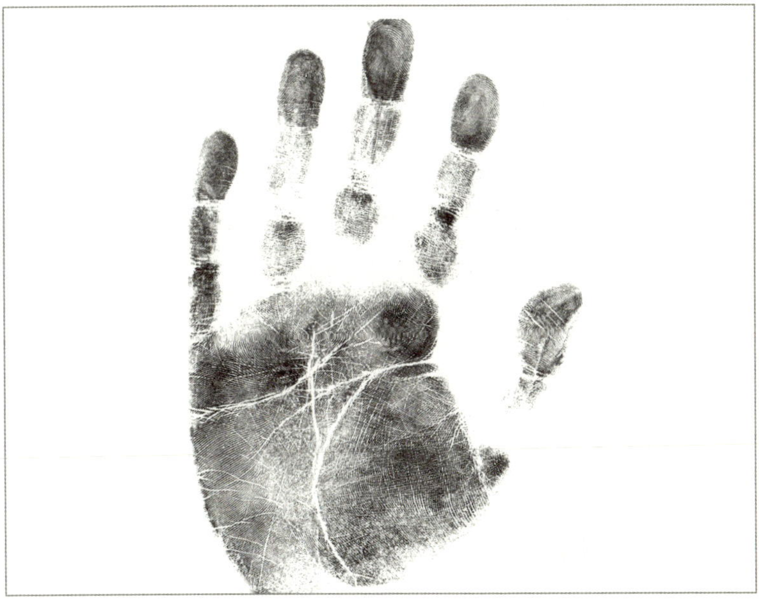

▲**은행가의 손** – 운명선이 생명선과 연결되어 있고 중지도 길다

운명선이 있고 잠재의식의 바다에서 출발하면 예술적이고, 개인적이며, 사회적인 일에 적합하고, 활력선에서 뻗어 가면 보다 전통적이고, 체계적이며, 대규모 기관에서 일하는 것이 더 적합하다.

운명선이 활력선과 붙어 있으면 개인적인 기쁨은 아랑곳하지 않고 가족의 요구에 의해 직업을 선택하고 안정과 전통을 추구하는 것을 의미한다. 종종 새로운 선이 손바닥 중앙에서 생겨나면 새로운 목표를 설정하고 가장 중요한 일을 시작하는 때임을 나타낸다.

운명선이 많은 스트레스를 받고 헝클어져 있을수록 개인적인 성공이 아니라 출세를 지향하기 위하여 몸부림치며 스트레스를 받는 사람이라는 것을 잊지 마시라. 그들은 좀 느긋해지고 인생의 우선순위를 재설정하는 것이 필요하다.

운명선이 길고 강하며 깊으면 비록 무덤을 파는 직업일지라도 자기가 하는 일에 만족하는 사람임을 뜻한다. 그들은 늘 균형을 추구하며 결국에는 스스로 목표를 수립한다.

의식선을 보자.

의식선이 짧은 사람들은 자기가 알고 있는 것을 일을 수행하는데 적용하고 싶어 하며, 모든 에너지를 특정한 기술에 쏟아 붓는다. 의식선이 긴 사람들은 심사숙고하고, 추측하며, 터득하고 평가하고 싶어 한다. 그들은 자신의 의견을 잘 내며 혼자 일을 해내는 데 능숙하다. 대체적으로, 의식선이 긴 사람들은 추상적인 정보와 관련된 일에 더 적합하다.

독립적인 사고와 독창성을 요하는 일에는 활력선과 의식선의 시작점이 넓게 떨어져 있는 사람들에게 적합하다. 두 개의 선이 서로 붙어 있는 사람들은 자기 스스로 의사를 결정하는 데 취약하며, 정해진 절차를 따라서 하는 일에 적합하다.

감정선은 일을 하는 데 있어 사람들과 얼마나 잘 소통할 수 있는지를 나타내주는 지표이다. 팀의 일원이거나 관리자들은 사람들과 잘 융합할 수 있도록 좋은 감정선을 갖고 있는 것이 좋다.

감정선이 짧은 사람들은 다른 사람들과 잘 어울리지 못하는데, 그들은 혼자 일할 때가 업무 수행 능력이 더 좋다. 감정선이 아주 긴 사람들은 복지관련 직업에 매력을 느낀다.

보조 직업선
Minor lines at work

보조선은 특정한 직업에 적합하다는 것을 암시해 주는데, 다음에 언급하는 문양들 중 하나라도 있으면 특정한 업무 분야에 재능이 있음을 나타낸다.

예를 들어 솔로몬 링은 수상학자, 강사, 상담전문가들에게서 주로 발견되는데 통찰력을 요하고 일대일一對一로 일하는 직업에 적합하다. 교사의 사각형은 다른 사람들을 가르치고 관리하는 사람들에게서 흔히 나타난다. 사마리아 선은 간호사와 치유자들에게 흔히 있으며 활력선의 밑에서 갈라지는 여행선은 비행기 조종사와 관광안내원 같은 사람들에게서 주로 나타난다. 공상의 선이 있는 사람들은 일을 하는 데 있어 자기의 상상력을 동원하는데 예를 들면, 옷을 디자인하거나 연극을 가르치는 일 등이다. 자연의 고리가 있는 사람들은 식물과 관련된 일에 적합하며 정교하고 곧은 신경활동선이 있는 사람들은 자기의 아이디어 능력을 활용하는 일에 적합하다는 것을 나타낸다.

명심하되, 사람들에게 어느 한 가지 직업을 찍어주려 하지 말고 적합한 업무 분야만을 지적해 주어라. 그것으로 사람들이 올바른 방향으로 갈 수 있게 하는 데 충분하다.

Secret palmist assignment

남모르게 하는 수상학자의 숙제

Secret palmist assignment

당신이 잘 모르는 다섯 명의 손금을 채취하고, 그들의 엄지손가락 강도와 엄지구의 크기 및 피부결을 점검해 보고, 손금의 문양들을 세세하게 기록하여라.

집에 가서 다양한 분야의 직업을 철저하게 분석하여 보고 당신이 감정하는 사람들이 어떤 직업 분야에 적합할지 추측해 보아라. 엄지손가락의 강도가 중요하다는 것을 명심하여라. 엄지손가락이 쉽게 휘어지는 사람들은 자신을 강하게 몰아붙이는 것을 싫어한다. 특히 그들의 운명선을 주의 깊게 살펴보아라.

각 사람들에 대한 기록을 마쳤으면 그들과 함께 앉아서 감정한 것을 읽어주어라. 공부가 되도록 당신이 감정해 준 사람들에게 직업이 무엇인지, 직업을 갖는다면 하고 싶은 것이 무엇인지를 물어보고 결과를 답해 보게 하여라.

Brain bashing quiz

반짝 퀴즈

주어진 시간 : 10분

1 '직업vocation' 이란 말은 어디에서 유래되었는가?

2 직업을 분석할 때 손금 문양부터 살펴봐야 하는가?

3 검지가 긴 사람은 일터에서 무엇을 하기를 원하는가?

4 약지가 긴 사람은 책임감이 강한가?

5 작가들 중에는 새끼손가락이 긴 사람이 흔한가?

6 검지에 방사상 고리형의 지문이 있는 사람은 경쟁적인 환경에서 일하기를 좋아하는가?

7 검지에 단순 아치형 지문이 있는 사람들은 어떠한가? 다른 사람들을 고취시켜 주는 것을 좋아하는가?

8 직업을 보는 데 있어 가장 중요한 주요선은 무엇인가?

9 운명선이 활력선에 붙어서 시작하는 사람은 대중들과 함께 일한다는 것을 의미하는가?

Answer

정답

1 '직업vocation' 이란 말은 '소명하다' 라는 뜻의 그리스어 'voca' 에서 유래되었다.

2 아니다. 직업 분석은 피부결부터 점검하여야 한다.

3 검지가 긴 사람들은 통제하고 존경받으며 자기의 입김을 불어넣을 수 있는 일을 원한다. 그들은 업무에서 높은 수준과 개인적인 이상을 추구한다.

4 아니다. 약지가 긴 사람들은 가능한 한 책임을 회피한다.

5 그렇다. 긴 새끼손가락은 작가들에게 흔하다.

6 아니다. 방사상 고리형의 지문이 있는 사람들은 경쟁을 싫어하고 협조적인 환경을 선호한다.

7 아니다. 단순 아치형의 사람들은 현실성과 안정성을 추구한다.

8 운명선이 직업을 보는데 가장 중요하다.

9 아니다. 이런 유형은 취직을 우선적으로 여기며, 체계적이고, 가정과 안정을 중시하는 전통적인 직업을 갖는 사람임을 의미한다.

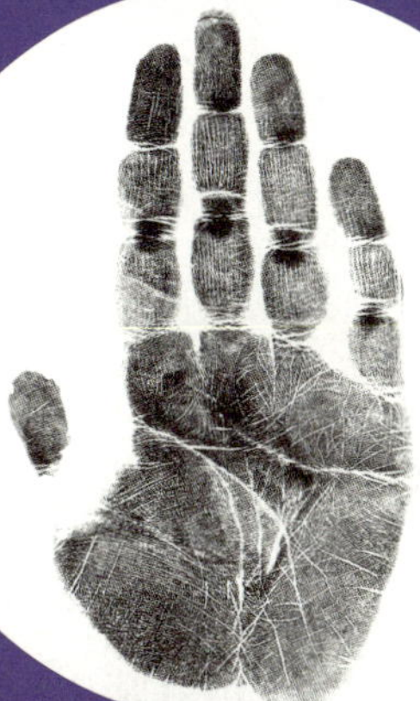

스물네번째 시간

■심리학적 수상학

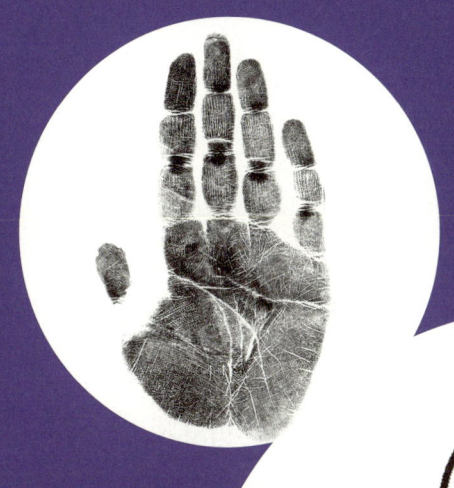

심리분석하기
Psyching people out

여러 면에서 손금 감정은 심도 있는 심리분석이라 말할 수 있다. 오늘날 수상학의 위력은 사람들이 사고思考하는 과정상의 미묘한 것들이 손 안에 전부 세세하게 나타나 있다는 것이다.

지문의 위력
Print power

지문의 유형은 심리학적인 면에서 특히 위력적이다. 단순 아치형, 방사상 고리형, 혼합형 하는 식으로 단순 관찰하여 간단히 설명함으로써 평생의 행동양식에서 사람들을 벗어나게 할 수 있다.

예를 들어, 소용돌이 지문을 가진 사람을 감정해 줄 때는 단체생활을 하는 것이 어려우니 혼자만의 공간을 갖고 모든 것을 혼자서 처리하는 일을 해야 한다고 충고함으로써, 스스로 독립하도록 유도하는 꼴이 된다. 사람들은 다른 사람들과는 달리 왜 자기가 어려운 시기를 겪고 어떠한 길을 가고 있는지를 잘 모른다.

여러분이 그들의 특정한 손금 유형을 지적해 주면 바로 그들의 정신적 조각 그림 맞추기에서 잃어버린 한 조각을 찾아주게 되는 것이다.

보고 들춰내기
Seeing and revealing

손금 감정은, 뒤틀리고 휘고 그늘이 졌어도 사람들이 렌즈를 통하여 세상을 보는 것들을 똑바로 묘사해 내는 것과 같다. 그 과정은 사람들이 눈을 뜨고 스스로를 보게 하며 세상을 달리 보도록 하는 것이다. 그들은 여러분들이 주는 도움과 충고의 말들을 항상 간직하고 살 것이다. 그것이 손금 감정을 잘 해주는 것이 세상에서 가장 보람 있는 일이 되는 이유이다.

몇 개의 손을 보고 심리적인 특성들을 몇 가지 짚어보자.

외향적인가, 내성적인가
Extrovert or introvert

이것은 아마도 성격을 구분하는 가장 중요한 요소로써 손에 두 가지 형태의 차이가 분명하게 나타나 있다.

내성적인 사람들은 손가락을 항상 꽉 오므리고 있으며 쉽게 펴려고 하지 않는다. 피부결은 주로 비단결 아니면 거친 편이다. 손금들은 흐릿하고 정교하거나 두껍고 도랑처럼 생겼다.

의식선은 잠재의식의 바다로 깊게 굽어내려 내심內心을 중요시하는 성격임을 보여준다.

의식선은 대개 활력선이 시작하는 지점과 맞붙어 있다. 검지가 길어도 내성적인 성격이 가미될 수 있다.

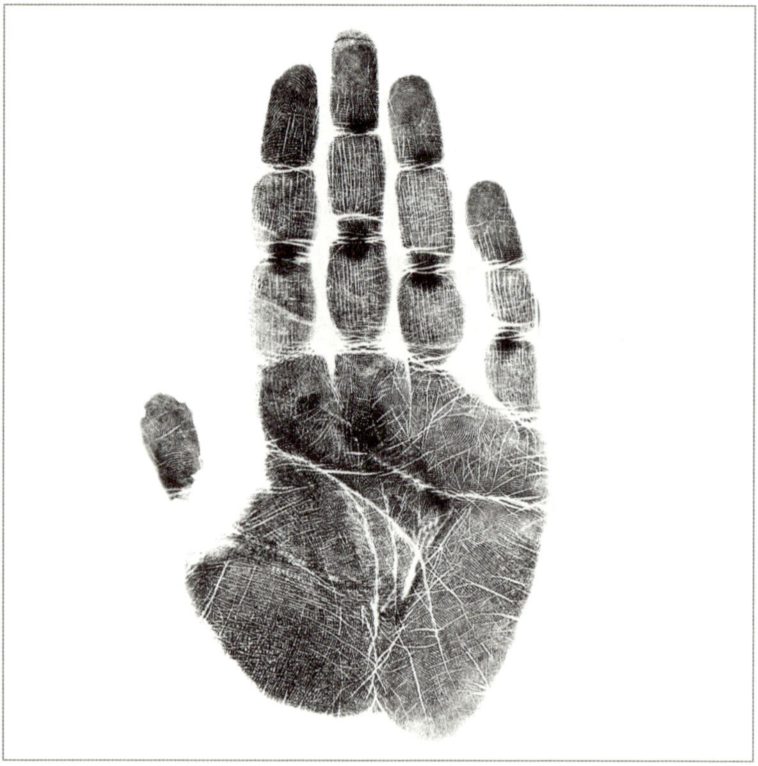

▲내성적인 사람의 손

외향적인 사람들은 자연스럽게 손가락을 넓게 편다. 그들은 주로 나뭇결 피부이며 약지가 길다. 의식선은 곧으며 손금들이 대체로 굵고 강하다. 특히, 의식선과 활력선이 시작하는 지점이 넓게 떨어져 있다.

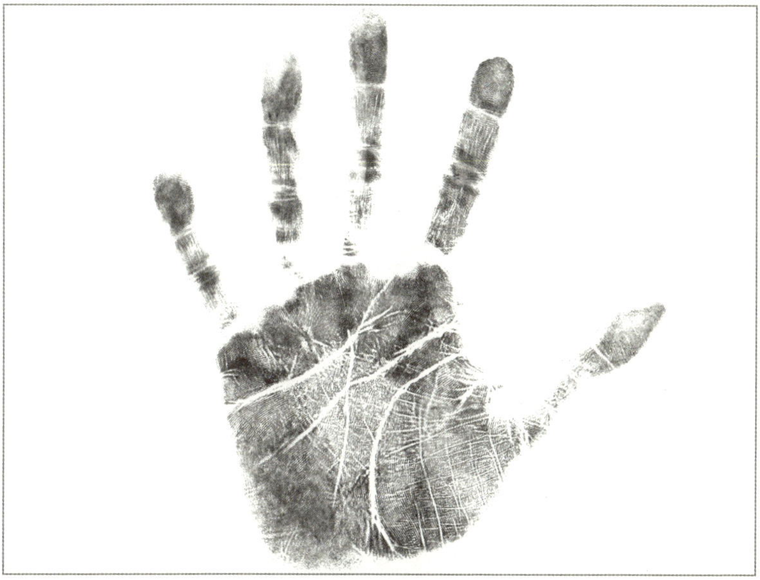

▲외향적인 사람의 손

집착하는가, 개방적인가
Obsessive or open-minded

성격 유형을 좀 더 살펴보자. 또 하나 구분해야 할 중요한 요소는 좁은 마음이지, 강박관념이 강한 성격인지, 자유로운 사고인지, 유연한 성격인지를 보는 것이다.

강박관념을 나타내는 제일 강한 표시는 막쥔(원숭이 손금) 손금이다. 마음이 좁은 사람들은 또한 의식선과 감정선이 아주 가까이 붙어서 가거나 그 두 선에 합류하는 선들이 많다. 또 찾아볼 것은 손가락이 아주 뻣뻣한지, 소용돌이 지문이 많은지를 보는 것이다.

개방적인 사람들은 실제로 성격이 느긋하고 사교적이며 유연한 사람임을 나타내는 척골(정상적인 尺骨) 고리가 열 손가락에 다 있다. 엄지나 검지에 혼합형 지문이 있어도 모든 관점에서 개방적인 사람이 된다.

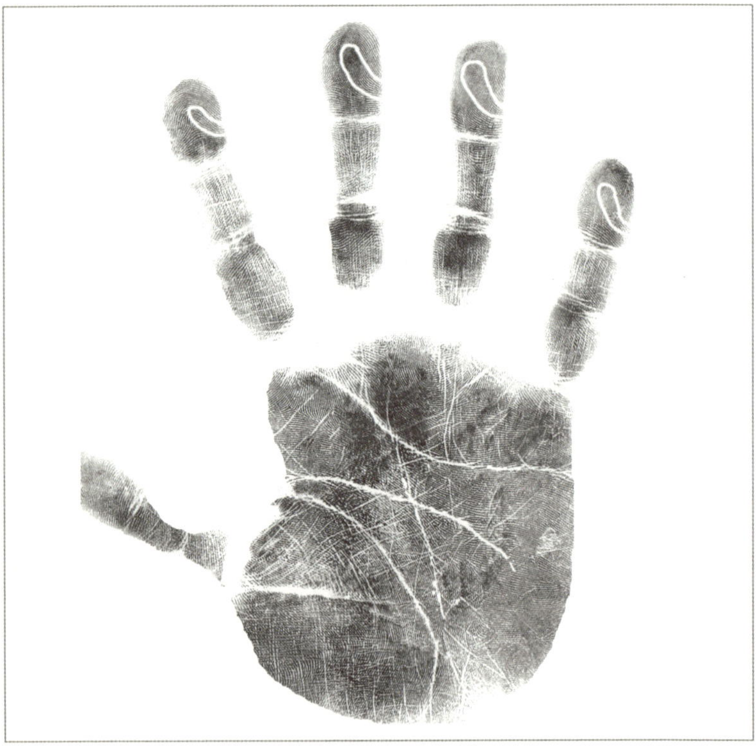

▲개방형 성격의 손

유연성을 나타내는 또 다른 표시는 손가락이 아주 유연하고 주요선들이 살짝 곡선을 그리며 간다는 것이다. 진정으로 개방적인 사람이 되는 중요한 조건은 손바닥의 옆에서 옆으로 완전히 관통하는 선들이 없어야 하는 것이다.

심리적 붕괴
Psychological meltdown

정신적 붕괴는 무엇을 보고 알 수 있는가? 이것은 손에 어떻게 나타나는가? 다행스럽게도 이런 경우는 드물지만 찾기는 쉽다.

이 점에 있어서는 의식선이 아주 필수적인데, 이 선에 섬 문양이 있거나 여러 군데가 끊어져 있으면 심리적 붕괴의 가능성이 많

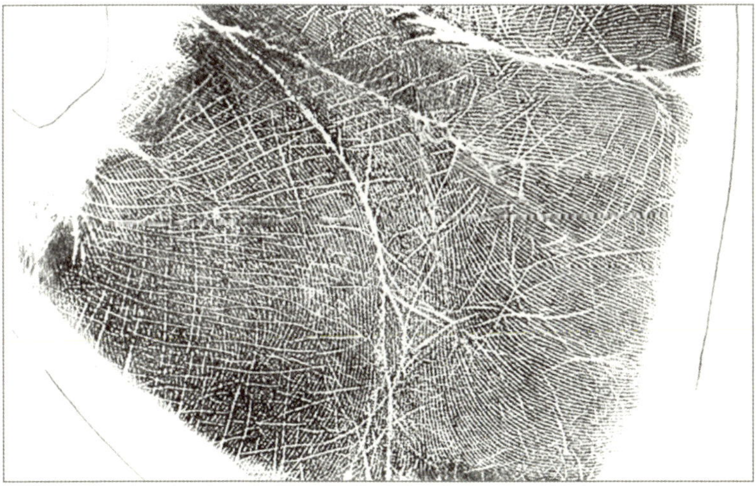

▲정신적 붕괴를 많이 겪은 사람의 손

음을 나타낸다. 또한 이 선이 연약하고 헝클어져 있거나 잠재의식의 바다로 아주 깊숙이 굽어 내려간다면 문제가 많다.

손금이 아주 많은 꽉 찬 손이면 정신적으로 불안하다는 가장 명확한 표시이다. 이것은 극심한 스트레스를 나타내는데, 특히 손바닥에는 물론 손가락 끝에도 선이 많다면 더욱 그러하다. 운명선이 없거나(지난 예에서 보듯이) 아주 안 좋게 되어 있으면 대체적으로 인생에서 더 불안정해지기 쉽다.

정신적으로 불안정함을 나타내는 또 하나의 표시는 아주 강한 공상선이다.

손금은 변하며 이러한 문제는 영속적이지 않다는 사실을 기억하여라.

열등감
Low self-esteem

가장 심리적으로 많이 손상된 상태 중의 하나가 열등감이다. 이것은 손에서 찾기가 아주 쉽다.

자존심의 문제를 나타내는 첫 번째 요소는 당연히 짧은 검지이다. 수동적인 손과 활동적인 손의 검지가 모두 상당히 짧다면 이러한 문제는 더욱 심화된다. 그러면 상대적으로 약지가 길게 되는데 그런 사람들은 약지의 특성이 발달된다.

하지만 외부적으로는 성격이 아무리 활달해 보여도 사적인 자존심은 실제로 낮다. 이러한 성향을 나타내는 또 다른 표시들은 양손의 검지에 있는 방사상 고리, 약하거나 짧은 활력선, 의식선과 활력선의 시작점이 딱 붙어 있는 경우, 약하거나 헝클어져 있는 운명선 등이다.

억압
Repression

우리는 '감정 표현을 자유롭게 하라' 고 권장 받는 시대에 살고 있다 – 자기 표현이 유행이다시피 된 것이다. 하지만 아무리 그렇더라도, 무엇이 되었든, 어떤 사람들은 감정을 속에 담고 표출하지를 않는다.

이러한 억압적 표시는 손가락(특히 양손의 검지)에 단순 아치형 지문이 많은 사람, 의식선이 손바닥을 완전히 관통하는 사람, 막쥔 손금, 잠재의식의 바다 영역에 있는 단순 아치형 문양, 손가락이 뻣뻣한 경우, 아주 짧거나 손바닥을 완전히 관통하는 감정선 등이 해당된다.

반권위주의
Anti-authoritarian

사회에 반기를 드는 왕따 표시는 주로 중지가 짧은 경우이다.

또 다른 표시들 : 중지에 하나 또는 여러 개의 소용돌이 지문이 있는 경우, 운명선이 아주 강하고 특히 다른 선들보다 더 강한 경우, 공상선이 강한 경우, 의식선이 아주 강하거나 잠재의식의 바다 영역에 소용돌이 문양이 있는 경우.

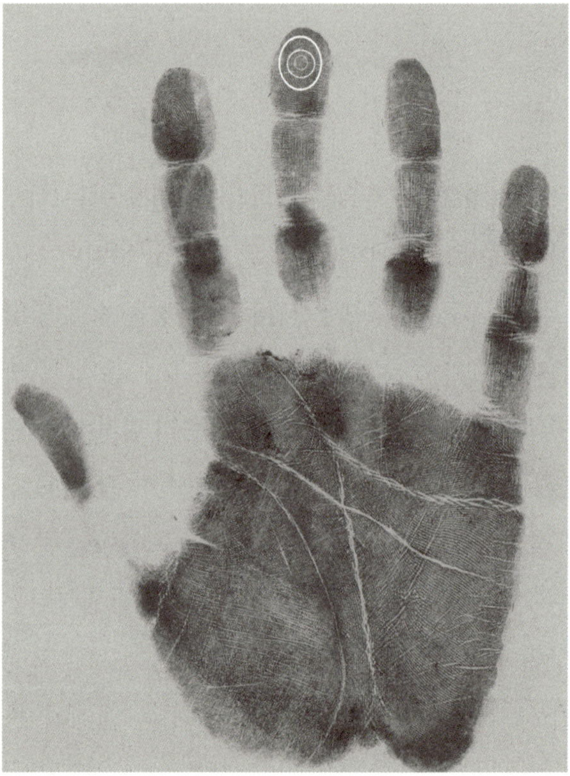

▲마르크스주의 신문 편집자의 손

지적 장애선
Learning disabilities

의식선이 아주 약하고 짧거나 헝클어져 있는 사람들은 학습장애를 겪는다. 의식선이 거의 없고, 굵고 흉터 자국 같은 선들이 많으면 대개 지능지수IQ가 낮다는 것을 나타낸다. 아주 단순한 손바닥에 막쥔 손금이 있어도 그렇다. 손바닥을 옆으로 완전히 관통하는 의식선은 독서장애와 학습장애를, 또한 아이러니하게도 높은 지능을 나타내기도 하는데, 이것을 따지는 것은 별로 중요하지가 않다.

Secret palmist assignment

남모르게 하는 수상학자의 숙제
Secret palmist assignment

마침내, 가면을 벗어던지고 여러분 자신을 세상에 보여줄 때가 되었다. 될 수 있는 한 많은 경험을 쌓기 위해서 파티, 행사장, 박람회, 전시장 등에서 무료로 봉사해 주는 게 어떻겠는가?

손금을 감정해 줄 때에는 천천히 하여라. 성급하게 하지 마시라. 당신이 감정해 주는 사람으로부터 그 결과를 말해 보도록 하여라. 당신을 곤혹스럽지 않게 하는 가장 간단한 방법은 질문을 하는 것이다.

활력선이 짧은 사람에게는, '당신의 부모님이 가정생활을 안정적으로 하십니까? 불안을 느낍니까? 기력이 쉽게 떨어집니까?' 하는 식으로 물어보아라. 이런 식으로 여러분은 전부 다 알 필요 없이도 손금 감정을 차근차근 익혀갈 수 있다.

Secret palmist assignment

여러분은 경험과 실습(적어도 실습 1년, 100번 이상의 감정이어야 하며 그 이상이면 더 좋음)이 어느 정도 되었으면 봉사해 준 사람들에게서 돈을 받고 싶어질 것이다. 그렇다면 항상 환불 보장 조건으로 제시하여라. 그것이 여러분의 실력을 자신 있게 보여주는 좋은 방법이며, 그러면 고객들이 안심하게 된다.

수상학은 상냥하고 마력 있는 기술이다. 인내와 평화와 이해를 증진시키는 기회로 여러분들이 새로 알게 된 신기술을 활용하여라.

마지막으로 충고할 게 하나 더 있다. 망설이지 마시라. 지금 당장, 수상학을 배우고 실습하여라!

Brain bashing quiz

반짝 퀴즈

주어진 시간 : 10분

1 손을 보고 내성적인 사람임을 판단하는 세 가지 특성을 말해 보아라.

2 외향적인 사람들은 자연스레 손가락을 오므리는가?

3 극도로 억압적인 사람들에겐 열 손가락에 척골(정상적인 尺骨) 고리의 지문이 있는가?

4 손을 보고 개방적이고 유연한 사람임을 알아내는 세 가지 표시는 무엇인가?

5 열등감을 나타내는 제 1순위는 무엇인가?

6 열등감을 나타내는 또 다른 표시들은 무엇이 있는가?

7 반항적인 표시로 제일가는 것은 무엇인가?

8 정신 상태가 박약한 사람은 의식선이 강하고 곧을까?

9 학습장애가 있는 사람들은 손에 어떤 표시가 있는가?

Answer

정답

1 내성적인 사람들은 : 손가락을 굳게 오므리고, 손바닥 피부가 비단결이거나 거칠며, 손금이 흐릿하거나 굵고 도랑 같으며, 의식선이 곡선을 그리며 깊이 내려가고, 활력선과 의식선이 붙어 있고, 때로는 검지가 길다.

2 아니다. 손가락을 오므리면 내성적이다.

3 아니다. 열 손가락에 고리형 지문이 있으면 감정 표현을 잘하는 사람이다.

4 열 개의 척골(정상적인 尺骨) 고리, 엄지나 검지에 혼합형 지문, 유연한 손가락, 주요선들이 굽어 있음, 가로지르는 선이 없음.

5 짧은 검지가 열등감을 나타내는 제 1순위다.

6 양 손의 검지에 방사상 고리, 약하거나 짧은 활력선, 활력선과 의식선의 시작점이 '붙어 있음', 감정선의 끝에 질투선이 있음.

7 중지가 짧은 것이 제일가는 반항의 표시이다.

8 아니다. 정신 상태가 박약한 사람은 의식선이 흐릿하고, 너저분하며, 끊어져 있다.

9 의식선이 아주 약하고 짧거나 헝클어져 있다, 의식선이 거의 없고 굵고 흉터 자국 같은 선들이 많다, 아주 단순한 손바닥에 있는 막쥔 손금.

부록

1 손금 채취는 어떻게 하는가?
How to take a palm print

준비물 ☞ 목판용 수성 잉크, 잉크 로울러(두 가지 모두 공예품점에서 살 수 있음), A4 복사용지 흰색

- 플라스틱판이나 광택이 나는 잡지 표지처럼 부드럽고 흡수되지 않는 표면 위에 잉크를 1cm 정도 짠다.
- 롤러를 굴려 잉크(검정이나 어두운 색이 가장 좋다)를 묻힌다. 될 수 있는 한 잉크를 조금만 쓰도록 한다. 그런 다음 로울러로 손가락은 물론 얇은 층까지 포함하여 손바닥 전체에 잉크를 묻힌다. 잉크를 묻힐 때 모든 사람들이 손바닥을 세게 쫙 펴려고 하는데, 그러지 말고 가능한 한 손의 긴장을 풀도록 하는 것이 가장 좋다. 손의 윤곽을 따라 잉크를 묻히고 안 묻은 데가 있으면 다시 묻힌다.
- A4 용지 밑에 두세 권의 잡지를 깔고 당신의 양손으로 고객의 손을 세게 눌러주어라. 손바닥과 손가락을 전부 눌러야 한다.

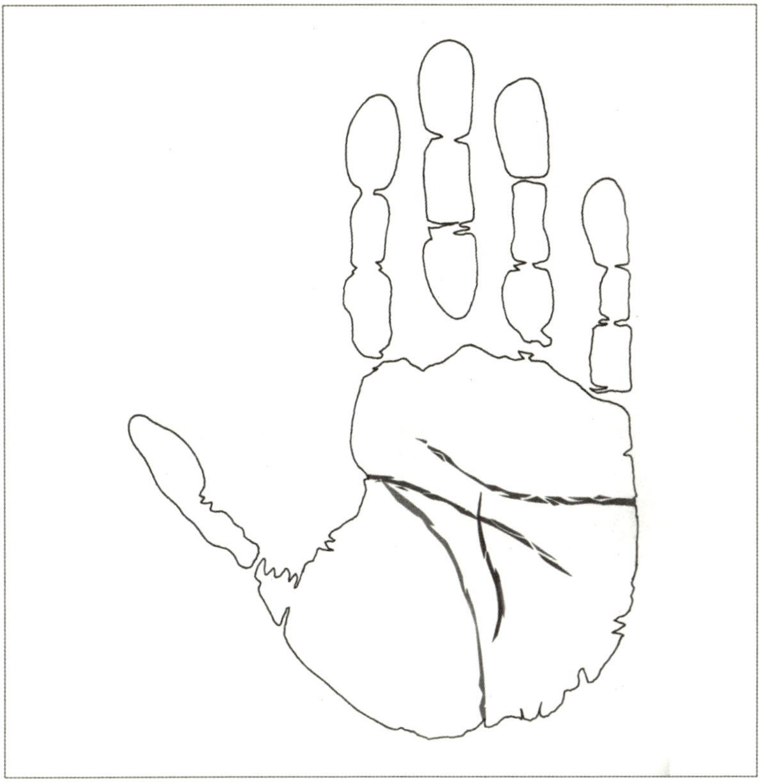

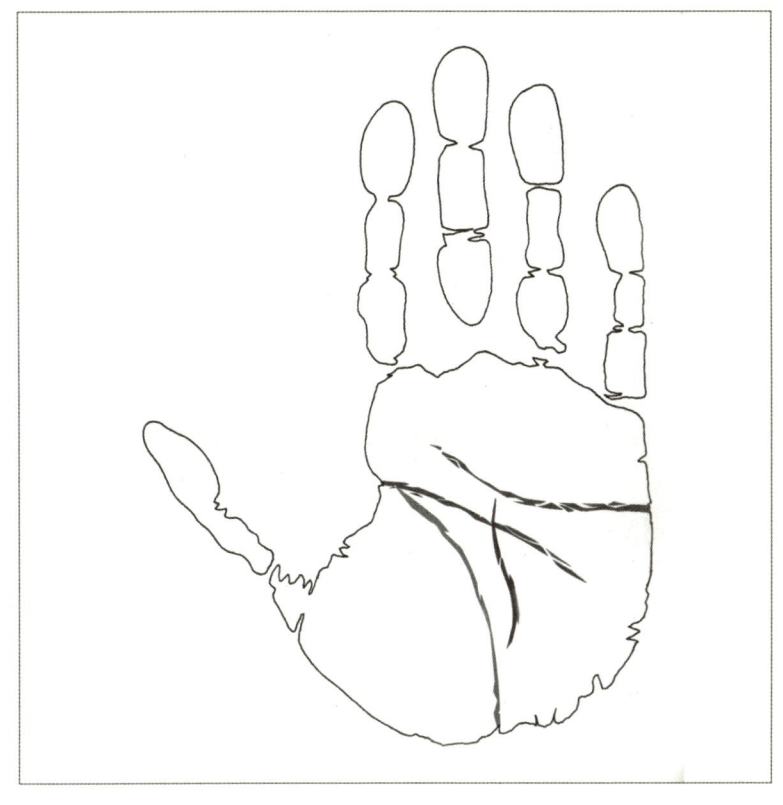

손을 조심스럽게 들어서 떼는데, 손을 뗄 때에는 한 손으로 종이를 잡고 아래로 잡아당긴다. 종이에 묻어나지 않는 부분, 즉 피부결, 손가락과 엄지손의 강도 및 엄지손가락의 지문 유형 등은 기록해 놓는 것을 잊지 마시라.

그러면 이제 손을 감정하는 데 있어 필요한 정보는 모두 준비된 셈이다.

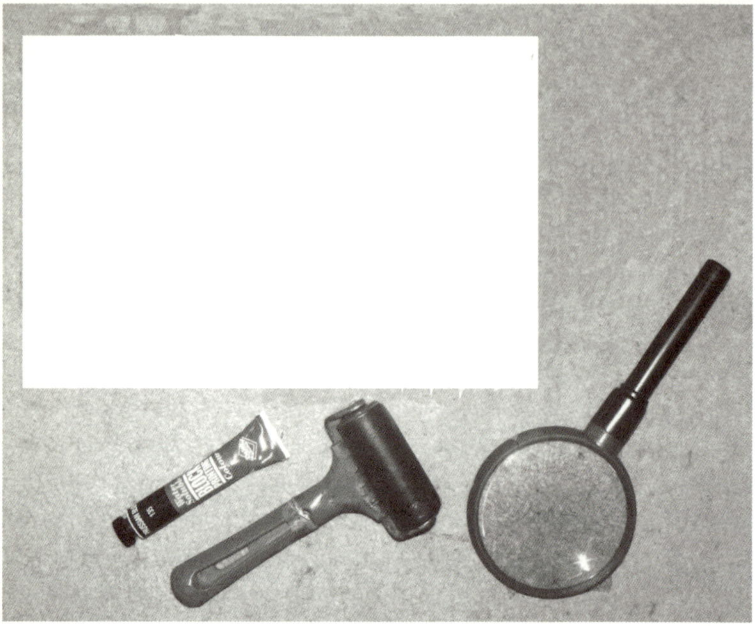

▲장비

손금을 읽을 때에는 무조건 불이 밝아야 하는 것이 필수적이다.

고정식으로는, 미용사들이 쓰는 확대 조명 램프가 가장 좋으며 이동식으로는, 밝은 확대경이 아주 좋은데 안경점에서 품질이 우수한 제품을 사는 것이 좋다. 또한 손가락 길이를 재보려면 직선자도 필요하다.

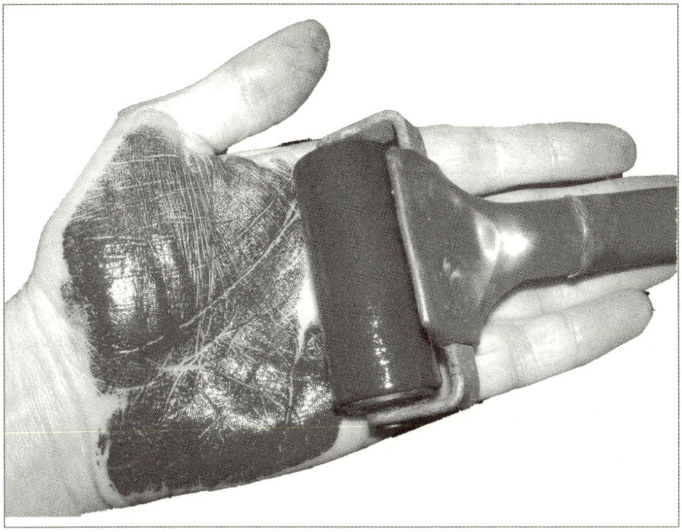

▲손바닥에 잉크 묻히기

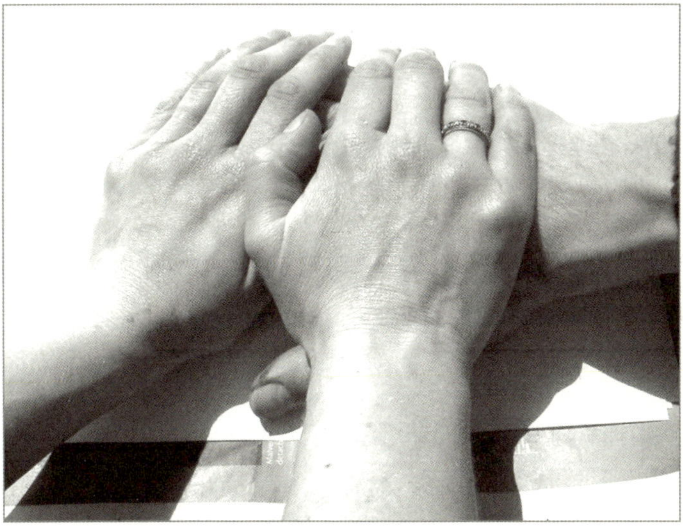

▲양손으로 세게 누른다

2 열두 번째 시간의 연습문제 정답

Hour twelve - reading test answers

조쉬는 비단결 피부를 갖고 있어 주변 환경에 몹시 민감하다. 그는 기분과 분위기에 극도로 민감하며, 알코올과 같은 독한 물질에 내성이 없는 연약한 신체 조직을 갖고 있다. 그는 자기의 민감성을 발휘할 수 있는 조용하고 부드러운 환경에서 능력을 발휘하게 되는데, 대체의학 치료나 예술 방면에 적합하다. 그의 손바닥에 있는 감수성의 고리는 이러한 특성을 더욱 배가시켜 준다. 실제로 그는 심령술사일지도 모른다.

짧고 구부러진 검지를 보면, 조쉬는 자기 반성과 욕구에 심각한 문제가 있다. 그는 확실히 보스 기질이 없으며, 자기의 진정한 욕구와 자아 의식을 키울 수 있는 환경에서 자라지 않았다. 그는 자신을 학대하게 되며 책임을 회피하고 자부심이 부족하다는 문제를 안고 있다. 검지에 있는 방사상 고리 지문을 보면 이러한 특성이 더욱 명확해진다. 그는 계속하여 자기보다 다른 사람들의 주장을 우선시하며 자아 의식을 쉽게 잃어버린다. 방사상 고리가 있으므로 타인에 대한 수용성이 더욱 높아지며 타인의 주장에 쉽게 '동조'하게 된다. 이러한 표시는 치료사와 간병인들에게 일반적이다. 조쉬는 감당하기 아주 어려운 비난에 직면하게 될 것이다.

엄지손가락을 보면, 동기부여에 심각한 문제를 주는 혼합형 지문이 있다. 조쉬는 어떤 행동을 취해야 되는지도 모르고 결심도 하지 못한다. 그는 자주 이랬다 저랬다 하며 일을 제대로 분간하지 못한다. 긍정적인 면이 있다면, 다른 사람들의 의견을 잘 받아준다는 것이다.

중지에는 소용돌이 지문이 있는데, 이것이 있으면 원래 규정 지키는 것을 싫어하여 반항적인 사람이 된다(그의 감수성이 이런 반항심을 다소 누그러뜨리기는 하지만). 그는 확실히 특이한 믿음과 생활양식을 갖게 되는데 세속적인 성공보다는 자유로움을 택하게 된다. 이러한 특성에 대응할 만한 업무의 고리도 없다.

약지는 엄청 크다. 조쉬는 숨겨진 재능이 많은 사람이다. 그는 예능적인 재능이 있으며 위험을 감수하려는 기질이 있다. 또한 어떤 식으로든 대중 앞에 자기의 기술을 보여주고 싶은 충동이 강한 사람이다. 소용돌이 지문이 있어서 공간지각 능력, 선과 모양, 색감과 균형감을 보는 눈이 있으며, 따라서 이러한 방면에 소질이 있다.

조쉬에게는 진짜로 여가의 고리가 있는데, 이것이 있으면 인생을 즐기는 데 우선순위를 두며 굳이 직업을 가지려 하지 않는다.

그에게는 자기가 하는 일을 즐기는 것이 중요하며, 여가를 즐기는 것이 그의 일일 수도 있다.

조쉬는 새끼손가락이 길어 언어를 잘 구사하고 의사소통 능력이 강하다. 그는 외국어를 잘하고 의사소통하는 것을 좋아할 것이다. 새끼손가락이 아래로 축 처져 있는 것은 아버지 문제가 있음을 말해 준다. 그는 부성애父性愛를 받지 못했거나 아버지와 소원했으며 성적으로 약간 미숙할 것이다. 그가 연상의 지배적인 배우자나 단순히 부적절한 파트너를 찾는 것을 보면 이러한 요인이 이해될 것이다.

조쉬에게 물어보아 우리가 감정한 결과를 확인해 보자.

다음은 학생들이 수상학 시간에 조쉬의 손금을 채취하여 조쉬에게 읽어준 대화를 녹화한 내용이다.

조쉬 : '기절초풍하겠네! 정말로 놀랍네요. 나는 수상학을 하나도 믿지 않았는데 이제는 믿습니다!

나는 감성이 매우 민감합니다. 나는 대체의학 의사인데 고객들은 종종 그들이 말하려 하는 것을 내가 먼저 알아차린다고 말하곤 합니다. 나는 술을 못 마시는데 술을 마시면 병이 나요. 우리 어머니는 일을 하시느라 너무 바빠서 내가 원하는 것에 신경도 못 쓰셨습니다. 나는 지금도 뭘 보여주는 것을 좋아하는데, 현재 재즈밴드 소속이며 인테리어 장식도 약간 합니다. 한때는 미용사였는데 그러고 보면 '안목'이 좋다는 것도 맞는 말입니다.

나는 책임지는 것을 싫어하는데, 부인은 항상 나는 뭘 해야 좋을지 전혀 모르는 사람이기 때문에 모든 결정사항은 항상 자기 몫이라고 말합니다. 나는 첫 아이를 갖는 데도 5년씩이나 망설였습니다.

반항적이라, 그렇다고 말할 수 있어요. 나는 10년 이상 불교 신자였으며 이 정부가 하는 모든 것에 반대합니다.

아버지 문제에 대해서는, 나는 아버지를 알지도 못하고 내가 네 살 때 그분이 떠났으니, 그것도 맞습니다. 부적절한 파트너 문제, 완전 동감합니다. 그리고 나는 대체적으로 말하고 소통하는 것을 좋아합니다.

대체로, 아주 깊은 감명을 받았으며 수상학 과정을 이수하고 싶습니다. 어디에 서명하면 됩니까?'

③ 참고 요약표

Quick-reference chart

1 오른손/왼손

◉ **활동적인 손** ☞ 발달되고 능동적인 외향성

◉ **수동적인 손** ☞ 잠재적이고 근본적인 내면의 성격

2 엄지구〈엄지손가락 밑의 볼록한 부분〉

이곳이 높고 풍만하면 에너지가 충만함을 나타냄.

◉ **풍만하고 높되 무르면** ☞ 관능적이지만 근육발달 저조

◉ **풍만하고 견고하면** ☞ 열정적, 활기찬 기력, 풍부한 에너지, 몸에 훈기가 있음

◉ **풍만하고 딱딱하면** ☞ 육체적으로 강인하며, 감정적으로 억압적임

◉ **납작하면** ☞ 기력이 부족하고, 늘 노곤하며, 정서적으로 냉담함

3 피부결

◉ **비단결 피부 촉감** ☞ 연약하고, 얇으며, 비단 같은 촉감

특성 ☞ 아주 민감하고 직관적이며 '낌새'와 분위기에 민감하고, 충돌을 피함

◉ **종이질 피부 촉감** ☞ 정교하고 건조하며, 약간 노르스름하고, 피부 줄무늬가 감지됨

특성 ☞ 보고, 말하고, 확인된 것에 반응함

◉ **나뭇결 피부 촉감** ☞ 약간 거칠며 피부 줄무늬가 쉽게 감지됨, 손바닥이 견고하고 손금이 뚜렷함

특성 ☞ 소극적인 활동을 지양하고, 자극을 요하는 적극적인 활동을 추구함

◉ **거친 피부결 촉감** ☞ 손금이 몇 개 없고 만져보면 거의 연마재처럼 딱딱하고 꺼끌거끌함

특성 ☞ 통증과 온도에 둔감하고, 육체적이고 거친 활동을 좋아함

4 손가락 비교

a ☞ 자아 인식, 진지함, 책임의식, 완벽주의 추구

b ☞ 지휘권이나 가치체계 존중, 체계화된 지식

c ☞ 대중적, 창조적, 위험 감수, 바람둥이

d ☞ 의사소통과 언어 능력 발달

e ☞ 열등의식, 조기 보상 부족

손가락	검지	중지	약지	소지
길다	**a**	**b**	**c**	**d**
짧다	**e**	**f**	**n/a**	**g**
지문 유형				
단순 아치형	**h**	**i**	**j**	**k**
소용돌이형	**l**	**m**	**n**	**o**
텐트형 아치	**p**	**n/a**	**n/a**	**n/a**
혼합형	**q**	**r**	**n/a**	**n/a**
방사상 고리	**s**	**t**	**n/a**	**n/a**
아래로 축 처짐	**n/a**	**n/a**	**n/a**	**u**

f ☞ 인습에 얽매이지 않음, 가만히 있지를 못함, 혁신적

g ☞ 어휘력과 의사소통 능력이 충분치 못함

h ☞ 견고하고 현실적, 억압적, 야망이 부족할 수 있음

i ☞ 현실성이 취우선, 실용적인 직업 추구, 과거는 가치의 근원

j ☞ 몸짓을 잘하며 자기표현, 공예와 실용 예술에 조예

k ☞ (드물다) 어휘 구사시 현학적, 성적性的으로 과묵함

l ☞ 개인주의적, 자유 추구, 혁신적, 비밀스러움

m ☞ 변덕스런 생활방식, 독창적인 철학과 가치

n ☞ 독창적인 예술 및 패션감각, 공간인식 안목 탁월

o ☞ 특이한 지식에 관심, 비뚤어진 마음, 특이한 연애결혼

p ☞ (드물다) 과장된 몸짓, 흥분 고조, 인도하고 가르치고 동

기부여 하는 일을 좋아함, 좀처럼 쉬지 않음

q ☞ 불확실한 정체성, 다양성 결핍, 어떤 상황이든 양면을 보는 능력

r ☞ 직업 선택과 철학에 불분명, 인생의 가치에 있어 공정성 추구

s ☞ 타인의 영향력에 과민반응, 보살핌, 직관적, 불안정

t ☞ 정치집단과 선택적 가치에 매우 개방적, 가정에 대한 의무감

u ☞ 성적 발달 미약, 친밀한 언어 미발달 – 아버지 문제

5 엄지손가락 비교

길다	의지력과 추진력이 강함, 전문적 기술 잠재
짧다	장기적인 노력을 요하는 것에 대한 추진력 미약
뻣뻣하다	자기통제, 자기수양, 적용성
잘 휨	유연함, 다양성 결핍, 인내력과 의지력 부족
엄지의 지문 유형	
소용돌이형	독단적, 인습타파, 자발적으로 행동함
아치형	완고함, 모호한 계획을 싫어함, 집요하고 현실적임
혼합형	가변적임, 우유부단

6 손바닥의 문양

- **여가의 고리** ☞ 여가, 활동, 휴가, 취미를 우선시 함, 즐거운 일을 찾아야 함, 진지한 직업을 회피함
- **업무의 고리** ☞ 강한 직업윤리, 부지런함, 직업의식, 일을 좋아함
- **리더십의 고리** ☞ 조직능력, 집단 내에서 지위를 얻으려 함
- **민감성의 고리** ☞ 민감성 발달, 기시감既視感, 예술적 감각 발달
- **고립의 소용돌이** ☞ 자족적自足的, 비밀스러움, 특이한 성격, 예술적, 스스로 함정에 빠짐
- **자연의 고리** ☞ 자연현상 애호, 자연 애호, 식물·동물, 시골생활 선호
- **잠재의식의 바다의 혼합형** ☞ 감정의 기복, 혼란스런 감정, 심리적 교란
- **잠재의식의 바다의 아치형** ☞ 과묵함, 즉흥성 회피, 실제적인 애정 표현
- **영감의 고리** ☞ 상상력 탁월, 예술적 신비주의, 우주宇宙적, 종교적, 때론 기이한 종교
- **율동의 고리** ☞ 율동감, 음악 애호
- **용기의 고리** ☞ 용기와 영웅주의, 도전정신

7 주요선

선	활력선	감정선	운명선	의식선
강함	a	b	c	d
약함	e	f	g	h
곡선	i	j	k	l
직선	m	n	o	p
끊어짐	q	r	s	t

a ☞ 뿌리 깊은 안정감, 튼튼한 기반, 적당한 활력, 순환 패턴유지 가능, 자립형, 안정적

b ☞ 감정처리를 잘함, 수용적, 개방적, 공명적共鳴的, 반응적, 공감적

c ☞ 명확한 선택과 방향설정, 자신의 가치, 외부 영향에 저항, 자아인식, 강한 개성

d ☞ 구성 인지 능력, 개인 비전 의식, 새로운 것 추구, 효율적, 논리 정연함

e ☞ 잠을 잘 못 잠, 기반이 약함, 불안정, 영속성이 없음, 뿌리가 쉽게 뽑힘, 자립성 결여, 활력 부족

f ☞ 감정 연결 취약, 인지능력 취약, 공명共鳴감 부족, 수용성과 이해심 취약

g ☞ 개인의 정체성 부족, 타인의 이상 추종, 자기 이해 부족,

인생의 선택 불확실, 균형감 부족, 목표의식 결여

h ☞ 두서없음, 집중력 부족, 무능력, 소심함, 자신의 생각과 의견이 없음, 정신적 명료성 결여

i ☞ 이 선은 곡선이 정상

j ☞ (상향곡선) 낭만적, 감정표출, 이상적인 정서

(하향곡선) 이성적異性的인 성향 표출

k ☞ (잠재의식의 바다에서 굽어져 나오면) 사회적 유대와 관계가 아주 중요, 자기 욕구 우선, 예술적 소질, 개인적이고 사회적인 기술과 관련된 직업, 부모와 상이한 가치관

l ☞ 주관적, 개인적인 세계관, 다채롭고 직관적인 인식, 사실보다 과정 중시

m ☞ 활력선은 절대 직선이 아님

n ☞ 감정이 이상적이지 않음, 비낭만적, 조급함, 다혈질

o ☞ 균형이 잘 잡힘, 평탄한 성격, 직설적인 사람, 야망이 뚜렷함, 인생의 우선순위와 목표가 뚜렷함

p ☞ 신중함, 직설적, 논리적, 객관적이고 사실적, 현실적, 흑백논리

q ☞ 가족, 가정, 건강 등에 불안정한 생활양식

r ☞ 이혼, 손재, 심리적 충격 같은 감정의 파괴, 새로운 삶 시작

s ☞ 인생항로의 균열, 잠정적 실직, 방향과 목표의 상실

t ☞ 이해력의 위기, 성격과 세계관을 완전히 바꿀만한 정신적 붕괴

8 보조선

◉ 공상선

■형태 ☞ 감정선 위에서 감정선과 평행으로 감

■의미 ☞ 생생한 상상력, 연예, 예능, 영성, 마약 등을 통해 따분한 세상에서 탈출하고자 함, 선이 조각나 있으면 신경질적이고 예민하며 내성적인 사람

◉ 애정선

■형태 ☞ 소지 아래 손바닥 가장자리에 있는 선들. 손바닥 쪽으로 뻗는 선만 해당됨

■의미 ☞ 길고 곧으면 '올바른' 배우자를 찾아 애정생활 유지
감정선 쪽으로 내려가거나 지나가면 부지불식간에 어려운 관계로 감, 이혼이나 사별의 가능성이 높음
소지 쪽으로 꺾여 올라가면 오랫동안 성관계를 하지 않음, 독신주의 가능성

◉ 열정선

■형태 ☞ 감정선 중간에서 소지 쪽으로 비스듬히 향하는 곧은 선

■의미 ☞ 성性에 대해 시각적, 관음증적, 상상적인 번이 강함

◉ 내부 영역선

■형태 ☞ 약지 아래에서 뻗은 수직선

■의미 ☞ (감정선 아래에 있을 때만 봄) 과정과의 일체감, 평화와 고요함 추구, 내적인 만족감, 혼자 있고 싶은 욕구, 정신적 삶 추구

◉ **신경활동선**

■형태 ☞ 소지 아래 손바닥 중간쯤 있는 수직선이나 잘게 이어진 선

■의미 ☞ 정교하고 선명하면 정신집중력과 영감이 강함, 줄 무늬, 섬 문양이 있거나 홈통같이 생겼으면 불안, 초조, 소화불량, 신경과민

◉ **심령선**

■형태 ☞ 신경활동선과 같은 위치에 있는 길고 선명한 곡선

■의미 ☞ 영적인 인식능력

◉ **투쟁선**

■형태 ☞ 활력선 안, 엄지손가락 가까이 있음, 선명하고 끊어지지 않았으며 2cm 이상일 경우에만 해당됨

■의미 ☞ 육체적 충동감, 호전적인 기질, 도전 욕구, 운동선수와 스포츠인들에게 일반적임

◉ **충성선**

■형태 ☞ 엄지에서 활력선으로 가로지르는 굵은 수평선

■의미 ☞ 지역 축구팀, 배우자, 가족, 지방 등 본능적이고 종족에 대한 충성심

◉ **모험선**

■형태 ☞ 잠재의식의 바다에 뻗어 있는 수평선

■의미 ☞ 감정적 스트레스, 자극과 격려가 필요함, 짜릿함을 추구

◉ **알러지 선**

■형태 ☞ 잠재의식의 바다에 있는 곡선

■의미 ☞ 면역체계의 과민반응, 알러지에 취약

◉ **손끝의 막대선**

■형태 ☞ 손가락 끝에 있는 작은 수평선

■의미 ☞ 내분비계의 긴장 및 교란

◉ **사마리아 선**

■형태 ☞ 소지 아래에서 감정선을 지나가는 수평선

■의미 ☞ 치료사, 간호원, 치유자 등 모든 간병인들 및 우호적인 사람들과 밀접

◉ **솔로몬 링**

■형태 ☞ 검지 밑의 둥근 선

■의미 ☞ 상대방의 본성을 꿰뚫어보는 통찰력, 타고난 분석능력

◉ **교사의 사각형**

■위치 ☞ 검지 아래에 형성된 사각형

■의미 ☞ 사람들을 관리하는 능력

◉ **열망선**

■위치 ☞ 활력선에서 검지로 올라가는 짧은 선

■의미 ☞ 새로운 직업, 아이 출산, 상황 호전, 긍정적 태도, 성취

◉ **스트레스 선**

■위치 ☞ 타고난 가정과 육체의 영역을 가로지르는 선

■의미 ☞ 가정사로 인한 스트레스

4 참고문헌
BIBLIOGRAPHY

웹사이트

수상학 관련 웹은 많으나 너무나 심리학적이고 미신적인 요소가 많으니 다음의 두 개를 참고하시라.

www.handresearch.com

www.handanalysis.co.uk

필자의 개인 웹에서도 최신 정보를 제공합니다.

www. johnnyfincham.com

참고문헌

_『당신의 손, 건강의 척도』 브랜든 존스 D. (1985 라이더)

_『진단 도구로써의 손금 분석』 커민스와 미들로 (의학 46, 35 미국)

_『손바닥과 발바닥의 지문』 커민스와 미들로 (1943 뉴욕, 도버 출판)

_『위치선정의 신 기법, 마술사의 삼차(三叉) 지문』 데이비드 T.J. (인간의 유전. 21, 624)

_『손바닥뼈와 지골의 주요 요소 분석』 벤돈 B. (1997)

_『정신병자의 기형적 손금』 구티에레스 B (생물학적 정신의학)

_『손 안의 당신 인생』 허친슨 B (1967 스피어)

_『손이 말한다』 자킨 N. (1972 런던)

_『특이한 손금과 특이한 어린이』 존슨 CF (1973 필라델피아)

_『손금 유형 설명』 존스 C (1992 스완 파라다이스) 등

_그 외 논문 다수

기적의 손금 탐정

1판 1쇄 인쇄 | 2013년 6월 14일
1판 1쇄 발행 | 2013년 6월 21일

지은이 | 조니 핀챔
옮긴이 | 이민열
펴낸이 | 문해성
펴낸곳 | 상원문화사
주소 | 서울시 은평구 신사1동 32-9호 대일빌딩 2층(122-882)
전화 | 02)354-8646 · **팩시밀리** | 02)384-8644
이메일 | mjs1044@naver.com
출판등록 | 1996년 7월 2일 제8-190호

책임편집 | 김영철
표지 및 본문디자인 | 개미집

ISBN 978-89-87023-91-5 (03150)

●이 책 내용의 일부 또는 전부를 재사용하려면 반드시 저작권자인 John Hunt Publishing Ltd.와 상원문화사 양측의 서면에 의한 동의를 받아야 합니다.
●책값은 표지에 있습니다.
●잘못 만들어진 책은 구입처 및 본사에서 교환해 드립니다.